以"戏"育"星"

——小学校园剧课程模式的构建与实践

陈表香　著

东北大学出版社

·沈　阳·

© 陈表香 2024

图书在版编目（CIP）数据

以"戏"育"星"：小学校园剧课程模式的构建与实践 / 陈表香著. -- 沈阳：东北大学出版社，2024.10. -- ISBN 978-7-5517-3676-3

Ⅰ. G623.712

中国国家版本馆 CIP 数据核字第 2024BQ4272 号

出 版 者：东北大学出版社
　　　　　地址：沈阳市和平区文化路三号巷 11 号
　　　　　邮编：110819
　　　　　电话：024-83683655（总编室）
　　　　　　　　024-83687331（营销部）
　　　　　网址：http://press.neu.edu.cn
印 刷 者：辽宁一诺广告印务有限公司
发 行 者：东北大学出版社
幅面尺寸：170 mm × 240 mm
印　　张：13.75
字　　数：247千字
出版时间：2024年10月第1版
印刷时间：2024年10月第1次印刷
策划编辑：刘桉彤
责任编辑：白松艳
责任校对：项　阳
封面设计：潘正一
责任出版：初　茗

ISBN 978-7-5517-3676-3　　　　　　　　　　定价：79.00元

序 言

以"戏"育"星"，自我发展

　　广州市第一中学附属环市西路小学党支部书记、校长陈表香在三十多年的教育工作生涯中，逐步认识到中国基础教育的优势与不足。其优势在于集体教育和基础（知识）扎实，而不足则在于对学生的个性发展和创新力培养尚有欠缺。

　　如何在保持优势的同时去掉劣势呢？这是每名教育工作者都会面临的巨大难题，也是陈校长经常思考的问题。

　　2016年，陈校长调任环市西路小学。出于对未来社会发展趋势的洞见和对教育目标的明晰定位，基于坚持可持续发展教育理念、落实立德树人根本任务和对中国学生发展核心素养的思考，陈校长带着班子成员对学校进行了SWOT分析，在讨论中强调道德与公民责任教育，深刻认识到教育的个性化需求，注重培养学生的综合素养，着眼于全球视野的培育等，希望通过教育教学改革的研究和实践，培养出能够适应未来挑战、全面发展且具有国际视野的未来接班人。在制定学校发展规划的过程中，一方面结合学校的特点和原有文化，另一方面研读教育理论，萌生了以"星教育"作为学校教育哲学和办学思想的理念，随后和班子成员进行论证，并征求了教师的意见，确定开展"星教育"研究和实践，让每个孩子都成为闪亮的星。每个孩子都成为闪着不同亮光的星星，而每个班级就是一个群星集体。于是，在少先队活动和班级管理、班级教学中更注重加强集体荣誉感教育，同时让每名学生有机会展示个人特长。

　　在这个过程中，陈校长学习著名教育学家杜威的观点，打开了思路。

　　杜威认为，儿童自身有四种冲动：一是社会性冲动，二是建造性冲动，三是研究性冲动，四是表现性冲动，这四种冲动是一切教育的基石。

这些论述打开了陈校长的思路。不是教育工作者要教学生学会社会交往，学会各种知识，而是尊重儿童自身具有的多种冲动，设计制作情景引导儿童把自身的冲动释放出来，从自主到自省再到自觉，这才是正确的教育方式。

慎重起见，陈校长决定先在综合实践活动课尝试开设校园剧课程。

为什么选择校园剧？因为这是引导儿童释放四种冲动的一个"篮子"。要学会写剧本，就需要同学之间进行社会交往，需要研究、设计剧本、海报以及舞台布景，布置道具，需要在舞台上把剧情表演出来。

在实践过程中，我们把学生的这几种冲动概括为"会编剧""会导演""会排演""会制作""会评价"，简称为校园剧"五会"。

这样的戏剧活动包含科学、语文、数学、工程、科技和艺术，是生产精神产品的STEAM！

2019年，正当环市西路小学师生热热闹闹地展开校园剧活动时，中共中央、国务院颁发了《中国教育现代化2035》，提出了一个战略性目标——发展中国特色世界先进水平的优质教育。随后又强调"知行合一""让学生成为生活和学习的主人"。

你看，不会写剧本的现在会写了，原来老是坐不住的现在上台演戏了，原来只能画在A4纸上的，现在画在一米见方的大海报上了，只见校园上空"编剧之星""表演之星""制作之星""进步之星""校园剧之星"……满校园熠熠生辉。特别是在居家学习期间，学生们从线下写剧变成线上写剧，线下讨论变成线上讨论，线下排练改为线上排练，线下表演改到线上表演，真正地做到了思想艺术双丰收！

以"戏"育"星"，是课程改革的硕果。它立足于正确的教育思想，有力地推进学生的持续成长，成为广州市第一中学附属环市西路小学靓丽的名片。祝他们取得更多的成果！

冯国文

2024年8月

前言
PREFAC

    本书的研究立足于落实立德树人根本任务，落实五育融合，突出可持续发展教育，教师和学生的可持续发展力的培养。本着落实生态育人以及落实《中共中央 国务院关于全面加强新时代大中小学劳动教育的意见》、教育部《关于进一步加强新时代中小学思政课建设的意见》、教育部等十八部门联合印发的《关于加强新时代中小学科学教育工作的意见》、《教育部关于全面实施学校美育浸润行动的通知》，以星教育理念为引领，落实"新课标"、新课程，深入探索校园剧作为小学课程统整的实践路径。通过创新课程设计，构建舞台上的教学艺术，让校园剧成为教育生态中的璀璨星辰。教师在其中扮演着导演与引导者的角色，不仅提升教学技能，而且推动课程的可持续发展。学生在校园剧的编剧、排练与表演中，提升表演能力的同时，也在角色扮演中实现自主发展，展现出个体的多元潜能。本书取材于广州市第一中学附属环市西路小学校园剧课程的教学研究与实践，将从校园剧课程的创新实践、学生参与式教育模式、教育评价与质量保障以及校园剧与社区共建等方面展开讨论，希望为读者提供全面深入的视角，探索校园剧课程在小学教育中的价值和作用，为小学教育的课程统整提供新视角，对星教育理念的实施及校园剧课程的未来发展具有实践指导意义。

著　者

2024 年 8 月

目录
CONTENTS

第一章　星教育与校园剧的奇妙融合 ·········· 1

　　第一节　星光初现：星教育理念解读 ·········· 1

　　第二节　舞台初探：校园剧在小学课程中的地位与作用 ·········· 15

　　第三节　星剧共融：星教育与校园剧的理念契合 ·········· 20

　　第四节　明日星辰：星教育与校园剧的未来展望 ·········· 24

第二章　星光照耀下的课程创新 ·········· 28

　　第一节　剧场萌芽：校园剧课程的设计与规划 ·········· 28

　　第二节　编导排演：校园剧课程实施具体案例 ·········· 33

　　第三节　深思熟虑：校园剧课程的评价与反思 ·········· 56

　　第四节　剧通诸科：校园剧课程在其他学科中的应用 ·········· 62

第三章　舞台上的教学艺术 ·········· 68

　　第一节　导演之道：教师在校园剧课程中的角色与技能 ·········· 68

　　第二节　演员之境：学生在校园剧中的角色与表现 ·········· 72

　　第三节　舞台设计：校园剧舞台艺术与美学 ·········· 76

　　第四节　灯光音效：技术与情感的交融 ·········· 80

第四章　星辉映照下的学生发展 ·········· 85

　　第一节　情感之花：校园剧对学生情感发展的影响 ·········· 85

第二节　智慧之光：校园剧对学生认知发展的促进 ……………103

第三节　品格之树：校园剧对学生品格发展的塑造 ……………108

第四节　未来之星：校园剧与学生综合素养的培养 ……………113

第五章　共创星辰下的教育生态 ………………………………………118

第一节　剧显硕果：校园剧课程的成果展示与分享 ……………118

第二节　星火蔓延：校园剧在教育生态中的持续影响 …………122

第三节　星辉万丈：校园剧课程的可持续发展与未来展望 ………126

第六章　星之自主征途：学生自主发展的光辉路程 …………………132

第一节　剧自实践：学生校园剧活动的自主发展与实践 ………132

第二节　星光耀眼：学生在校园剧活动中的成长与收获 ………139

第三节　剧望精彩：学生校园剧活动的精彩展望 ………………143

第七章　星辉闪耀下的教育创新与实践 ………………………………148

第一节　校园剧课程的创新与实践 ………………………………148

第二节　学生参与式教育模式下的实践探索 ……………………152

第三节　校园剧课程的教育评价与质量保障 ……………………158

第四节　校园剧与社区共建的实践探索 …………………………182

第八章　星辉熠熠，梦想未来 …………………………………………188

第一节　星之未来：校园剧课程的发展趋势与展望 ……………188

第二节　剧课传创：校园剧课程的传承与创新 …………………201

第一章 星教育与校园剧的奇妙融合

第一节 星光初现：星教育理念解读

一、基础教育理论

（一）陶行知教育理论的核心内容及意义

1. 陶行知教育理论的核心内容

生活即教育："生活即教育"是陶行知生活教育理论的核心内容。陶行知指出，"生活教育是生活所原有、生活所自营、生活所必需的教育。"[①]生活与教育是一回事，是同一个过程，教育不能脱离生活，教育要通过生活来进行，无论是教育的内容还是教育的方法，都要依据生活的需要。

社会即学校："社会即学校"是"生活即教育"思想在学校与社会关系问题上的具体化。陶行知认为，传统的学校教育往往局限于学校的"围墙"之内，与社会生活相脱节。他主张社会即学校，把学校延伸到社会中去，让社会成为一所大学校，使学校与社会、教育与生活密切结合，让大众都有受教育的机会。

教学做合一："教学做合一"是"生活即教育"在教学方法问题上的具体化。陶行知认为，"教学做是一件事，不是三件事。我们要在做上教、在做上学"。教与学都以"做"为中心，在做中教、在做中学、在做中求得进步。"做"是"教"与"学"的中心，也是教育的中心。

---

① 陶行知. 中国教育改造 [M]. 合肥：安徽人民出版社，1981：37.

2. 陶行知教育理论的"六大解放"思想

解放儿童的思维，使之能想：传统教育往往束缚儿童的思维，让儿童按照成人的模式去思考。陶行知主张解放儿童的思维，让他们能够自由地思考，发挥想象力和创造力。

解放儿童的双手，使之能干：陶行知认为，中国传统教育中存在着"劳心者治人，劳力者治于人"的观念，导致对儿童双手的束缚。他主张让儿童在实践中锻炼双手，培养动手能力和实践操作能力。

解放儿童的眼睛，使之能看：陶行知指出，传统教育使儿童闭目塞听，不能很好地观察世界。他主张解放儿童的眼睛，让他们能够用眼睛去观察自然、观察社会，从中获取知识和信息。

解放儿童的嘴，使之能谈：传统教育中，儿童往往被要求"非礼勿言"，不敢表达自己的想法和观点。陶行知主张解放儿童的嘴，让他们能够自由地表达见解和感受，培养他们的语言表达能力和沟通能力。

解放儿童的空间，使之能接触大自然和社会：陶行知认为，传统教育把儿童局限在学校和家庭的狭小空间里，使他们与大自然和社会隔绝。他主张解放儿童的空间，让他们走出学校和家庭，到大自然和社会中去学习和实践。

解放儿童的时间，使之能学习渴望学习的东西：传统教育中，儿童的时间被大量的课业和考试占据，没有时间去发展自己的兴趣和特长。陶行知主张解放儿童的时间，让他们有足够的时间去做喜欢做的事情，发展自己的个性和特长。

3. 陶行知教育理论的意义

理论价值：陶行知的教育理论是在批判传统教育和借鉴西方教育思想的基础上，结合中国教育实际形成的具有中国特色的教育理论体系，为中国教育理论的发展作出了重要贡献。他的生活教育理论、"六大解放"思想等，对教育的本质、目的、内容、方法等基本问题进行了深入的探讨，提出许多独到的见解，丰富和发展了教育理论宝库。

实践意义：陶行知的教育理论具有很强的实践性和可操作性，对中国近代教育的改革和发展产生了深远的影响。他倡导的平民教育、乡村教育、普及教育等实践活动，为提高中国人民的文化素质和促进社会进步发挥了重要作用，对当今的教育实践仍具有重要的指导意义。"生活即教育""社会即学校""教学做合一"等思想，对于推进素质教育、深化课程改革、培养学生的创新精神和实践能力等方面都具有重要的启示作用。"六大解放"思想对于培养具有创新精神和实践能力的人才，促进学生的全面发展具有重要的指导价值。

（二）杜威教育理论的核心内容及意义

1. 杜威教育理论的核心内容

约翰·杜威（John Dewey）是美国著名哲学家、教育家，实用主义哲学的创始人之一，他的教育理念主要包括以下几个方面：

教育本质：一方面来说，教育即"生活""生长""经验改造"。教育是生活的过程，学校是社会生活的一种形式。杜威认为，"教育应与儿童实际的生活相联系，学校生活应成为儿童生活和社会生活的契合点，教育不能脱离儿童当下的生活，教育的目的就是促进儿童生长。"[①]生长是生活的特征，所以教育即生长。杜威认为，生长是机体与外部环境、内在条件与外部条件相互作用的结果，是一个持续不断的社会化的过程。杜威还指出，教育是经验的连续不断的改组或改造。经验是人与环境之间相互作用的结果，经验的过程就是一个实验的过程、运用智慧的过程、理性的过程。另一方面来说，学校即社会。杜威认为，学校应该成为一个小型的社会，一个雏形的社会。在学校里，应该把现实的社会生活简化到一个雏形的状态，呈现给儿童现在的社会生活，应当把校内学习与校外学习联系起来，使得学校成为社会生活的一种形式，使得学校教育既合乎儿童需要，也合乎社会需要，使教育成为一种生动的社会生活的真正形式，而不是未来生活的预备。

教育目的：杜威反对外在的、固定的、终极的教育目的，他认为教育过程在它自身以外无目的；教育的目的就在教育的过程之中，教育过程不是为未来生活做准备，"教育即生长""教育即生活"，教育本身就是目的。

课程与教材：杜威认为，"从做中学"也就是"从活动中学""从经验中学"，它使得学校里知识的获得与生活过程中的活动联系了起来。杜威提出以"教材心理化"来解决传统教育中课程与教材的问题。所谓"教材心理化"就

---

① 杜威. 我的教育信条 [M]. 彭正梅，译. 上海：上海人民出版社，2013：54.

是把各门学科的教材或知识各部分恢复到它被抽象出来的原来的经验，恢复到直接的个人的经验。

思维与教学方法：杜威提倡反省思维。反省思维是指对某个问题进行反复的、严肃的、持续不断的深思。他认为反省思维是最好的思维方式，是教学过程的核心方法。在教学方法上，杜威主张"从做中学"，提出了五步教学法，即创设疑难情境、确定疑难所在、提出解决问题的种种假设、推断哪个假设能解决这个困难、验证这个假设。

2. 杜威教育理论的意义

在理论方面，杜威的教育理论是现代教育理论的代表，对20世纪的教育理论和实践产生了深远的影响，丰富和发展了教育理论体系。他的实用主义哲学和教育思想，强调经验、实践和行动在认识和学习中的重要性，为教育研究提供了新的视角和方法。在实践方面，对教育实践产生了重大的影响，"他的'从做中学''学校即社会'等理念推动了教育教学方法的改革和创新，促进了教育与生活、学校与社会的联系。他的儿童中心论，强调尊重儿童的兴趣、需要和个性，对现代教育中关注儿童的主体地位、发展儿童的创造力和实践能力具有重要的启示作用。为课程与教学改革提供了理论基础和实践指导，推动了活动课程、问题解决教学等的发展。

（三）多元智能理论的核心内容及意义

1. 多元智能理论的核心内容

多元智能理论由美国心理学家霍华德·加德纳（Howard Gardner）提出。他认为，"人类至少存在语言智能（linguistic intelligence）、逻辑数学智能（logical-mathematical intelligence）、空间智能（spatial intelligence）、身体运动智能（bodily-kinesthetic intelligence）、音乐智能（musical intelligence）、人际智能（interpersonal intelligence）、内省智能（intrapersonal intelligence）、自然观察智能（naturalist intelligence）等功能。"[①]

语言智能指有效运用口头语言及文字的能力，即听说读写能力，表现为个

---

① 加德纳. 多元智能新视野［M］. 沈致隆，译. 北京：中国人民大学出版社，2008：12.

人能够顺利而高效地利用语言描述事件、表达思想并与人交流。诗人、作家、演说家、新闻记者等通常在这方面表现出色。

逻辑数学智能指有效运用数字和推理的能力,从事与数字有关工作的人特别需要这种有效运用数字和推理的能力,如数学家、科学家、工程师、会计师等。

空间智能指准确感知视觉空间及周围一切事物,并且把所感觉到的形象以图画的形式表现出来的能力。画家、雕刻家、建筑师、航海家、飞行员等在空间智能方面具有较强的表现。

身体运动智能指善于运用整个身体来表达想法和感觉,以及运用双手灵巧地生产或改造事物的能力。运动员、舞蹈家、外科医生、手工艺人等在这方面表现较为突出。

音乐智能指敏锐地感知音调、旋律、节奏、音色等的能力。作曲家、指挥家、歌唱家、乐师、乐器制作者等往往具有较高的音乐智能。

人际智能指有效地理解别人及其关系,以及与人交往的能力。教师、政治家、推销员、公关人员等在人际智能方面有较好的表现。

内省智能指认识到自己的能力,能正确把握自己的长处和短处,把握自己的情绪、意向、动机、欲望,对自己的生活有规划,能自尊、自律,会吸收他人的长处。哲学家、心理学家、小说家等在这方面能力较为突出。

自然观察智能指善于观察自然界中的各种事物,对物体进行辨认和分类的能力。植物学家、动物学家、生态学家、地质学家等在自然观察智能方面表现出色。

加德纳认为,每个人都拥有多种智能,这些智能以不同的方式和程度组合在一起,使得每个人的智能表现都具有独特性。

2. 多元智能理论的核心意义

在教育领域方面,可以用多元化教学目标、个性化教学、灵活化教学方法、多元化评价方式,促进教师专业发展,营造多元的教育环境并加强家校合作。

多元化教学目标。让教学目标不再仅仅关注学生的学术成绩,而设定多元化的教学目标,促进学生在语言、逻辑数学、空间、身体运动、音乐、人际、内省和自然观察等多个智能领域的发展。

个性化教学。教师认识到每名学生的智能组合和优势智能不同，因此要因材施教，根据学生的特点和需求制订个性化的教学计划和方法，最大程度地激发他们的潜能。多元智能理论挑战传统教育中以单一的学术能力衡量学生的做法，强调应根据学生的不同智能特点和优势来制订个性化的教育方案，二者结合使教育更贴合每名学生的需求，有助于发掘学生的潜能，提高教育效果。

灵活化教学方法。教师采用多种教学方法，如小组合作学习、项目式学习、体验式学习等，适应不同学生的学习风格和智能特点，提高教学效果。丰富课程设计，促使学校和教师设计多元化的课程，涵盖语言、数学、艺术、体育、社交等多个领域，以满足学生不同智能的发展需求。

多元化评价方式。摒弃单一的考试评价方式，综合运用观察、作品展示、实际操作、小组评价等方式，全面、客观地评价学生的学习成果和智能发展。

促进教师专业发展。营造多元的教育环境，就要求教师不断提升自身的专业素养，了解不同智能领域的特点和教学方法，更好地指导学生。在学校和课堂中营造鼓励多元智能发展的氛围，让学生在尊重和包容的环境中成长。

加强家校合作。家长和教师共同关注学生的多元智能发展，提供相应的支持和引导。

由此可见，多元智能理论促使教育教学更加关注个体差异，培养全面发展的学生，以适应未来社会的多元化需求。

从个人发展来看，可以激发学生兴趣，培养综合能力；增强自我认知。

激发学生兴趣，培养综合能力。通过发现学生的优势智能，以其为切入点激发学生对学习的兴趣，并带动其他智能领域的发展。从而更加注重培养学生的综合能力，而不是单一的知识技能，使学生在不同的情境中能够运用多种智能解决问题。

增强自我认知。帮助个人更好地了解自己的智能优势和劣势，从而明确自己的兴趣和职业方向，有针对性地进行自我提升和发展。

从社会层面看，可以促进人才多元化；优化职业选择。

促进人才多元化。为社会提供更全面的人才评价视角，有助于发现和培养在不同领域具有专长的人才，推动社会多元化发展。

优化职业选择。使人们能够根据自身的智能特点选择更适合自己的职业，提高职业满意度和工作效率，同时有利于社会资源的合理配置。

总之，多元智能理论为教育、个人发展和社会人才培养提供了新的思路和方法，有助于促进个体的全面发展和社会的多元化进步。

（四）积极心理学的核心内容及意义

1. 积极心理学的核心内容

积极心理学是心理学领域的一场革新运动，强调研究人类的积极品质和力量，而非仅仅关注心理问题和疾病。其核心内容主要包括：

积极的情绪体验。积极心理学关注诸如快乐、满足、自豪、爱等积极情绪，认为"积极情绪能够提升当下的心理状态，有助于拓展个体的思维和行动能力，构建持久的个人资源"[①]，如增强心理韧性和社会关系。

积极的人格特质。包括乐观、勇气、善良、智慧、毅力、创造力等。这些特质被认为是个体在面对挑战和追求幸福时的重要心理资本，能够促进个人的成长和发展。

积极的社会组织系统。研究如何构建积极的家庭、学校、工作和社区等环境，以支持个体充分发挥其潜力，培养积极的心理品质。例如，一个支持创新和合作的工作环境有助于员工提升工作满意度和绩效。

2. 积极心理学的意义

将积极心理学应用于个人成长方面：

可以培养积极的情绪。每天记录让自己感到快乐、满足和自豪的事情，强化积极情绪的体验。学会感恩，定期向身边的人表达感激之情。面对困难时，尝试从积极的角度看待问题，寻找其中可能带来的成长机会。

促进个体的全面发展。帮助人们认识和培养自身的积极品质和情绪，从而提升心理韧性、幸福感和生活满意度，实现个人的成长和自我实现。

可以发现和发挥自身优势。进行性格优势测试，如VIA性格优势测试，了解自己的突出优势。在日常生活中，有意识地运用优势解决问题，提高自信感和成就感。不断培养和发展新的优势，拓宽个人能力边界。

可以设定有意义的目标。明确自己的价值观和长期愿景，据此设定具体、可衡量、可实现、相关且有时限的目标。将大目标分解为小步骤，逐步实现，

---

① 弗雷德里克森. 积极情绪的力量 [M]. 王珺，阳志平，译. 北京：中国人民大学出版社，2010：28.

增强自我效能感。

促进个体的全面发展。帮助人们认识和培养自身的积极品质和情绪，从而提升心理韧性、幸福感和生活满意度，实现个人的成长和自我实现。

改善心理健康服务。为心理咨询和治疗提供新的视角和方法，不再局限于解决问题和消除症状，更注重培养个体的积极心理，防止心理问题的发生。

可以建立积极的人际关系。主动与家人、朋友保持密切联系，定期聚会和交流。参加兴趣小组或社交活动，结识志同道合的新朋友。在人际交往中，多给予赞美和支持，营造良好的人际氛围。

可以培养心理韧性。把挫折视为成长的契机，总结经验教训。运用积极的自我对话，鼓励自己克服困难。保持乐观的心态，相信未来会更好。

将积极心理学应用于职业发展方面：

优化教育实践。为教育工作者提供指导，强调培养学生的积极情感、性格优势和价值观，促进学生的全面发展和实现学业成就。

推动组织发展。有助于创建积极的工作环境，提高员工的工作投入度、创造力和绩效，增强组织的凝聚力和竞争力。

促进社会和谐。培养个体的积极心理，构建积极的社会环境，有助于减少社会冲突，增进人际信任和合作，促进社会的和谐与进步。

可以明确职业规划。基于自身优势和兴趣，选择与之匹配的职业方向。制定短期和长期的职业发展规划，明确晋升路径和技能提升目标。

可以全身心投入工作。在工作中寻找意义和价值，培养对工作的热爱。设定明确的工作目标，提高工作动力和专注度。积极参与团队合作，与同事建立良好的合作关系。

可以持续学习与创新。保持学习的热情，不断提升专业技能。勇于尝试新的工作方法和思路，提出创新性的想法和解决方案。

可以应对职业压力。采用有效的压力管理策略，如运动、冥想、放松训练等。培养积极的应对心态，将压力视为挑战而非威胁。

可以提升职业幸福感。关注工作中的小成就和进步，及时给自己奖励。平衡工作与生活，避免因过度工作而身心疲惫。

由此可见，将积极心理学的理念和方法融入个人成长和职业发展的各个环节，可以帮助我们更好地应对挑战，体验更充实、更有意义的人生。

二、星教育理念

（一）星教育理念介绍

星教育理念的内涵：以"星"为象征，寓意每名学生都是独一无二的"天体"，拥有无穷的潜力和独特的光芒。星教育理念并非空穴来风，而是源于对人类潜能的深刻洞察与对未来教育的热切期盼。基于杜威、陶行知教育理念进行研究，为星教育奠定理论基础。星教育的内涵在于尊重个体差异，强调全面发展，鼓励创新思维，以及提倡终身学习。它主张教育应当如同天文学家探索星空一般，耐心观察、悉心引导，让每名学生在知识的宇宙中找到自己的轨道，绽放独特的光彩。

星教育的核心目标：培育全面发展、有创新精神和全球视野的未来之星。星教育的核心目标不仅包括学生对学术知识的积累，更注重对学生情感、社会技能、道德品质以及批判性思维的培养。它期待每名学生都能在多维度的成长中，成为具有独立思考能力，能够适应不断变化的世界的终身学习者。星教育鼓励教师从传统的知识传授者转变为学生学习旅程的伙伴和引导者，通过启发式教学，激发学生的内在动力，帮助他们发掘并发展潜能。

星教育哲学：星教育是以最适合的方法培育最丰满的人格的教育，是让每个孩子成为一颗闪亮的"星"的教育，是学校推进素质教育的个性化实践的体现。就星教育实践个性而言，星教育是心教育，直抵心灵；星教育是暖教育，大爱无疆；星教育是众教育，全息视野；星教育是暖教育，张扬个性。在星教育教育哲学下的办学理念，让每个孩子都成为闪亮的"星"。学校是绽放光芒的地方，我们期待，人人成功，个个是"星"，让每颗星绽放光芒。学校的使命是让每个孩子都成为闪耀的星。基于此，星教育之旨趣为，赋予每名师生快乐成长的机会和空间；激励每名师生充满成功的自信和希望；引领每名师生寻找生命的乐趣和意义；为每个孩子真实的发展和幸福奠基。

共同的育人目标：培育具有可持续发展力的未来之星。（以广州市第一中学附属环市西路小学为例，培养在具有"谦和刚进"精神基础上，会表达，有童心；会探究，有想法；会交往，有礼貌；会审美，有情趣；会运动，有自信星少年。星教育与校园剧在育人目标上不谋而合，它们都致力于挖掘学生的潜能，促进个体的全面发展。星教育倡导的不仅是学术知识的积累，更强调对情感、社会技能、道德品质和批判性思维的培养，这些正是校园剧在实践中所蕴含的教育价值。通过校园剧，学生不仅能够提升表演技能，还能在角色扮演中深化对自我和他人的理解，培养同理心以及解决问题的能力。校园剧将课堂知识与舞台实践相结合，让学生在情境化的学习过程中，亲身体验不同角色的人生，从而增强对多元文化的理解和尊重。这种角色扮演的过程，有助于学生在心理上跨越自我，实现认知与情感的双重成长。此外，剧本创作环节则需要学生调动跨学科知识，如文学、历史、社会学等，进行批判性思考和创新性表达，这既锻炼了他们的写作能力，也培养了他们对复杂问题的解析能力。星教育理念中强调的教师角色，即从传统的知识传授者转变为学生学习的引导者和学生发展的促进者，与校园剧中的教师角色相契合。在指导校园剧的过程中，教师不再只是单向的讲解者，而是引导学生发现自我、激发创新能力的引导者，通过戏剧活动，教导学生如何合作、如何解决问题、如何在舞台上自信地表达自我，这些都是未来社会生活中不可或缺的"软实力"。同时，星教育主张的终身学习及其与社区的紧密联系也在校园剧实践中得到体现。校园剧的排练和演出往往需要长时间的准备，在这个过程中学生不断学习、不断提升，体现了终身学习的理念。校园剧的公开展演，无论是对家长的邀请，还是社区人员的参与，都促进了教育的共享，让社区人员有机会见证学校教育的成果，也让教育影响超越校园，成为社区文化的一部分。在星教育与校园剧的理念融合中，二者共同的育人目标是培育具有创新精神、全球视野和人文素养的未来公民。学生在参与校园剧的过程中，通过知识的实践应用、情感体验的深化、社会能力的提升，逐步成长为能够适应未来社会、实现自我价值的个体。这种融合不仅丰富了教育手段，也使得小学课程统整更加生动而富有实效，为培养星光璀璨的未来之星奠定了坚实的基础。

（二）星教育课程理念

课程是一幅美丽的生命画卷，课程应该为每颗"星"提供最广阔的天空。星教育的课程理念是，让生命绽放耀眼的光芒。这意味着：

课程即生活色彩。对儿童来说，生活即课程，课程是多彩生活的过程。学校课程的终极目标是让学生过美好而有意义的生活。在星教育理念下，一切生活都是课程，一切课程也都是生活，有什么样的生活，就有什么样的教育。学校课程的内容来源于生活，为了解决生活中的小问题，教师在设计课程时，要根据学生的年龄特点，挖掘一日生活中各环节资源，树立整体课程观。

课程即精彩绽放。著名教育家朱永新老师曾说："教室是一根扁担，一头挑着课程，一头挑着生命。"学校课程应以满足学生身心发展需要为目标，以促进学生全面发展、主动发展、个性发展、持续发展、健康发展为核心，让每名学生精彩绽放。课程要让学生日趋成熟、不断成长，丰富学生的学习经历，让经验成为学生的财富，伴随他们幸福成长。

课程即生命体验。课程的价值追求就是生命的微妙体验与渐进成长。课程不仅仅满足个体生命潜在生命力开发与生长的需要，而且努力达成生命之间的相互理解和认同。理解生命，是为求真；敬畏生命，是为求善；珍爱生命，是为求美。课程的展开过程就是师生以其本真状态投入生命之流的过程。

课程即个性张扬。每个孩子都是独一无二的，都是一颗闪亮的"星"。陶行知先生曾说："要把孩子放到大自然和社会环境中，让他们自由成长。"课程的终极目标是个性的张扬与力量的汲取。课程不仅是简单的教科书，而是包括了整个立体式的空间，这个空间是灵动的，因为灵动的课程是"全空间安排"和"全功能实现"。灵动的自然空间课程，是亲近自然、认识自然、研究自然、热爱自然、热爱生活；灵动的社会空间课程，是认识社会、学习社会；灵动的心理空间课程，使儿童心理积极、心理和谐。总之，每个孩子都是一颗闪亮的"星"，教育工作者应该为孩子提供最广阔的天空，基于此，我校的课程模式名称确定为"满天星"课程。

（三）"满天星"课程建设

立足前期课程改革成果，学校着力建设"满天星"课程体系，重点关注学校整体课程与特色课程的有机融合，重点关注国家课程的校本化实施和特色课程建设，逐步构建起各类课程协调发展的高质量、有特色、可选择的学校课程体系。按照多元智能理论，将学校课程分为六大领域：

1. "语萃星"课程：语言与交流课程

"语萃星"课程主要涉及语文、英语等学科，包含语文课程群、英语课程群、第二外语课程群等，既涵盖语文、英语等基础型课程，也包括小作家、小读者、小记者、小编辑、小主持、小翻译等拓展型课程，结合不同年龄段学生的身心特点，引导学生广泛接触各类文学作品，提高学生的文学素养，培养学生的阅读欣赏能力，增强学生的交流能力，实现情感熏陶、形象感染，最终使学生成为精神丰富、人格高尚的人。

2."美德星"课程：自我与社会课程

"美德星"课程主要涉及品德和社会等基础型课程和文明礼仪教育、性别教育、生命教育以及职业体验、劳动技术、社会实践和服务等领域，如小茶艺师、"我的房间我做主"、小厨房、小点心师、菜园小管家、小园艺师、小理财师、爸妈"跟屁虫"等课程，把学生的社会实践、个性发展、职业启蒙和创新能力培养等有机整合，让学生通过实践活动和亲身体验培养合作精神、公民意识和社会责任感，孕育学生的职业理想。小天使课程也包括小绅士、小淑女等课程，满足男生和女生发展的需求，使其都能得到完善而良好的发展，让学生掌握基本的谈吐、举止、服饰等个人礼仪，以及在家庭、校园、公共场所等社会生活领域的礼仪，养成文明礼貌的行为习惯。

3."科创星"课程：科学与探索课程

"科创星"课程包含自然课程群、科技教育课程群等，主要涉及自然、信息科技等综合科学学科领域。学校积极落实基础型课程中的自然、科技信息等相关课程，开设小实验、小探究、小常识、小百科、小制作、小环保、小种植等课程，重点创设创新实验室，开发乐高机器人课程和3D打印课程，通过让学生亲历科学探究活动，引导学生发现问题、提出质疑、探索反思，激发学生对科学研究的兴趣，掌握基本的科学研究方法，让学生在实践中解决问题、增长智慧，为学生提供广阔的科技实践研究平台，促进学生创新精神与实践能力的发展。

4."智慧星"课程：逻辑与思维课程

"智慧星"课程包含数学课程群、思维课程群等。教材只是信息资源和媒介，在学习活动中要让这些有限的资源投入到学生头脑资源中去。基于这样的目的，我们尝试运用现代课程理念重新审视、分析、研究、思考现行教材的合理性，进一步贯彻"新课标"的相关精神，对教材进行局部调整、优化组合、扩充资源：低年级应倡导"快乐数学"，使学生在愉悦中学习；中年级应倡导"生活数学"，使学生在体验中感悟数学；高年级应倡导"思维数学"，使学生在思维的深度与广度上得到长足的发展。通过每日一题、每日一问、数学跑道、数学园地等活动，以学生为主，寻找身边的数学，把握生活中的数学，增强学生的数学意识，使数学与生活、学校与社会、课内与课外互补共进。

5. "艺术星"课程：艺术与审美课程

"艺术星"课程包含音乐课程群、美术课程群、综合艺术课程群，主要涉及美术、音乐等艺术领域。学校扎实推进基础型课程中的音乐、美术课程，创新开发拓展型和探究型课程中的艺术类课程，基于学生发展的需求，开设少儿舞蹈、声乐、绘画、书法、陶笛、非洲鼓、打击乐等多项艺术课程，为学生提供艺术课程菜单，让其自主选择感兴趣的艺术课程，将基础型课堂教学和拓展型社团活动相结合，激发学生对艺术的热爱，提高学生的艺术素养与审美素质。

6. "健美星"课程：运动与健康课程

"健美星"课程包含体育课程群、心理辅导课程群等，主要涉及体育、心理辅导等学科领域。学校对国家规定课程进行补充、拓展和整合，关注每名学生的个体差异与需求，关注其身心健康发展，根据不同学生的需要开发多种形式的课程，包括各种球类、棋类、跆拳道、花样跳绳等体育课程，以及"多彩屋"等心理辅导课程，以社团活动为主要途径，分年级、分步骤有效落实小健将课程，推动学生身心素养的提升，为学生的健康发展服务，为学生终身体育意识的形成奠定基础。

在星教育的框架下，课程设计不再是单向的知识传递，而是通过诸如校园剧这样的综合实践活动，将知识、技能和价值观有机融合，形成一个丰富多元、充满活力的学习生态系统。学生在参与过程中，不仅能提升表演技能，还能通过角色扮演，体验不同的人生视角，培养同理心，实现自我认知的深化。同时，星教育理念也强调与社区的紧密联系，倡导教育的共享与增值，让校园剧成为连接学校、家庭与社会的桥梁，促进教育成果的广泛传播和深入影响。

提高文学素养
增强交流能力
实现情感熏陶

培养公民意识
孕育职业理想
掌握生活礼仪

"语萃星"
课程

"美德星"
课程

"智慧星"
课程

"科创星"
课程

亲历科学探究
促进创新精神
提升实践能力

培养劳动精神
学会日常劳动技能
参与服务性劳动

"劳动星"
课程

"艺术星"
课程

"健美星"
课程

激发艺术品位
提高艺术素养
培养审美素质

推动身心健康发展
关注个体差异需求
培养终身体育意识

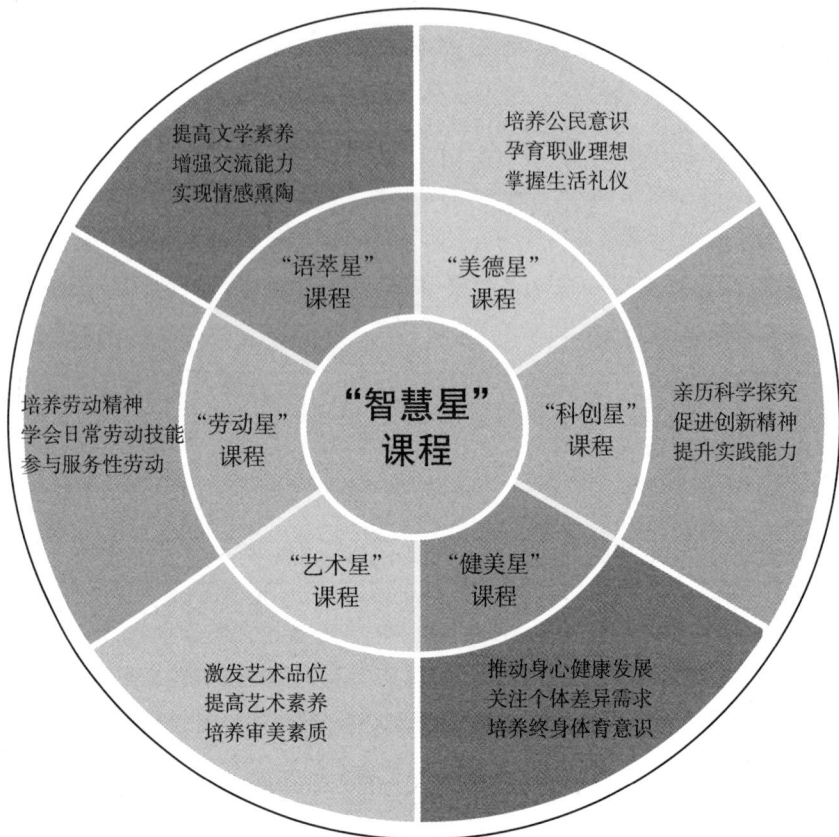

"智慧星"课程图谱

综上，星教育的内涵和核心目标为小学课程统整提供了全新的视角，它强调个体潜能的挖掘、多元智能的培养和终身学习的价值，为校园剧作为教育载体的创新实践奠定了理论基础。接下来将深入探讨星教育理念如何通过校园剧这一实践路径具体落地，并在小学课程中实现教育的创新与融合。

（四）星教育的特点与实施路径

星教育的特点在于包容性、个性化和创新性，它打破了传统教育模式的束缚，为学生提供了一个全方位发展的舞台。星教育的包容性体现在尊重学生的个体差异，每名学生都是教学过程中的主体，他们的兴趣、特长和学习风格都被充分考虑和尊重。教师的角色由权威的讲授者转变为学生学习的引导者和学生发展的促进者，他们与学生共同探索知识，鼓励学生在多元化的学习环境中自我实现。

星教育强调个性化。它倡导因材施教，鼓励学生根据自己的兴趣和潜能选择学习内容和方式，通过实践项目（如校园剧），将知识学习与实际技能训练相结合，让每名学生在表演中找到自我，发展独特的才能。这不仅有助于增强学生的自信心，还能激发他们的内在动力，使他们乐于学习，自主探索。

在实施路径上，星教育主张课程统整，将不同学科的知识与技能融入一个连贯的学习过程中。校园剧作为实践路径，正好符合这一理念。它将戏剧艺术、文学、历史、社会学等多个学科知识与艺术表现形式相结合，形成一个跨学科的课程设计。例如，学生在准备校园剧的过程中，可以学习剧本创作，这既涉及文学素养，也要求他们对故事背景有所了解，从而涉猎历史、社会学等学科知识。同时，角色扮演环节培养了学生的演技、沟通与团队合作能力，这些都是未来社会所需的软技能。

星教育实施路径强调实践与反思。学生在排练和表演校园剧时，实际操作和反复演练是核心，这有助于他们将书本知识转化为实际技能。并且，每次表演都会带来新的体验和反思，教师引导学生对自己的表现进行评价，教师提出改进建议，这有助于学生的自我认知和持续成长。

星教育还倡导与社区的紧密联系，主张教育的共享与增值。校园剧的演出可以邀请家长、社区成员参与，甚至走出校园，成为社区活动的一部分。这样的互动不仅增强了学校的凝聚力，也使教育成果得以传播，社区成员通过观看学生的表演，感受到学校的教育理念和成果，形成教育与社区的共生共融。

星教育的特点——包容性、个性化与创新性，以及其实施路径——课程统整、实践反思和社区连接，为校园剧的实施提供了有力的支撑。这一教育模式使得校园剧不仅仅是艺术表演，更成为学生全面发展、实现个体潜能的教育工具，为小学教育的创新与融合提供新的可能。

第二节　舞台初探：校园剧在小学课程中的地位与作用

一、校园剧的教育属性与功能

校园剧作为一种独特的教育手段，其教育属性和功能在星教育理念的引领下得以充分发挥。它不仅是一种艺术表现形式，更是一个综合性的学习平台，能够有效促进学生的全面发展。一方面，校园剧具有强烈的视觉和听觉冲击力，通过直观的表演，激发学生的学习兴趣，使他们更愿意投入到学习过程中。另一方面，剧本的创作和角色的扮演，锻炼了学生的创新思维和批判性思考能力，帮助他们理解和处理复杂的社会问题，培养解决问题的能力。

校园剧在语言能力的提升上具有显著效果。在剧本学习和角色对话中，学生必须理解和使用丰富的词汇，增强语感，提升语言的组织和表达能力。同时，通过角色扮演，他们能体验不同角色的语言风格，加深对社会角色和沟通技巧的理解，这对于他们的社会适应和人际交往能力的提高大有裨益。

校园剧中的团队合作元素，是培养学生协作精神和领导力的重要途径。在排练过程中，学生需要共同制订计划、解决冲突、分配任务，这都是社会生活中不可或缺的技能。而导演和主演的角色则给予学生领导和组织的机会，提升他们的决策能力和责任感。

校园剧还具有强大的情感教育功能。角色扮演使学生有机会体验不同的人生经历，发展同理心，理解他人的情感，这有助于他们形成健康的情感态度和道德价值观。同时，舞台的公共性质鼓励学生克服羞涩、提升自信，这对于他们建立自我认同、形成积极的社会形象至关重要。

校园剧体现了星教育理念中的社区共建与共享精神。通过校园剧的演出，学生的作品得以在校园内外展示，社区成员的参与能增强学校与家庭、社区的联系，让教育成果得以传播，进一步推动教育的共享与增值。

校园剧在小学课程中的地位无可替代，它通过艺术形式将知识学习转化为生动实践，也促进了学生的社会性发展，全方位地提升了学生的综合素养。其丰富的教育属性和功能使校园剧成为星教育理念下小学课程统整的理想实践路径，为培养未来之星提供了丰富的舞台和无限的可能。

二、校园剧与学科课程的关系

校园剧与学科课程的关系紧密且富有深度，它将艺术与学术完美融合，为学科知识的传授提供了生动的实践平台。在星教育的框架下，校园剧不再仅是艺术表演，而是学科知识的综合运用和创新实践的载体。它以独特的教育属性，为学科教学注入活力，提升了教学效果。

校园剧在剧本创作阶段，就与语文、科学、道德与法治等学科产生了紧密联系。学生在收集资料、撰写剧本的过程中，需要深入理解相关学科知识，这不仅锻炼了他们的批判性思考和信息处理能力，还促进了跨学科知识的整合。例如，在创作一部以科学事件为背景的校园剧时，学生不仅要熟悉科学事实，还需要运用语文技能来构建引人入胜的故事线，同时可能还涉及地理、艺术、音乐等元素，从而实现多学科的交叉学习。

角色扮演环节为学生提供了将学科知识转化为实践经验的机会。在扮演不同角色的过程中，学生必须理解角色的背景、性格特征以及与剧情相关的知识，这有助于他们从不同的角度理解和应用所学知识，如在演科学知识校园剧时，学生通过扮演科学家，更直观地体验科学实验过程，理解科学原理。此外，培养角色扮演中的沟通、决策和解决问题的能力，也是社会学、心理学等学科知识的关注重点。

舞台设计与制作则是艺术、数学、工程学等学科知识的实践平台。学生需要运用几何、比例知识来设计舞台布景，使用艺术原理来装饰，甚至可能涉及用简单的机械原理来实现舞台效果。这种实践探索，使学生在动手操作中深化对抽象知识的理解，同时培养了其创新思维和解决问题的能力。

校园剧与学科课程的融合，为学生提供了"做中学"的机会，使得知识学习不再局限于课堂，而是转化为实际的表演艺术。这不仅有助于提升学生的学习兴趣，增强记忆，还培养了他们批判性思考、团队协作和创新实践的能力。在星教育理念的指导下，校园剧成为小学课程统整的一个重要抓手，它将知识传授与技能培养紧密结合，实现了教育的全面性且达到了教育的深度，为学生的终身发展奠定了坚实的基础。

三、校园剧在小学课程体系中的定位

校园剧在小学课程体系中，扮演着一个多维度、多层次的角色，它超越了传统的艺术教育，成为一种全面的、整合性的教育手段。校园剧被定位为一门实践性课程，它将艺术与学科知识相融合，让学生在表演艺术中学习和应用多学科知识，实现课程的跨学科整合。星教育理念强调的课程统整，使得校园剧不再孤立于课程体系之外，而是与科学、艺术等学科紧密联系，共同构成一个富有深度和广度的学习体系。

校园剧作为课程的一部分，强调学生的主体参与和自我发展。它鼓励学生通过角色扮演探索自我、理解他人，这在情感教育和社会性发展方面占据重要位置。教师不再仅仅是知识的传授者，而是引导学生发现自我、激发潜能的伙伴，这与星教育尊重个体差异、鼓励个性化学习的核心理念相吻合。

校园剧还是社区教育的延伸，它通过与家庭、社区的互动，实现了教育的共享与增值。学生的作品在更大的舞台上展示，不仅提高了他们的自信心，也促进了社区成员对学校教育的理解和支持，形成了教育与社区的共生关系，体现了星教育的社区共建与共享精神。

校园剧在课程评价方面也有其独特之处。它注重过程评价，强调学生的参与度、创新性、团队协作以及反思能力，而不仅仅是最终的表演结果。这种评价方式与星教育的终身学习和全面发展的目标相一致，鼓励学生在实践中不断学习和成长。

校园剧是一种创新的教育实践，它推动了教师角色的转变和教学方法的更新。教师在组织和指导校园剧的过程中，不仅提升了自身的专业技能，也通过观察和引导学生，提高了自身的评价和反思能力，从而促进教师专业发展。

校园剧在小学课程体系中的定位是多元化的，它不仅是艺术教育的深化，而且是学科知识的实践平台、情感教育和社会性发展的工具，以及社区教育的桥梁。在星教育理念的引领下，校园剧为小学课程统整提供了新的视角和实践路径，对提升学生的综合素养、推动课程创新与实践深度融合具有深远意义。

四、校园剧在广州市第一中学附属环市西路小学实施情况

《义务教育课程方案和课程标准（2022年版）》"修订原则"指出：强化课程综合性和实践性，推动育人方式变革，着力发展学生核心素养。凸显学生主体地位，关注学生个性化、多样化的学习和发展需求，增强课程适宜性。更新课程内容，体现课程时代性。

"培养目标"指向培养"向善尚美，富于想象，具有健康审美情趣和初步的艺术鉴赏、表现能力。学会交往，善于沟通，具有基本的合作能力、团队精神"的时代新人。

"基本原则"指出：加强课程内容与学生经验、社会生活的联系，强化学科内知识整合，统筹设计综合课程和跨学科主题学习。加强综合课程建设，完善综合课程科目设置，注重培养学生在真实情境中综合运用知识解决问题的能力。开展跨学科主题教学，强化课程协同育人功能。

突出学科思想方法和探究方式的学习，加强知行合一、学思结合，倡导"做中学""用中学""创中学"。优化综合实践活动实施方式与路径。

而在"课程设置"中指出：改革艺术课程设置，三至七年级以音乐、美术为主线，融入舞蹈、戏剧、影视等内容。校本课程由学校按规定设置。

广州市第一中学附属环市西路小学从2017年起，开始探究以师生合作创编校园剧的跨学科活动课程，以培养学生的可持续发展能力。开展以师生合作创编校园剧的跨学科实践活动课程研究并实施，借鉴融合STEAM教育理念，培养学生的可持续发展能力，至2023年，经过多年的实践研究，生成了环市西路小学校园剧课程"认识戏剧（三年级）+主题活动探究+校园剧活动+校园剧活动评价"模式以及"五导五自"实施策略。课程实施下，优化了教学目标、过程、课堂结构，提升了教学质量。学生学习自主能动性得到空前提高，自我可持续发展能力（方向性能力、操作性能力）逐渐增强。教师的教学观念和专业能力呈现可持续发展态势。师生在校园剧课程活动中的动态发展和成长开创了环市西路小学科研工作新样态。针对当时课程的分科设置，相互割裂、内容重复、观点片面导致教学过程中学生主体性不强、自主意识较弱、素养发展缓慢的问题，用跨学科大综合的"校园剧"形式将封闭的以"书本—教师—课堂"为中心的学习转变成以"质疑—沟通—思考—合作—创新"为中心的学习，从三方面落实对学生解决问题、合作沟通、信息整合重组以及创新能力等核心素养构成的培养，变革教学模式，切实提升学生的可持续发展能力。

（一）发挥课程育人功能

校园剧课程的构建立足于培养并发展学生的综合素养，秉承"立德树人"的教育理念，充分发挥育人功能。

（二）发展学生核心素养

核心素养是知识、技能和态度等的综合表现，其功能是整合性的。校园剧课程扎根于学科课程，以学科学习为根基，拓展学生课程学习的文化基础，以"五导五自"为目标导向，逐步引导学生自主发展，同时通过编、导、演、制、评等环节深化学生的社会参与度和认同感。

（三）优化课程，提升质量

在传统教学中，课堂是教学的主阵地。通过课堂教学活动，使学生掌握知识，习得技能，发展智力，形成良好的态度和品质。校园剧课程转换了学习阵地，以舞台为"终极战场"，将教师的"教"巧妙地转变为学生的"学"，优化了学习流程，切切实实提升了教与学的质量。

第三节　星剧共融：星教育与校园剧的理念契合

一、课程教育的发展挑战——教育高质量发展的全局背景

党的十九大报告围绕"优先发展教育事业"作出全面部署，明确指出："建设教育强国是中华民族伟大复兴的基础工程，必须把教育事业放在优先位置，深化教育改革，加快教育现代化，办好人民满意的教育。"党的二十大报告围绕"加快建设高质量教育体系"作出全面部署，明确指出："我们要坚持教育优先发展、科技自立自强、人才引领驱动，加快建设教育强国、科技强国、人才强国，坚持为党育人、为国育才，全面提高人才自主培养质量，着力造就拔尖创新人才，聚天下英才而用之"，我们要"办好人民满意的教育"，"全面贯彻党的教育方针，落实立德树人根本任务，培养德智体美劳全面发展的社会主义建设者和接班人"，"加快建设高质量教育体系，发展素质教育，促进教育公平"。

2021年中共中央办公厅、国务院办公厅发布《关于进一步减轻义务教育阶段学生作业负担和校外培训负担的意见》，这是党中央站在实现中华民族伟大复兴的战略高度和政治高度作出的重要决策部署，是构建教育良好生态，促进学生全面发展、健康成长的国之大计。

新课程标准的颁布和新一轮课程改革更加关注人的发展，关注学生、教师的共同提高，呼唤个性的张扬、创新潜能的开发。

二、星教育与校园剧的理念契合过程中教师的作用

在星教育与校园剧的理念相互契合的过程中，教师扮演着至关重要的角色。

首先，教师是引导者。他们帮助学生理解星教育的核心理念，即关注每名学生的独特潜能和个性发展。在校园剧的筹备和开展中，教师引导学生认识到自己在剧中可以发挥的独特作用，鼓励学生根据自身特点选择适合的角色或参

与适合的创作环节。在校园剧的创作过程中，学生可能会遇到创意瓶颈或对角色理解不深入的情况。教师在引导过程中，不断通过提问、分享案例、提供不同的视角等方式，启发学生的思维，激发他们的创造力和想象力，让校园剧的内容更加丰富和有深度。

其次，教师是组织者。组织协调学生的分工，安排排练时间和场地，确保校园剧的筹备工作有序进行。同时，教师组织学生进行团队建设活动，增强学生之间的合作意识和团队凝聚力，使校园剧的制作过程更加顺畅。同时，教师作为组织者，也具有评价者的作用。在学生参与校园剧的过程中，教师及时给予客观、准确的评价和反馈。他们不仅关注学生的表演技巧和创作成果，更注重学生在这个过程中展现出的成长和进步，如团队协作能力的提升、对自我认知的深化等。通过评价，教师帮助学生发现自己的优点和不足，明确改进的方向。

最后，教师作为资源提供者。为了让校园剧能够更好地体现星教育的理念，积极收集相关的资料、剧本、教学视频等资源，将优秀的文化价值观融入校园剧的创作和表演中，通过教师的讲解和引导，让学生在参与过程中传承和弘扬传统文化。在校园剧涉及多个部门或团体合作时，教师协调各方资源，联系校外的专家、艺术家等，促进学校、家长、社区之间的沟通与合作，为校园剧的顺利开展创造良好的外部环境，为学生提供专业的指导和培训。

教师作为榜样，自身积极参与校园剧活动，展现出对艺术和教育的热情与投入，激励学生更加积极地参与其中。总之，教师在星教育与校园剧的理念契合中发挥着多方面的关键作用，他们的引导、启发、组织、评价、资源提供和榜样示范，能够有力地推动学生在校园剧中实现个性化发展和全面成长。

三、对学生个性发展的关注——培养自信、有创造力的学生

在当今教育领域，星教育理念正逐渐崭露头角，强调以学生的个性和潜能发展为核心，培养出"独具光芒"的个体。与此同时，校园剧作为一种独特的艺术形式，也在校园文化中发挥着重要作用。令人惊喜的是，这两者之间存在着深刻的理念契合。在星教育理念的引领下，校园剧成为一种独特的教育手段，特别关注对学生个性发展的深度挖掘和全面培养。校园剧通过艺术与学科知识的结合，为学生提供了一个自我表达与角色探索的舞台，让他们在实践中锻炼和提升多种能力，同时在多元化的角色扮演中展现个体的多元潜能。

　　星教育注重发现每名学生的独特闪光点，就如同在浩瀚星空中寻找每颗星星的独特光芒。它不是传统的"一刀切"教育模式，而是尊重学生的兴趣、爱好和特长，为他们提供个性化的发展路径。无论是在学术、艺术、体育还是在其他领域，每名学生都有机会展现自己的才能，成为那颗耀眼的"星"。在校园剧的排练过程中，学生有机会尝试不同的角色，进入他人的世界，这不仅锻炼了他们的演技，也促进了他们对不同人物内心世界的理解，从而增强同理心，提高人际交往能力。校园剧往往聚焦于校园生活中的各种主题，如友情、成长、梦想等。这些主题能够引发学生的共鸣，让他们在欣赏和参与的过程中得到心灵的启迪和情感的滋养。这与星教育关注学生的全面发展（包括情感、道德和价值观的培养）是相辅相成的。

　　校园剧的创作过程也充满了探索和创新。学生需要共同构思剧情、设计场景、编排动作和台词，这要求他们充分发挥想象力和创造力。这与星教育所倡导的培养学生创新能力的目标相契合，鼓励学生跳出常规思维，勇敢地表达自己的想法和观点。通过角色扮演，学生能够跨越自我，体验与自己生活背景和经历不同的故事，这种"成为他人"的过程有助于他们打破思维定式，激发创新思维，培养解决复杂问题的能力。

　　校园剧的剧本创作环节，鼓励学生发挥创造力，无论是改编经典故事，还是原创剧本，都需要他们运用语言、历史、科学等多学科知识，这既锻炼了他们的批判性思考能力，也培养了其写作技巧。在讨论、撰写剧本的过程中，学生需要与团队成员交流互动，共同决策，这有助于他们学习合作，提升团队协作能力和领导力。

　　在舞台设计、服装制作和道具准备等实践环节，则融入了艺术、数学和工程学等元素，学生在动手操作中，可以运用所学知识解决实际问题，这不仅锻炼了他们的动手能力，也培养了其创新精神和实践能力。通过这些跨学科的实践，学生能够将理论知识转化为真实世界的应用，提高学习的趣味性和效果。

　　值得注意的是，校园剧的评价体系也注重学生的个性发展。它强调对学生参与度的评价，鼓励他们勇于尝试、敢于创新，而不只是关注最终的表演结果。这种评价方式有助于学生自信心的养成，激发他们对自我潜能的探索，同时促进教师关注学生的个体差异，因材施教。

　　在星教育的框架下，教师在校园剧中的角色是引导者和支持者，他们鼓励学生挑战自我，放心大胆地展示自己的独特性。通过观摩学生在舞台上的表现，教师能够更深入地了解每名学生的个性特征和潜能，从而在日常教学中，为他们提供更加个性化的指导，促进每名学生以自己的步伐和方式成长。

校园剧在星教育理念的指导下，成为促进学生个性发展的重要平台。它通过角色扮演、剧本创作、舞台实践等环节，让学生在艺术与学术的交融中，发现自我，发展潜能，实现个体的全面成长。校园剧的实施，充分体现了星教育对个体差异的尊重，对多元化发展的追求，以及对终身学习的倡导，为培育星光璀璨的未来之星提供了有力的教育工具。

四、在创新能力培养上的一致性

星教育与校园剧在创新能力培养上保持着高度的一致性，它们都视创新思维为21世纪的核心能力，致力于在实践中激发学生的创造力。星教育理论强调的是启发式教学，鼓励学生通过主动探索和实践，发展创新思维。而校园剧作为一种综合艺术形式，其创作、排练和演出过程本身就是创新实践的生动体现，为学生的创新精神提供了丰富的土壤。

在剧本创作阶段，学生需要构思新颖的故事，设计引人入胜的情节，这需要他们进行批判性思考，挑战既有框架，提出原创观点。学生通过参考历史事件、文学作品，甚至现实生活，通过融合、改编，创作出独一无二的作品。在这个过程中，他们不断尝试新的叙事手法，锻炼的是创新思维和独立思考的能力。

"角色扮演环节同样富含创新元素。"[1]学生不仅要理解角色的性格，还要赋予角色个人化的诠释，这需要他们跳出固有思维，探索角色的多种可能性。通过角色互动和冲突的解决，学生学习如何在新的情境中找到解决问题的方法，这种过程本身就是创新实践的体现。

舞台设计与布景制作则是学生实践创新设计的良好平台。他们可以尝试不同风格的舞台布局，运用科技元素（如灯光、音效），或者通过废物再利用来制作道具和服装，这既锻炼了他们的创新设计能力，也培养了环保意识。在这一过程中，学生能将课堂所学的科学、艺术知识创造性地运用到实践中，实现知识的迁移和创新应用。

校园剧的排练与演出过程本身就是一种动态的创新学习。每场排练都可能

---

① 朱光潜. 西方美学史 [M]. 南京：江苏人民出版社，2015：75.

带来新的灵感，学生和教师都需要灵活应对，调整策略，这无疑培养了他们的适应性思维和问题解决能力。而在演出中，他们可能面对预料之外的状况，如何现场处理，更是对他们即时创新和应变能力的考验。

星教育理念鼓励教师在校园剧实践中作引导者而非权威，提供环境和支持，让学生在尝试、错误和改进中发展创新精神。教师的角色转变为教育的合作者，引导学生通过反思和批判性思考，提高他们的创新能力，帮助他们理解——失败和错误其实是创新过程中的重要组成部分。

星教育与校园剧在创新能力培养上的契合，不仅体现在课程设计上，更体现在它们对创新思维的重视和实践上。校园剧通过其独特的艺术形式，为学生提供了展示、发展和提升创新能力的广阔平台，而星教育理念则为这种创新实践提供了理论支持和实施路径，两者共同构建了一个充满创新活力的教育生态系统，为培育星光璀璨的未来创新者奠定了坚实的基础。

第四节　明日星辰：星教育与校园剧的未来展望

一、校园剧的发展趋势与挑战

随着星教育理念的深入人心以及校园剧在教学中的显著成效，未来校园剧的发展呈现出多元化的趋势，但是仍面临一些挑战。

校园剧将更深入地融入学科教学，实现跨学科融合的无缝对接。未来的校园剧将不再局限于单一的艺术表现形式，而是更多地结合科学、数学、历史等学科知识，通过剧本创作、角色扮演和舞台设计，让学生在实践中学习和应用多学科知识，提高他们的综合素养。同时，教师的角色将进一步转变，从知识的传递者转变为学生学习的引导者和创新的推动者，他们将更加注重引导学生独立思考，培养其解决问题的能力。

随着技术的进步，"校园剧可能会引入更多科技元素，如虚拟现实、增强现实等技术，使舞台效果更加丰富"[①]，同时为教学提供了新的手段。学生可以通过数字化工具设计舞台布景，甚至通过网络进行远程排练和表演，这将拓

---

① 秦俊香. 中国电视剧类型批评［M］. 北京：中国传媒大学出版社，2015：124.

宽校园剧的实践范围，也可能引发新的教学模式和评价体系的变革。

然而，校园剧发展过程中也面临着挑战。如何保持校园剧的独特艺术性，避免技术过度使用而丧失其人文内涵，是未来教育者需要深入思考的问题。此外，如何让校园剧真正走进每名学生的生活，使每个孩子都能在其中找到属于自己的角色，实现全面发展，也是教育实践者需要面对的难题。这需要进一步的教育公平政策支持，确保所有学生都有参与校园剧的机会，不论他们的背景如何。

社区参与度的提升是一项持续的挑战。虽然校园剧的演出和社区共建是星教育理念的重要组成部分，但如何让更多社区成员理解、支持并参与到校园剧的实践中，以实现教育的共享和增值，需要教育机构与社区进行更深入的沟通和合作。

校园剧的评价体系需要进一步完善。目前，重视过程评价的趋势已经显现，但如何在确保公平性的同时，充分认可学生的创新性、多元能力和情感成长，需要更科学的评价指标和方法。这不仅涉及教师的专业发展，也影响学生的学习动力和自我认知。

综上，未来校园剧的发展将在星教育理念的引领下，不断探索创新，深化学科融合，利用科技手段丰富教育手段，但同时需要面对保持艺术性、增强社区参与、实现教育公平以及完善评价体系等一系列挑战。这将是一个持续迭代和优化的过程，期待校园剧能在未来更好地服务于学生的全面发展。

二、星教育与校园剧的创新发展策略

在星教育与校园剧的未来展望中，创新发展策略是关键，旨在确保校园剧课程的持续进步和教育价值的深化。以下是一些可能的创新发展策略：

跨界融合创新：鼓励校园剧与STEAM教育理念的深度融合，将科学实验、数学模型、工程设计融入剧本创作和舞台表演中，培养学生的创新思维和实践能力。同时，通过艺术与科技的融合（如使用虚拟现实、增强现实等新技术），创造沉浸式学习体验，激发学生对前沿科技的兴趣。

个性化学习路径：构建符合每名学生个性和兴趣的校园剧项目，如让学生自主选择剧本、角色或舞台设计方向，这将促进学生的自我驱动学习，帮助他们发现和培养兴趣点，从而实现个性化发展。

跨文化与国际化：校园剧引入不同国家和文化的剧目，让学生在表演中了解多元文化，培养他们的全球视野。同时，鼓励国际交流项目，让学生有机会与国外的同龄人进行合作演出，增进国际理解，为未来成为具有全球竞争力的公民打下基础。

项目式学习与真实情境：将校园剧项目与现实社会问题或事件相结合，让学生在角色扮演中探讨实际问题（如环保、社会公正等），这既能提升学生的社会责任感，也能锻炼他们的问题解决能力。

合作与共享：加强与社区、家长及艺术团体的深度合作，邀请专业人士进行指导，提供实习或实践机会，同时举办社区剧场活动，让家长和其他社区成员参与排练和演出，以促进教育资源的共享和社区教育的增值。

评价体系创新：建立更加全面的评价体系，不仅关注学生的表演技能，还考察他们的剧本创作、团队协作、项目管理、跨学科知识应用等各方面能力。引入同伴评价、自我评价和多角度评价机制，鼓励学生反思学习过程，助力他们了解自我，提升自我效能感。

教师专业发展：定期组织教师工作坊，分享校园剧教学的最佳实践经验，培训教师在剧本创作、舞台指导、技术应用等方面的能力，同时鼓励教师进行课程创新，以满足不断变化的教育需求。

研究与创新文化：鼓励教师和学生共同参与校园剧研究，探索新方法、新理念，发表研究成果，营造一个积极的教育创新文化氛围。

通过实施这些创新发展策略，星教育与校园剧的未来将更加充满活力，不仅能够进一步提升学生的综合素养，还将为教育创新实践提供更多的可能性，为培养星光璀璨的未来之星提供更加坚实的基础。

三、未来教育愿景

在星教育与校园剧的未来愿景中，我们期待小学教育能进一步接纳和发扬这种创新实践，以实现教育的全面革新与深度整合。未来的教育生态将包容性更强、互动性更高，学生不再是知识的被动接受者，而是主动探索者和创新者。校园剧作为星教育理念的鲜明实践，将在这一愿景中扮演重要角色。

教育的个性化将是未来教育工作的核心目标。随着科技的发展和教育理念的转变，我们将能够通过大数据与人工智能技术，为每名学生量身定制学习路径，校园剧也将成为个性化学习的重要组成部分。每名学生都将有机会根据自己的兴趣、特长和需求，参与创作、排练和表演，发展属于自己的艺术表达方式，从而实现全面的个性化发展。

校园剧将在全球视野的培养上发挥更大作用。国际化的校园剧项目将成为常态，学生将在扮演各国角色、演绎跨文化交流的故事中，加深对世界文化的理解，增强跨文化交流能力，为未来在全球化环境中生存和发展打下坚实基础。同时，国际的校园剧交流活动将更加频繁，使学生有机会与不同文化背景的同龄人交流，培养出具有国际视野的未来公民。

教育的社区化将被进一步强化。校园剧不仅限于校园内，它将成为连接社区、家庭与学校的重要桥梁。社区资源将被充分利用，进行社区剧场演出，增进社区对学校教育的认同和支持。通过这种方式，教育将不再局限于校园之内，而是成为社区生活的一部分，教育的共享与增值将得以实现。

在评价体系上，我们将更加注重学生的成长过程与多元能力的培养。传统以成绩为导向的评价将被一种更加全面、更多维度的评价体系取代，学生在剧本创作、角色演绎、团队合作、反思与创新等方面的进步都将被认可。这种评价方式将鼓励学生在实践中不断尝试，勇敢创新，实现全面发展。

教师的角色将更加多元化和专业化。在未来的教育中，教师不仅是知识的传递者，更是引导者与研究者。他们将通过研究和实践，不断提高指导校园剧的能力，成为艺术教育与学科知识融合的专家。同时，教师将学会运用最新的教育技术和教学策略，以更好地支持学生在校园剧中的自主学习和创新探索。

星教育与校园剧的未来将更加注重可持续发展。我们不仅要关注学生的即时成长，更要关注教育的长远影响，关注如何通过校园剧培养出具有社会责任感、批判性思维和创新能力的未来领导者。我们将把校园剧作为培养21世纪核心素养的重要途径，确保每名参与其中的学生都能在未来社会中发光发热，成为真正的明日星辰。

综上，星教育与校园剧的未来愿景描绘了一个充满活力、互动性强、个性化教育和全球化视野的教育生态系统。在这里，校园剧不仅是一门课程，更是一种教育理念的实践，它将推动小学教育的进步，激发每名学生的内在潜力，让他们有星光璀璨的未来。通过不断努力，我们期待这一愿景能够早日成为现实，为下一代提供一个更加全面、多元和富有创造性的教育环境。

第二章 星光照耀下的课程创新

第一节 剧场萌芽：校园剧课程的设计与规划

一、课程目标的确立

在星教育理念的指导下，校园剧课程的设计与规划首要任务是确立明确、富有挑战性且符合学生发展需求的课程目标。这些目标旨在推动课程的创新实践，确保学生在舞台艺术和学科知识的系统学习中，实现全面发展。课程目标可以从以下几个方面进行设定：

知识与技能：学生应掌握基本的戏剧表演技能（包括台词记忆、角色塑造、舞台走位和表演技巧），同时通过剧本创作和角色扮演，深化对多学科知识的理解和应用。

情感与社会性发展：鼓励学生在角色扮演中体验多元角色，增强同理心，提高团队协作能力和沟通技巧，同时让他们学会尊重自我和他人，培养对社会问题的认知和关注。

创新与批判性思考：通过剧本创作、舞台设计和问题解决，提升学生的创新思维能力，培养他们对复杂问题的分析与解决技巧以及对既有框架的批判性反思能力。

艺术与美学教育：通过舞台艺术实践，让学生体验美、欣赏美，进而"提升审美素养，懂得艺术在生活中的价值，培养艺术鉴赏能力"[1]。

文化传承与理解：利用校园剧作为跨文化的媒介，通过演绎不同历史时期、文化背景的故事，增强学生对本国及世界文化的认识，促进文化传承与理解。

可持续发展与终身学习：强调在校园剧课程中培养学生的自主学习能力，

---

[1] 朱光潜. 谈美书简［M］. 北京：中华书局，2012：63.

鼓励学生终身学习，同时通过社区共建，让学生理解教育的社会价值，为社区发展贡献力量。

课程目标的确立是校园剧课程设计的基石，它为后续的课程规划、教学方法选择以及评价体系构建提供了指南。通过这些目标，校园剧课程旨在实现教育的全面性和深度，为学生的未来学习和生活打下坚实的基础。

二、课程内容的选择与组织

课程内容的选择与组织是校园剧课程设计中的关键环节，它直接关系到课程的实施效果和学生的学习体验。在星教育的框架下，校园剧课程的内容应以学生为中心，充分考虑学科知识的融入、艺术素养的培养以及个体发展的需求。以下几点是设计时应关注的核心要素：

跨学科整合：课程内容应围绕多学科知识（如语文、道德与法治、科学、艺术等），通过剧本创作、角色扮演以及舞台设计，让学生在实践中学习和应用这些知识，实现知识的跨学科整合。比如，在创作关于环境保护主题的校园剧时，学生需要运用语文知识来撰写剧本，以准确、生动地表达角色的观点和情感；道德与法治的知识能帮助他们理解环境保护的重要性以及个人在其中的责任和义务；科学知识用于了解环境问题的成因和解决方法，为剧情提供科学依据；艺术方面，包括舞台美术设计、音乐选择和舞蹈编排等，能够增强舞台效果，吸引观众。

现实与虚构的融合：内容选择应包括现实题材和虚构故事，旨在让学生在真实与想象之间找到桥梁。现实题材可以帮助学生理解社会问题，虚构故事则提供激发创新思维的空间。例如，校园剧可以结合社会热点话题（如环保、公平等），让学生在角色扮演中探讨这些问题，也可以改编经典文学作品，让学生在表演中体验故事的多元解读。

多元文化视角：课程内容应涵盖不同文化背景的故事，旨在培养学生的全球视野和跨文化理解能力。包括古今中外的历史故事、神话传说，以及反映各类文化的现代剧目。通过角色扮演，学生可以深入理解不同文化的价值观，同时提升自身的文化素养。

情感与社会性教育：内容设计中应融入情感教育和社会性发展的元素，让学生在角色互动中体验情感的复杂性和人际关系的处理。通过角色扮演，学生可以学习同情、尊重和合作，提升人际交往能力，同时在解决剧本的冲突中培养解决问题的能力。

艺术与美学教育：课程内容应强调艺术表现形式与美学教育的结合，让学生在舞台实践中感受艺术的魅力，提升审美品位。这包括指导学生进行舞台设计、服装制作等，让学生在实践中学习艺术创作的技巧，同时欣赏舞台艺术的美。

个性化学习机会：课程内容应提供空间让学生根据兴趣和特长进行个性化选择，如自创剧本、选择角色、参与舞台设计等。这有助于激发学生的学习兴趣，满足个体发展的需求，培养学生的创新思维和独立创作能力。

社区资源的整合：设计课程时应充分利用社区资源（如邀请专业人士指导、与社区联合举办活动等），增强社区对校园剧课程的理解与支持，同时让学生体验到教育与社区的共生关系，培养他们的社会责任感。

通过精心挑选和组织课程内容，教师可以确保校园剧课程既能满足学科知识的教学目标，又能滋养学生的艺术素养和个性发展，以实现星教育理念中提倡的全面教育。在实施过程中，教师还需根据学生反馈和教学效果，不断调整和优化课程内容，以保持其前沿性和适应性。

三、课程资源的开发与整合

课程资源的开发与整合是构建丰富、有深度的校园剧课程的关键步骤。星教育理念强调教育的创新与实践，这就要求校园剧课程不仅仅局限于课堂，而是要充分利用各种内外部资源（包括物质资源、人力资源和信息资源），以实现课程的多元化和深度学习。以下几点是课程资源开发与整合的策略和方法：

物质资源的整合："物质资源主要涉及用于舞台表演的设备、道具、服装等。"①学校可以建立专门的校园剧资源库，储备各类戏剧道具和服装，以供不同剧目使用。同时，学校可以与本地艺术团体或社区机构合作，共享资源（如艺术材料、道具制作工具等）。此外，教师可鼓励学生利用废弃物进行创新设计，培养他们的环保意识和创新思维。

人力资源的挖掘：人力资源包括教师、学生、家长以及社区专家。教师应接受戏剧教育的培训，提升他们的剧本编写、表演指导和舞台艺术鉴赏能力。学生可以担任编剧、导演、演员和舞台设计者等角色，发挥他们的创新和实践

---

① 王一川. 大众文化导论［M］. 北京：高等教育出版社，2015：68.

能力。家长和社区专家可以作为志愿者参与剧本审阅、舞台指导或服装设计，这既丰富了课程内容，又增强了家长和社区的教育参与感。

信息资源的利用：信息技术的应用在校园剧课程中起着至关重要的作用。学校可以利用在线平台进行剧本分享、排练记录和剧本创作的协作。教师可以引入多媒体教学（如视频、音频和动画），来辅助学生理解剧本和角色。还可以利用网络资源，如在线剧本库、戏剧教学视频等，为学生提供丰富的学习材料。

在课程资源的开发与整合过程中，教师应始终保持关注学生的需求和兴趣，以学生为主体，引导他们参与到课程资源的选择、利用与创新中。只有这样，校园剧课程才能真正发挥星教育理念的潜力，为学生提供一个融合知识、艺术、情感和社会实践的综合性学习平台，促进他们全面而有深度地成长。

四、课程实施方案的制订

制订课程实施方案是确保校园剧课程顺利实施的关键步骤。在星教育理念的指导下，实施方案应以学生为中心，注重过程与结果的平衡，同时强调教师的引导作用和社区的参与。以下是对课程实施方案制订的几个关键要素的详细阐述：

课程时间安排：为确保校园剧能够有序、高效地开展，根据学校课程规划制订系统且合理的时间安排。每周综合实践活动课时间专门划定为校园剧课程的实施时间，在这段时间里，学生将集中精力进行校园剧相关的各项活动。课程开始时，教师会组织学生进行讨论，明确本周的任务和目标，如进行剧本的初步构思，对已有角色进行深入分析，学生分组进行剧本创作。结合多学科知识，发挥各自的创意，在交流与碰撞中逐步完善剧本内容。在角色排练中，学生根据兴趣和特长选择角色，在教师指导下，反复练习，不断揣摩角色的性格特点和情感变化，提高表演的表现力和感染力。在学期或学年的特定时期（如艺术节、学期末等），安排集中性的排练和展演。在这些集中时间段里，学生将暂停其他课程的学习，全身心投入到校园剧的排练中。这段时间的排练强度较大，但也能够让学生更加专注和深入地参与到校园剧的制作中。集中排练期间，每天安排一定的时间用于整体排练和细节打磨。教师对学生的表演进行全面的指导和点评，从台词的表达、动作的协调性到舞台的走位和团队的配合，都进行细致的调整和优化。同时，舞台设计、道具制作和服装准备等工作也会在这个阶段加速推进，确保在展演时能够呈现出完美的舞台效果。通过这样的课程时间安排，既保证学生在平时能够持续地参与校园剧的创作和排练，逐步积累经验和提高能力，又能在关键时期通过集中训练，提升校园剧的质量和水平，为观众带来精彩的演出，充分展现学生的才华和努力。

课程内容与进度：制订详细的课程内容和进度表，按照学期或学年的教学计划逐步推进。内容可以覆盖基础的表演技巧训练、角色分析与塑造、剧本创作指导、舞台设计与布景制作、团队合作与角色扮演等。每个阶段的目标和预期结果应明确，以便教师和学生都能清晰地了解进度。

教学方法与工具：采用多元化的教学方法（如角色扮演、小组讨论、剧本分析、实地考察等），激发学生的学习兴趣和创新思维。同时，利用现代教育技术（如数字化剧本创作工具、在线排练平台、多媒体辅助教学等），提升教学效果。

教师角色与支持：教师在实施过程中应作为指导者和合作者，鼓励学生自主探索和创新。通过教师的专业引领，提供剧本创作、表演技巧、舞台设计等方面的指导，同时为学生提供必要的反馈与建议，帮助他们改进和提高。

学生评价与反馈：建立以学生为中心的评价体系，强调过程评价与结果评价的结合。除对最终演出的评价，还应关注学生在剧本创作、角色准备、团队合作、舞台实践等各个环节的投入与进步。通过定期的自我评价、同伴评价以及教师评价，让学生了解自己的成长，同时为教师调整教学策略提供参考。

社区与家长的参与：社区与家长在校园剧的发展中扮演着不可或缺的角色，他们的参与能够为校园剧带来丰富的资源和支持，同时能加强学校与社会之间的联系，促进学生的全面发展。社区可以为校园剧提供多样化的场地资源（如社区活动中心、文化广场等），为学生的排练和演出提供更广阔的空间。社区中的专业人士（如戏剧演员、导演、设计师等），能够作为志愿者为学生提供专业的指导和培训，分享他们的经验和技巧，提升校园剧的质量。家长的参与也是至关重要的。家长可以为校园剧的创作提供灵感和素材，他们丰富的生活经历和职业背景能够为剧本创作注入新的元素。在排练过程中，家长可以协助学校组织和管理学生，提供后勤保障（如准备道具、服装等）。家长还能够成为校园剧的忠实观众和宣传者。他们的支持和鼓励能够增强学生的自信心和积极性，同时通过在社交媒体等渠道的宣传，扩大校园剧的影响力，吸引更多的关注和支持。此外，社区和家长的参与有助于培养学生的社会责任感和团队合作精神。学生在与社区和家长的互动中，学会与不同年龄、职业和背景的人合作，提高沟通和协调能力，更好地适应社会环境。为了促进社区与家长的有效参与，学校可以定期组织座谈会、工作坊等活动，向社区和家长介绍校园剧的发展规划和需求，听取他们的意见和建议。同时，建立明确的沟通机制和合作流程，确保各方的参与能够有序、高效地进行。总之，社区与家长的积极参与是校园剧成功开展的重要保障，能够给学生提供更丰富、更有意义的学习体验。

资源分配与管理：合理分配学校和社区的资源，确保剧本创作、排练、演出等所需物资得到保障。同时，建立资源管理制度，确保道具、服装、设备的妥善使用和维护。

安全与健康考虑：在课程实施过程中，要特别关注学生的安全和健康。确保排练和演出场所的安全，提供必要的防护设备，同时关注学生在排练中的身体状况，避免过度劳累。

后续改进与反思：每个学期或学年结束时，组织教师、学生和家长进行课程反思，总结成功经验与不足，根据反馈调整和优化下一轮的课程实施方案。这一过程也是教师专业发展的重要组成部分。

通过严谨的课程实施方案制订，校园剧课程不仅能有效地整合学科知识与艺术实践，还能在星教育理念的引领下，培养学生的创新精神、批判性思维和社交能力，为学生的全面发展提供有力支持。

第二节　编导排演：校园剧课程实施具体案例

一、环市西路小学校园剧课程模式

（一）校园剧课程模式：认识戏剧+阅读与体验+戏剧活动

1. 认识戏剧

在校园剧课程的起始阶段，先通过视频让学生感受戏剧的形式，了解戏剧分类，随后，学生在教师的带领下，参与演出一场场情景剧，一边演一边认识在情景剧中出现的戏剧元素（剧本、角色、台词、服装、道具、舞台背景、灯光……）。

2. 阅读与体验

通过阅读教科书、课外书籍，观看电影，做科学实验，实地考察，上网搜集信息、处理信息，把信息与活动体验作为创作校园剧的素材。如三年级"神奇的自然"这一主题，先引导学生阅读教材和课外书，以及观看与动物有关的优秀动画电影，再让学生选出喜欢的几种动物，并且给这些动物做身份证，通过制作身份证，归纳出动物的外形和生活习性等特点，学生根据动物的特点来编写剧本。又如四年级的"我们爱科学"主题，学生通过实验了解科学知识点，然后把这些科学现象作为材料编写剧本。再如四年级的"我爱中华爱西关"主题，学生研究饮食老字号，到店里去参观品尝美食，上网搜集这些店家的资料，了解酒家的历史，然后提炼出重点的信息，把这些重要的信息编写成剧本来介绍西关的饮食老字号。

3. 戏剧活动

戏剧活动在这里指编剧、导演、排练、制作道具、演出、评价。先由班级全体学生共同创作、编写剧本后，开展导演、排练、制作道具和宣传海报等活动，然后举行年级校园剧会演，最后各班进行评价活动。

（二）实施"E-STEAM"精神文化工程

在课程建设和实践过程中，核心组教师发现校园剧课程中蕴含STEAM五个因素。STEAM是从美国引进的教育模式，因其整合了科学、技术、工程、艺术和数学多个学科，教育注重知识的整合与联系，也重视学生综合运用知识的能力，培养了学生的创新精神和实践能力。以校园剧为载体的统整课程，其中"校园剧"指的是从剧情产生到剧本形成，从剧的排练到剧的演出，将戏剧、音乐、舞蹈、美术、灯光、舞台等多种艺术综合于一体的一种形式。虽然两者都是以完成目标为任务的项目式学习，但不同的是，STEAM基本要求最终实现一个物质性成果，也许是一个器械，也许是一个工具或者改变环境；而校园剧课程中的"校园剧"最终产品是以演出为形式的戏剧，是一种艺术形式，不是一件物品，属于非物质形态产品，是精神文明的成果。校园剧课程包含STEAM五个因素，同样是跨学科的，学生在活动中，学会思考，学会解决问题，学会创作，培养出科学精神，形成正确的价值观念，提升了综合素养和能力，实践了可持续发展性教育（education of sustainable development, ESD），所以校园剧课程是"非物质性E-STEAM"。

（三）学生可持续发展能力的形成

（1）方向性能力形成。学生以出品一台校园剧为目标，在活动中热情高涨，主动学习、主动思考、主动研究、主动参与校园剧的各种制作活动，形成"自定向""自运作""自调节""自激励"等方向性能力，学生学习自主能动性得到空前提高，学生自我可持续发展能力逐渐增强。

（2）操作性能力形成。学生在编剧、导演、排演、制作道具、设计舞台背景等实践活动中，发展创造力、想象力、领导力、合作力、实践力等操作性能力。

二、学生在教师辅导下创编

在星教育理念的指导下，校园剧的创编环节成为学生发展创新思维和艺术表达能力的关键实践场所。在教师的悉心辅导下，学生不再是被动接受信息的听众，而是主动参与剧本构思、角色塑造与舞台呈现的促进者。这一过程中，教师的角色从传统的知识传播者转变为学生的引导者和学生发展的促进者，他们鼓励学生利用所学知识，结合个人想象，跨越学科边界，挖掘剧本内在的教育价值。

在剧本创作阶段，教师引导学生从日常生活、历史事件、文学作品中汲取灵感，通过集体讨论和头脑风暴，激发学生的创新思维。他们教授学生"如何构建情节、塑造生动的人物形象，以及如何将道德教育、科学知识等融入剧本，使之成为教育与艺术的完美结合"[①]。在这个过程中，学生不仅提升了写作技巧，也学会了如何用戏剧语言讲述故事，培养了批判性思考和解决问题能力。

例如，在三年级的剧本创编课程中，为了打开学生创作的思路，教师播放了《冰雪奇缘》片段。这部风靡全球的动画音乐电影引起了学生心灵的共鸣，

---

① 田园. 偶像剧叙事学 ［M］. 北京：北京理工大学出版社，2013：32.

激发了创作的欲望，很快凝结着学生心血的《小蜘蛛学织网》诞生了，一名学生在"金点子发布会"上为编剧献计，建议可像《冰雪奇缘》中的人物一样，把心情唱出来，剧情以音乐剧的形式呈现。这为后续的以儿歌推进剧情发展奠定了基础。不仅如此，教师还引导学生编写儿歌，简单解释剧情。在学生初学编剧时，教师常常运用学生熟悉的儿歌，把晦涩难懂的科学知识用形象生动的表演呈现出来，推动了剧情的发展。例如，在《小蜘蛛学织网》第二幕"森林里的小屋"中，小编剧在网上搜到"教条式"的蜘蛛织网方法，但一大段的独白，让小演员难以背诵，也让听众难以理解。这时教师作出了引导：我们可以把这个织网的过程，编成一首简单的儿歌。学生创作的激情再次被点燃，最后为《虫儿飞》的曲谱重新填词，得到了一首音韵简单但内容有趣、易唱易记的《织网歌》，非常符合学生年龄特点。在此基础上，教师还通过导图引路，引导学生创编剧本。在迈过最艰难的仿写阶段后，学生的想象力如同插上了翅膀，创作的欲望高涨。然而有了创作的思路还不够，学生还需将它归纳梳理后进行创编。为此，教师教学生运用思维导图这个工具，围绕剧本的要素进行整理，减少了乱编、瞎编的可能性。学生写出来的剧本富有童真，而又不失教育意义，很有创造性。

在教师辅导下的创编练习中，学生不断挑战自我，尝试新的创作方法，通过实践中的试错，他们逐渐理解创新过程中的价值。教师的引导和支持，使学生在面对困难时敢于尝试、勇于创新，这不仅提升了他们的创新能力，也磨炼了他们坚韧不拔的意志，为他们未来的学习和生活打下坚实的基础。

以三年级开展"神奇的自然"这一主题为例。

让八九岁的孩子编写一个剧本是件困难的事情，在学生认识戏剧和剧本元素的基础上，课题组教师群策群力。

学生积极研讨，努力创编剧本

1. 明确主题

课题实施前，课题组已经确定了以"神奇的自然"为活动主题。教材中出现大量动植物、秋天等与自然有关的内容，指导教师会引导学生去阅读教材中相关的内容。此外，推荐学生阅读科普读本和观看电影，通过阅读和观看影片，让学生知道创作的主题与自然有关。

2. 设计框架

由于学科教材中涉及自然的内容庞杂，学生能力有限，不会筛选素材进行创作，这需要提炼剧本创作的要素。

（1）创设情景，确定剧本要素。教师创设故事的起因，包含事发时间、地点、部分角色等要素，有了具体情景这个"引子"，才能激起学生创作的"火花"。

（2）选取角色，收集整理信息。

选角色：根据故事起因，引导学生选角色；

识角色：选取角色后，指导学生认识角色，为后面的创编做好铺垫；

定角色：根据对所选动物的了解，进一步确定剧本的角色。

（3）编写梗概，口头编讲故事。教师组织学生充分发挥想象编故事；一是指导故事编讲的合理性；二是指导学生把故事经过中的重要情节和结局记下来，写成梗概，给剧本定下一个故事框架。

3. 创作剧本

前期准备充分,到创作剧本阶段,小组内展开热烈的讨论,学生积极思考、大胆想象,创作出剧本。

通过教师的辅导,学生在创编环节中,将理论知识转化为实际行动,将艺术创作与道德教育相结合,实现了知识的迁移和创新应用。这种以学生为主体的创编过程,使得校园剧课程不仅丰富了教学内容,还激发了学生的内在潜能,促进了他们全面且深入地发展。星教育理念的实践,使得校园剧成为学生创新精神的摇篮,为他们的未来提供了无限可能。

学生自主排练

校园剧课程实施以来,创编并排演了《上学路》《森林仓库之谜》《昆虫失踪记》《谁的声音最好听》《拯救森林》《小竹笋奇遇记》《寻找生命的种子》《音乐和噪音》《小迷萌奇幻记》《神奇的溶解》《小蚂蚁生日会》《寻找失落的拼图》《畅游西关》《童谣唱响荔湾梦》《小龙学武记》《病毒走开》

学生排练

《梦萦西关童谣》《一副眼镜 万颗爱心》《爱护自然,保护野生动物》《春日奇遇记》《和春天有个约会》等52个成型且成熟的校园剧，为课程的持续发展打下坚实的基础。

学生既排练舞台剧又排演泥偶剧

这个案例充分展现了环市西路小学星教育的教育观、教师观、学生观、评价观等，培养了一批学习之星、设计之星、合作之星、创作之星、表演之星……还有编剧小明星、导演小明星等。

体现教育观：所有学生都参与，所有学生都要成"星"，一个都不掉队，每名学生在校园剧过程中总能找到自己的位置，并努力做好，编剧——创编，写剧本——写作能力，写脚本——策划、统筹、协调、既关注整体又关注细节，导演——领导力，演员——表演力，道具舞美制作——艺术、审美、制作、信息技术等能力，制作宣传海报——设计能力，搬道具——合作、服务、后台统筹能力，校园剧展演——策划剧目、组织表演、组织观众，全面合作、各展所长，一部剧下来，每人至少获得一颗星的奖励，主动探究、合作探究、合作排演、从角色冲突到和谐解决，有创编小明星、写作小明星、演绎小明星、艺术小明星、组织小明星、信息之星、设计之星、合作之星、服务之星等。

体现教师观：在进行校园剧课程中发现学生的闪光点，课程实施过程中教师的作用是"导"，助力学生发展，与学生一起"做中学"，认真参加每次学术日，进行课例研究、教学反思和学术研讨，与家长一起沟通如何基于学生的优势开展教育等。

体现学生观：学生学习的主动性、发展性，看到自己的闪光点，并愿意因此而努力等。

通过"神秘的科学世界""生命的力量""我爱中华爱西关""未来学校"四个主题开展项目式学习，以校园剧课程为载体，完成并展演的有40多部剧，进行校园生态的研究，每个人既能发挥自己的优势发展，又能以此更全面地发展，能随着角色的转变，换位思考，学会与人相处之道，形成团队良好的氛围。

对孩子来说，虽然现在只是一棵幼苗，但只要不怕风雨，终会长成参天大树；虽然现在只是涓涓细流，但只要永不懈怠，终会拥抱大海；虽然现在只是一只雏鹰，但只要跌几个跟头，终会占有蓝天……是的，让生命绽放光芒、演绎精彩是教育的神圣使命！陶行知曾经告诫教师说："你的教鞭下有瓦特，你的冷眼里有牛顿，你的讥笑中有爱迪生。"不要轻视任何一个孩子，不要用固定思维去看孩子，从而扼杀他们的想象力和创造力。作为教育工作者，有责任、有义务给每个孩子创造最好的发展环境，让所有的孩子茁壮成长，我们坚信每个孩子都是一颗闪亮的星。

三、校园剧课程"五导五自"实施策略

经过三年的探索与实践，逐步形成教师的"五导"策略，在校园剧活动中引导学生"五自"，从而发展学生的自主意识，培养学生的自律和自学能力，引导学生自我发展。

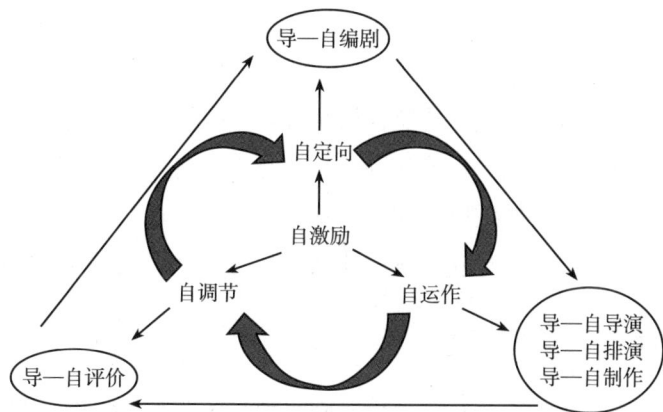

校园剧"五导五自"策略

校园剧"五导五自"策略为"导—自编剧""导—自导演""导—自排演""导—自制作""导—自评价"。"五导五自"是从自组织原理的具体操作模式"四自"（自定向、自运作、自调节和自激励）归纳而来的，其中"自激励"不是单独的一个阶段，它是情感因素，存在于"自定向、自运作、自调节"三个阶段中，是动力因素。

（一）自定向策略

教师"五导"中的"自定向"主要体现在教师引导学生自定主题、收集资料、编剧情、设角色、写对白、完成剧本，也就是"自编剧"阶段。在这一阶段，教师采取有利于激发学生学习兴趣的多种形式，配合校园剧的主题，开展朗诵、配音、影视欣赏、编写剧本等研究型、体验型、创造型的活动。

（二）自运作策略

导演在校园剧课程中的角色至关重要，他们既是艺术家，又是教育者，负责将剧本转化为生动的舞台呈现，同时确保艺术创新与课程目标的平衡。导演的职责包括剧本解读、创意实现、团队管理以及教育引导，这些角色综合体现了星教育理念下教育者的新角色定位。

导演需深入理解剧本的教育内涵，确保其与星教育理念及课程目标相契合。他们需要将文本中的价值观、学科知识和艺术元素巧妙地融合，让学生在表演中潜移默化地接受教育。这要求导演具备深厚的文学素养、学科知识以及对儿童心理的深入理解，以便在艺术创作中融入教育元素。"导演是创新的推动者,他们利用剧场艺术的多元手法,如灯光、音效、舞台设计等,激发学生的想象力,培养他们的创新思维。"[1]导演应鼓励学生参与舞台设计和创意实践,通过实践提升审美和艺术技能,从而在创新中实现自我表达和成长。

在导演环节,环市西路小学采用了"导运作"策略。"导运作"重在激发学生自主、合作、探究的进取精神,是高效的自学自导学习模式,主要体现在引导学生"我导演""我排演""我设计制作""我宣传"这些活动过程中。

1. 情景代入,亲身体验

所谓情景代入法,是指在开展校园剧活动时,教师努力创设剧本情景,引起学生共鸣,激发参与兴趣,自觉主动投入到角色中,亲身体验,达到设定的目标。例如,"模演"课的流程是:创设情境,代入角色—明确任务,安排模演—指挥表演,分享体会。课程之初,教师先播放一小段视频,引导学生了解一部剧中"导演"的重要作用,在每个小组中推荐一名"导演",并给每名"小导演""挂牌"上岗,颁发《导演手册》,明确"导演"的任务——带领全组组员表演剧本。"导演"可以根据《导演手册》内容的指引开展排演任务,整个环节组员要听从"导演"指挥,"导演"要起到组织、指导、协调等作用。由于有了这个情景的创设,几名学生在不知不觉间用"导演"身份安排组员角色,认真执行《导演手册》内容,一步步指导组员排演,带动全组组员人人有角色,个个真参与,充分体现学生的"自运作"过程。30分钟的排练时间结束之后就是表演环节,各组"小导演"指挥组员摆放道具,安排演出。演出后,"导演""演员"分享体会,提出修改意见,为下次排演做准备。运用"情景代入"导运作,带来了不一样的教学效果。"情景代入"帮助学生形成学习动力,让学生自主组织、管理、指导,激发了学生的潜能,提高了各项能力。

2. 媒体介入,形象直观

例如,在教"认识台风"这个知识点时,学生对各个级别的风力没有直观体验,没有办法在学习后用肢体语言去表现,效果不明显。但现在,可以通过现代化手段去认识风力,通过微课、微视频,去感受各级风力的力量,再在教师的引导下用自己的肢体语言在舞台上展示出来,对知识点有了更深、更多维

---

[1] 张永飞. 具身化的课程:基于具身认知的课程观建构研究 [M]. 昆明:云南人民出版社,2017:8.

度的认识。微视频、网络搜索的使用，拓展了学生个性化思考空间，使其自主地进行多维活动，并促进了学生间的交流与合作。

3. 多种示范，互帮互学

校园剧活动中的"示范"，不单指教师给学生作出的各种典范行为，还包括学生与学生之间的"示范"，甚至学生也可以为教师作"示范"，这是一种打破身份界限的活动，充分体现学生的自主性，使其在宽松和谐的氛围中互帮互学，促进学生自我发展。

（三）自激励、自调节策略

1. 情感激励

让从来没有舞台经验的学生上台表演，教师一定要注意表演前课堂气氛的营造，给予激励。以"情感激励"为切入点，通过语言激励，建构课堂合作学习，将评价变成学生主动参与、自我教育、自我发展的过程。

2. 情景激励

例如，在编剧课中评选"创编之星"，在排演课中评选"演艺之星"等。在学生表演时，还可以模仿大赛的形式，组织评委会，现场打分，设置最佳表演奖、最佳剧本奖和最佳剧目奖等奖项，让每名学生都体验到成功的快乐，进行自激励，自完善，自教育。

（四）自评价策略

在校园剧活动过程中，课堂评价是促进学生发展，促进学生潜能，促进学生个性、创造性的发挥，使每名学生具有自信心和可持续发展的能力的重要手段。

1. 发展性评价，引导自激励

发展性评价的关键是要求教师用发展的眼光看待每名学生。发展性评价的核心是重视过程，评价是主客体之间的互动过程，只有强调评价双方的沟通、协商，评价才能促进人的发展。例如，在模演《小马过河》时，教师发现一些

"小演员"的台词读得不到位，于是鼓励学生："我觉得这几句读得不够好，你们再试一试。"当学生取得进步时，教师说："一点就通，你们真棒！"教师要善于从学生的反馈信息中敏锐地捕捉到其中的闪光点，并及时给予肯定和表扬，使他们在引导激励下看到自己的能力和进步，从而增强学习的信心。

2. 生生互评，激励自我调节

在课程中，教师也常常运用学生互评方式激励学生学习。学生之间相互评价主要是让学生去评价同伴在校园剧活动过程的表现（如各项知识技能的掌握，情感与态度）、阶段性的学习成果、对学习的态度等。由于大家都有参与，学生互评的积极性很高，所提的意见真诚而中肯，学生易于接受，同时了解自己在别人眼中的优点与不足，促使自己更加努力。

3. 表格量化，促进自发展

设计表格，对课堂教师、学生行为进行评价以检测"导激励"策略应用的效果。例如，我们设计的"校园剧课程评价表"，从编写剧本到制作道具、排练演出等都设计了细致的评价标准，让学生在自我反思中促进自我发展，真真切切提升可持续发展能力。

角色扮演环节，教师帮助学生理解并体验剧本中的多元角色，引导他们从不同的视角看世界，这有助于增强学生的同理心和社会理解。教师教导学生如何通过声音、肢体语言和表情来传达角色的情感，让学生在角色扮演中深入理解剧本主题，这也是一种深度学习的形式，促使其在情感与社会性发展方面的成长。

在舞台设计与布景制作中，教师鼓励学生将课堂所学的科学知识与艺术审美实践相结合。他们教授学生如何使用基本的美术技巧，结合科技创新（如利用光影效果、音效设计等），打造出富有创意的舞台环境。在这个过程中，学生不仅锻炼了动手能力，还深化了对科学与艺术融合的理解，培养了创新设计和环境保护意识。

舞台排练阶段，教师指导学生如何在团队中合作，共同解决排练过程中遇到的问题，这有助于提高他们的团队协作和沟通能力。教师教导学生如何在排练中运用反思和批判性思考，对表演进行调整和优化，培养了学生的自我修正与持续改进的意识。

小戏剧——我行动

（1）学生是主角。进入排练阶段，学生根据自己的工作任务分为多个小组，如演员组、道具组、剧务组、评论组，排演时人人参与，群策群力，杜绝无所事事的现象发生。

演员反复排练，善于反思、改进。排练，给了更多的学生不一样的机会——表演天分优秀的学生担任剧组副导演，指导没有舞台经验的学生……

学生自主导演、自主排练

道具组灵活配合演员摆放、收放道具。剧务组记录现场排练情况，包括演员的台词、走位，道具摆放，上台次序，茶水供应，休息场地布置等。

评论组负责用眼睛观察，用心体会演员情感，运用表情、肢体语言，注意人物的着装、道具运用、场景的布置等细节问题。

人人都是主角，人人都有参与活动的机会，不让一个孩子坐"冷板凳"，让每个孩子都站在属于自己的舞台上发出属于自己的星之光。

（2）教师是导演。教师发挥"导"的作用：一是语言上的引导，点拨学生用"心"与角色交流，全面深入地理解角色、理解作品。二是神态、肢体语言的示范，给学生参考模仿，促进学生反思自己在人物语言、动作等表现力上把握不到位的地方，及时进行调整和改进。

校园剧的成功，导演很关键。因此，在团队管理上，教师需要营造一个尊重、合作的排练环境，让每个参与者，无论是演员、幕后的技术人员还是剧本创作团队，都能在一个支持性的气氛中发挥潜力，要教导学生如何在团队中沟通、协作，并解决冲突，这有助于提升学生的社会性和情绪智能。

教育引导方面，教师在排练过程中不仅要关注表演技巧的提升，还要引导学生在角色扮演中进行深度思考，理解角色的内心世界，从而促进他们的情感发展和社会理解，要引导学生通过角色的视角去审视生活、历史和文化，培养他们的批判性思考能力和对多元文化的尊重。

导演的角色还延伸到与社区的互动，他们需要与家长、社区建立联系，邀请专业人士提供指导，或者组织社区剧场活动，以实现校园剧与社区的共建。通过这种方式，不仅提升了学生的社区参与感，还为他们提供了更广阔的舞台，让教育的价值得以共享和增值。

在评估方面，教师应参与到评价体系的构建中，确保评价关注学生的进步、创新思维和团队合作，而不仅仅是表演技能。教师需要设计出既能鼓励学生创新，又能反映他们实际进步的评价标准，对学生的成长进行公正、全面的评估。

教师在校园剧课程中的角色是多维度的，他们既要引领艺术创新，又要确保教育目标的实现。通过导演的专业指导，校园剧成了一个让学生在艺术实践中学习、成长的平台，实现了星教育理念下课程统整的目标，让每名学生都有机会在舞台上成为明日之星。

四、排演

剧本确定下来后，每名学生都得到了自己的角色，也在小组内进行了彩排。为了更好地展示，不少学生在道具、服装上都有了自己的设想。一些心灵手巧的学生更是能够变废为宝，如用旧纸张制作头饰、餐具、食物等。有的学生扮演机器人，用的是自己平时的乐高制图玩具，向数学教师请教了比例尺的问题，匹配着大小去裁剪、粘贴成机器人头盔。看到这样耐心、细心的学生，教师不禁会心一笑。统整课程的校园剧带给学生的也不只是一场展演，更是多方面技能的提升，有绘画技能的提升，有数理知识的融合，也有对美的认识与鉴赏等。

当然，有心灵手巧的学生，就会有动手能力稍弱些的学生。在道具的制作中，绿化区场景表演的学生就发生了这样一件事：扮演大树的小政同学对自己的表演很满意，当一棵高大威武的大树对他而言并不困难，他也享受其中。但当他看到绿化区的其他成员都精美地装饰着自己的头饰，有的画出漂亮的花朵、有的就算只当小草也动起手制作好头饰和身上的装扮时，他不禁懊恼起来，他扮演的大树高大但制作的难度也大，一个人制作一棵大树，对于平时就比较缺乏耐心的他来说无疑是很大的挑战。于是，他开始试图和同小组的同学换角色，但小组成员都一致认为他是最适合大树的扮演者，迫于无奈他开始制作起了大树，在完成树干后，树上众多的叶子让他闹起了小情绪，道具组组长小希和小雪发现后，动员了不少同学帮小政同学制作树叶，最后小政道具上的树叶竟是全班同学一人制作一片叶子贴成的，小政拿着全班同学共同帮忙制作出来的大树满心欢喜。这是大家为了一场演出的努力，也是班级团结奋进的一个体现，这无疑也是统整课程下的又一节精彩的德育课。

有舞美的舞台才是真正的舞台。但如何根据学生的实际学情，开展舞台美术设计呢？教师在课前进行了深入的调查及研讨，针对学生的年龄特征，以头饰制作为切入点，搭建梦想的"舞台"。校园剧里，有能说会跳的演员组，有擅长组织安排的导演组，还有一个不容忽视的小组——制作组。他们根据剧本需要、人物性格来制作道具、布置舞台。在道具制作时，女生易琳分到了制作魔法棒的任务。人们常说："女孩子往往有公主梦，而男孩子有骑士梦。"或许正是契合了她的"公主梦"，在制作魔法棒上的五角星时，易琳足足用两天的课间与教师沟通，通过上网搜索、找动画片实例，最终做出了让她满意的魔法棒。她在成长故事中写道："我没有拿着自己做的魔法棒上台，但是那天我看着雨萱拿着我做好的魔法棒演出的时候，我觉得自己仿佛成了一个真正的公主。"孩子的话乍一看很幼稚，细细品读却发现藏着许多美好。在校园剧的制作组里，有太多小制作承载大梦想的故事，梦想支撑他们克服手工制作的困难，也让他们享受到了有梦想的甜蜜。

学生为剧本里的角色量身定制出相应的头饰。小猫、小狗、变色龙、蝴蝶、蜜蜂、七星瓢虫……各式各样的小动物栩栩如生。头饰制作提高了学生对舞台美术的认识，也激发起学习的兴趣。于是，教师设计难度更大的课程让学生尝试——设计舞台背景并且进行制作。

学生自己制作道具、头饰等

（1）确定场景。教师引导学生阅读剧本，给剧本划分场景，确定场景数量。

（2）设计草图。根据场景的内容，组织学生讨论某一场景应该由哪些事物或者道具、摆设组成，能突出场景的特色。讨论后，学生分组，分场景用画笔画出草图。

（3）选择材料。学生根据场景里出现的事物，计算好需要使用的材料数量，收集盒子、纸皮、轻粘土、吸管、废旧品等作为制作材料。

（4）手工制作。裁剪纸盒做舞台框架，粘贴舞台背景，加入立体景物（如树、石头），用轻粘土制作角色等，不断丰富场景内容。

（5）评价修改。舞台模型制作完成后进行评价、修改，教师注重对创意亮点的评价，并鼓励学生。

学生自主进行舞台模型设计和制作

排演阶段不仅提供了丰富的学习机会，还为学生和教师创造了丰富的成长空间。通过排演，学生在实践中"深化了对学科知识的理解，提升了艺术技能，培养了团队合作和批判性思考能力"[①]。同时，教师的教育理念和专业技能也得到了提升，他们学会了如何更好地引导学生，实现星教育理念的实践。排演，作为校园剧课程的重要组成部分，为学生和教师共同创造了一个充满挑战与机遇的舞台，为他们的未来之路奠定了坚实的基础。

---

① 格利高里，厄里. 社会关系与空间结构 [M]. 谢礼圣，吕增奎，译. 北京：北京师范大学出版社，2011：43.

　　排演阶段是校园剧课程的重头戏，它涵盖了从初期的剧本排练到最终的舞台呈现。在这个过程中，学生和教师共同经历了一次深度的艺术与教育融合之旅，挑战与机遇相互交织，共同铺就了学生和教师的成长路径。

　　在排演初期，学生在教师的引导下，开始熟悉剧本，揣摩角色，学习表演技巧。教师作为导演，不仅教授学生基础的走位、台词和肢体表达，还引导学生深入理解角色的内心世界，将剧本中的教育主题和知识融入表演中。这一阶段的挑战在于如何将学生的个体差异转化为表演的多元性，同时保证剧本的整体连贯性和教育目标的实现。学生面对的挑战则在于如何把握角色的复杂性，将剧本中的故事真实地传达给观众。

　　随着排演的深入，学生开始同团队成员进行紧密合作，共同解决排演中的问题。这包括角色之间的互动、剧本的改编、舞台调度等，这些都要求学生具备良好的团队协作和沟通能力。同时，教师需要在排演中进行指导，调整表演策略，确保学生在排演中不断进步。此时，教师的挑战在于如何平衡个人指导与团队协作的关系，在鼓励学生自主解决问题的同时，提供必要的支持。

　　到了排演的后期，学生开始进行彩排，模拟正式表演的环境，以适应舞台灯光、音效和观众反馈。这个阶段的挑战在于如何在压力下保持良好的表演状态，同时对表演进行微调，以达到最佳效果。学生需要学习如何在紧张的舞台环境中保持冷静，合理处理突发事件。教师则需要提供反馈，协助学生在最后阶段提升表演质量。

　　排演的另一个重要方面是舞台艺术的实践，包括服装、化妆、道具和布景设计。学生有机会将课堂所学的美术、设计和科学知识应用于实际操作，提升创新和动手能力。这期间，教师需指导学生将美学理念与实用功能相结合，创作出既符合剧本需求又能体现学生创意的舞台艺术作品。同时，教师还需要激发学生的创新思维，鼓励他们尝试不同的设计方法。

　　排演的最终阶段是正式演出，这是学生展示成果和体验成就感的关键时刻。通过舞台表演，学生不仅锻炼了表演能力，而且更重要的是，他们在角色扮演中实现自我发展，展现了个体的多元潜能。这一过程的挑战在于如何在面对观众时，将排演的成果完美呈现，同时保持真实的情感表达。而教师的挑战则在于如何在幕后调度，确保整个演出顺利进行。

五、舞美制作

舞美制作在校园剧课程中扮演着举足轻重的角色，它不仅提升了舞台表演的艺术性，还在很大程度上影响着观众的观剧体验。舞美制作包括舞台设计、灯光、音效和服装道具等多个方面，它们共同构建了剧情的视觉和听觉表达，使舞台艺术与美学理念得以淋漓尽致地展现。在星教育理念下，舞美制作不仅是艺术的实践，更是教育的有机组成部分，它能够激发学生的创新思维和审美能力，增强其对艺术的感知和鉴赏能力。

舞台设计是舞美制作的核心，它构建了故事发生的空间，帮助观众理解和进入剧情。教师可以引导学生从剧本中提取关键元素，通过讨论和创作，共同设计出既能体现剧情又能启发思考的舞台布景。在设计过程中，学生可以运用物理、建筑、艺术等多学科知识，进行空间布局、材料选择和色彩搭配，培养他们的空间感知和设计思维。同时，利用环保材料，秉持可持续设计理念，还能培养学生的环保意识和创新性解决问题的能力。

灯光设计是舞台艺术中不可或缺的组成部分，它通过光影的运用，营造氛围，突出戏剧冲突，引导观众的视线。在校园剧课程中，教师可以指导学生学习基本的灯光控制技术（如色彩运用、光影效果和舞台聚焦），让学生亲手操作，感受灯光对舞台氛围的塑造。这一过程可以培养学生的艺术审美，同时提升他们对技术应用的理解和掌握。

音效设计则通过声音的创造和处理，增强故事的戏剧张力，激发观众的想象力。学生可以学习如何选择和剪辑音效，以及如何与剧情和舞台表演同步，这将提升他们的多媒体技术运用能力，同时能训练他们的听觉敏感度和创造性思维。

服装和道具设计则是角色身份和故事背景的重要体现。教师可以让学生根据剧本角色的特点，设计和制作服装和道具，这涉及材料选取、裁剪、绘制等工艺技能，以及对角色性格和背景的理解。通过参与制作，学生可以更好地理解角色，同时提升他们的手工技能和创新设计能力。

在舞美制作的实践中，教师应鼓励学生发挥想象力，尝试创新，同时结合星教育理念，强调团队合作和批判性思考。例如，教师可以让学生分组负责不同的舞美环节，通过讨论和合作，解决设计中的问题，这有助于培养学生的团队合作和沟通能力。在评价学生的作品时，除了艺术效果，还应关注学生的创新性、团队协作以及对剧本主题的理解。

舞美制作是校园剧课程中不可或缺的实践环节，它将艺术与教育紧密融合，让学生在创作过程中学习多学科知识，提升艺术技能，同时培养了他们的创新思维、审美能力和团队合作精神。通过舞美制作的实践，校园剧不仅成为教育的艺术载体，更成为学生全面发展的重要平台，体现了星教育理念下教育的多元性和创新性。

六、宣传

宣传在校园剧课程中扮演着至关重要的角色，它是提升课程影响力、吸引观众参与并提高社区对校园剧认识的关键手段。通过有效的宣传策略，可以确保校园剧演出的成功，同时能增强学生的组织能力和社会实践技能。在星教育理念的指导下，宣传不仅是一种传播手段，更是教育过程的一部分，它让学生在实践中理解沟通与表达的重要性，并以此培养他们的领导力和创新精神。

宣传的目的是明确的，即提升校园剧的知名度，吸引观众，尤其是学生家长和社区成员的参与。宣传内容应突出校园剧课程的特色，如跨学科融合、对星教育理念的实践，以及学生在表演、创编、舞美制作等多方面的成长。同时，宣传还需强调校园剧对学生成长的积极影响，如提升综合素养、促进团队合作以及培养创新思维等。

宣传方式应多样化，以适应不同的受众。可以在校园内张贴传统的海报、传单，同时利用社交媒体（如微信、微博等）进行网络宣传，扩大覆盖面。此外，还可以通过学校官方网站、新闻稿、视频预告等方式，以图文并茂的形式展示校园剧的筹备过程，增加观众的期待感。为了吸引社区参与，可以与当地媒体合作，进行采访报道，让社区了解校园剧的教育价值。

在宣传过程中，鼓励学生参与策划和执行，让他们成为宣传的主体。例如，可以组织学生设计海报、编写新闻稿、拍摄预告片等，这既能锻炼学生的创新能力和表达技巧，还能增强他们对课程的归属感。同时，教师应提供必要的指导，确保宣传内容的准确性和专业性。

宣传活动还可以与课程内容相结合，例如在剧本创作阶段，让学生编写宣传文案，通过角色扮演的视角来吸引观众；在排练阶段，可以拍摄幕后花絮，展示学生的努力和进步，激发观众的共鸣。通过这种方式，宣传不再仅仅是课程的附属品，而是课程内容的延伸，是学生学习和成长的一部分。

宣传的评估同样重要，教师应引导学生收集反馈，分析宣传效果，如观众的参与度、社区的反响等，以此为依据调整宣传策略。此外，还可以通过举办宣传活动，如预演、工作坊等，让学生在实践中学习如何评估宣传效果，培养他们的反思能力和批判性思考能力。

某学期四年三班选定的主题和传承武术有关。这是围绕着西关武术而设计的剧本，在第一轮剧本编写的时候，是全员参与的，无论是演员组还是道具组的学生，都不可以"逃避"这份工作，全班参与率百分百。最后在学生反复斟酌和修改后，最终剧本诞生了。敲定了剧本，道具组就开始工作了，首先让每名美术指导组成员熟悉剧本，然后教师带领大家一起考虑工作任务具体是什么。可以说不同的剧本需要的舞台背景、道具、音乐、海报等都不一样，所以美术指导组按照自己的剧本量身定做所需之物。也就是要根据新剧本赋予道具新的元素。根据新剧本师生一起罗列出三幕剧中需要哪些道具。教师在黑板上列出表格，把每一幕逐一列举。以此指导美术指导组的启动运作。从黑板的清单中，学生意外地发现了剧本与他们上学期的不同之处。教师跟学生说："同学们，这个学期的剧本与上学期有什么不同呢？"有学生举手回应："不用做头饰。"教师继续追问："因为上学期我们扮演的是卡通形象，或者动物形象，如今我们扮演的是人。所以头饰是省略掉了。还有其他不一样的吗？"有学生回应："我们需要准备的东西可以找来就好了，制作的内容不多。"看来学生从观察和对比中找到了答案。没有想到有学生反应敏捷而迅速，立马有学生举手问："那么还需要我们美术指导组吗？"答案是肯定的。教师问学生："还有什么需要我们制作吗？"有学生举手回道："需要的，海报呢？舞台剧海报呢？"教师补充道："对的，舞台剧的海报还是要设计，另外，我们还需要制作快闪武术短片呢。这可是以前从来没有做过的'新'内容。"全体成员对于这些看上去简单的工作充满期待，总觉得很快任务便会完成了。

把宣传组分成三个小组，各组的宣传工作开始启动。每个小组开始合作制作自己小组的"专属"海报。大家明确了海报要有"舞台剧的名字""剧情简介""上映时间和地点""舞台剧的人物展示""排版""艺术字"等重要的要素。由于有了多次制作的经验，大家熟练完成海报设计。明显，速度比之前快多了。这次教师的任务就是引导学生发现存在的一些问题：一是排版的疏密关系缺乏严谨性。二是艺术字美感不够，各组水平参差不齐。三是合作的时候会出现一些人手安排的问题。例如，有一些小组安排得合理，完成一张海报仅仅需要一个下午两节课时间；有小组却花掉两倍的时间才完成。总结一句，哪怕走的是旧路也有新问题出现了。学生创作完海报以后，教师把海报展示给所有宣传组的学生，学生就开始表达自己的感受。

"我觉得画面的构图不够饱满，人物太小。"

"我觉得颜色搭配没有第一组的好。"

"我觉得空白的地方有些多了。"

"我觉得艺术字写得不漂亮。"

"我认为，我们组完成得快的原因是分工合理，两个人负责写字，两个人负责画画，两个人负责剪贴，我们分工明确，大家很配合。所以完成起来很快。"

"我觉得自己不能胜任组长的工作，有几名同学不听我的话。有两个人不愿动手，所以完成得很慢。"

教师分别根据大家提出的问题一一进行回应，或者请其他组员帮助解决困难。学生在互动中明白了一些道理。之后，教师单独找不能胜任组长工作的学生谈话了。

教师问道："你认为组长是命令别人完成工作吗？"

她连忙摇头回应："不是，但是他们不听我的。"

教师继续说："你知道为什么他们不愿意听吗？"

她支支吾吾。

教师说："是他们故意和你作对？还是这个工作他们也无法胜任？他们遇到困难的时候指望谁呢？"

她回应："不会可以找老师。"

"不对，其实在一个小组中，有一名学生是组内的灵魂人物，他不仅仅是发号施令，还需要有能力应付各类问题，只有当组长都没有办法解决的时候，才能请老师帮助。"

她眼睛瞪得大大的，说："难道是我？"

"你真聪明。他们不听你也许是因为他们不会，或者没有信心做好，你可要出手啊！就如你有困难，老师会出手帮助你一样。组长可是全能的。这可是锻炼自己的好机会，可别让机会从你身边溜走。"

她低下了头，陷入了沉思。

"没有对比就没有进步",教师需要把学生的成果展示出来,这样学生把别人和自己的作品进行对比,对比别人的工作和自己的工作,进行自我反思和自我调节。

当学生认为自己的宣传工作已经完成的时候,教师安排了两次全班"武术"体验活动,让每名学生都可以充分感受武术的魅力。第一次,全班学生共同体验李小龙的"双节棍",他们玩得不亦乐乎,对于双节棍产生无限的兴趣,毕竟是体验一代巨星的绝活。第二次,全班体验简单的武术套路"五步拳"。由于"五步拳"涵盖了武术的五个步伐的基本动作,学生学习的时候也很感兴趣,觉得这个体验很好玩。第三节课,教师开始安排分组练习:演员组由陈老师带领,美术指导组由另一名教师带领学生继续熟练动作。在原来的基础上添加一些动作,让学生的"五步拳"变成"快闪",学生觉得在原来的基础上添加一些动作,对于美术指导组的学生来说不会很难。他们就这样一步一个脚印地拍了一段1分34秒的"快闪"。接下来,根据剧情的需要,需要在舞台剧里面播放一段视频,内容是武术的"快闪",让男主角和其他配角在围观"快闪"的时候,对武术产生羡慕与敬畏之情,从此走向学武的道路。大家都同意把这段视频变为舞台剧的"道具"。美术指导组的学生就这样一步一步,顺理成章地把自己推向舞台表演。"快闪"中的演员和演员组的演员不同的是,舞台演员是即兴表演,而美术指导组的表演是录播,学生不用直面现场观众。其实他们也当了一回舞台演员。他们在看舞台剧的时候看到自己也登上了舞台,所以这次全班学生的出镜率是百分百。这次是美术指导组的学生第一次大胆地走向舞台,是新尝试,作为指导教师只是把难度降低,给予孩子成长的信心,让他们迈出成长的第一步。

在星教育理念的指导下,"宣传不仅是校园剧课程的推广手段,更是一个让学生在实践中学习沟通、创新与团队合作的机会。"[①]通过精心策划和宣传,校园剧课程深入人心,其教育价值得以充分展现,为学生和社区提供了一个共享艺术与教育的平台,进一步推动了星教育理念在实践中的深化。

七、组织演出

组织演出是校园剧课程实施中的重要环节,它不仅考验着教师的组织协调

---

① 范春林. 课堂环境与自主学习 [M]. 北京:国家行政学院出版社,2012:25.

能力，也对学生的实际操作能力和临场表现提出了挑战。演出的成功与否直接影响课程的最终成果和学生的成就感，同时是社区对校园剧课程认可度的重要考量因素。在星教育理念的指导下，组织演出不仅要确保舞台艺术的高水平展现，还要通过一系列活动提升学生的领导力、团队合作和批判性思考能力。

教师作为演出的组织者，需提前规划并执行一套详尽的演出筹备计划。这包括确定演出日期、时间、地点，以及舞台、灯光、音效等设备的准备。与学校管理层、后勤部门的紧密沟通至关重要，以确保场地、设备的顺利使用。此外，教师还需与家长、社区进行协同工作，如邀请家长志愿者帮助布置舞台，寻求社区资源支持等。

演出的排练过程是组织演出的核心。教师需确保排练的高效进行，通过定时排练、舞台走位、彩排，使学生在实际操作中磨炼演技，同时培养他们的时间管理和自我管理能力。排练中，教师要指导学生解决可能出现的突发问题（如临时角色替换、技术故障等），让学生学会在压力下保持冷静，解决问题。

在演出的宣传方面，教师和学生需要共同合作，利用校园内外的资源进行多渠道推广。这包括设计吸引人的海报，利用社交媒体平台发布预告，甚至通过校内外的媒体进行报道。通过宣传活动，学生将学习到如何有效传达信息，提升他们的沟通和表达能力。

"为了每名学生的发展"，这是新课程改革的总目标。随着校园剧活动的深入开展，每名学生在某个阶段会重点担任不同的角色，或者导演，或者舞台设计，或者演员……无论担任哪一个角色，他都会成为这个领域的"明星"，编剧达人、表演达人、配音达人、设计达人、制作达人在活动上纷纷涌现。

在校园剧创编里，每个班级就是一个剧组，而这个剧组里有着不同功能的组别：编剧组、演员组、宣传组和道具组。每个组里的成员根据在课程学习里显现的自身能力以及他们的意愿分组，组里的成员各司其职，在属于自己的岗位上干得如火如荼。逐渐地，学生在不同的功能组别中发现了自己的优点，"学困生"都站起来了。在掌声中，学生感受到被接纳、被鼓励、被认可，从而加强自信心的建立。

演出当天，教师组织者需要确保一切井然有序。这包括管理演员的入场和退场、指导后台工作、监督技术操作等。同时，教师还要为学生提供现场指导，帮助他们在舞台上充分展现自我。演出结束后，组织者需要组织全体参与者进行反思和评价，让学生有机会评估自己的表现，并从他人的反馈中学习和提高。

在社区参与方面，有效的组织演出能够促进校园剧与社区的紧密联系。通过邀请社区成员观看演出，可以增强他们对校园剧课程的认知，同时能培养学生的社区参与意识。教师可以组织学生与社区进行互动，如举办剧后讨论会，邀请社区成员提供反馈，从而实现教育的共享和增值。

组织演出的整个过程，教师不仅是指导者，还是合作者，他们需与学生共同面对挑战，寻找解决问题的策略。通过这些实践，学生不仅能"提升舞台表演技巧，还能培养领导力、团队协作和批判性思考能力"[1]，这些都是星教育理念下全面发展的重要组成部分。组织演出，既是校园剧课程的高潮，也是学生在实践中学习成长的绝佳机会，它体现了星教育理念的实践价值，为学生的未来发展提供了宝贵的实践经验。

第三节 深思熟虑：校园剧课程的评价与反思

一、评价指标体系的构建

在探索星教育理念下校园剧课程的实施路径中，评价机制的构建是确保课程效果的重要一环。评价指标体系不仅应衡量学生的表演技巧，还应关注他们在课程中的创新思维、自我发展以及团队合作等方面的成长。根据星教育的核心价值和校园剧课程的特性，可以构建一个多元、全面的评价体系，以全面反映学生在校园剧课程中的学习成效与进步。

表演技巧的评价应涵盖以下几个方面：角色塑造能力，包括对角色的理解、情感表达和肢体语言的运用；台词掌握与呈现，即对剧本的熟悉程度以及语言表达的清晰度和感染力；合作与沟通，评价学生在排练和演出中与团队成员的协作，以及解决冲突的能力。这些评价指标将帮助教师了解学生在艺术实践中的具体表现。

创新与批判性思维的评估可以从剧本创作的角度进行。学生在参与剧本构思、改编或原创过程中的创新性思维（如故事情节的原创性、角色设定的新颖

---

① 李松林. 控制与自主 [M]. 北京：教育科学出版社，2010：28.

性等），都是评价的重要依据。此外，教师还应关注学生在讨论剧本时提出的问题，以及他们对复杂情境的理解和解决问题的方式，这些都是批判性思维的体现。

自主发展能力关注学生在角色扮演中的成长，例如他们是否能独立思考，自主决定角色的演绎方式，以及在角色塑造过程中表现出来的自我反思和调整能力。教师可以通过观察学生在角色扮演中的主动程度，以及他们如何在排练中修正和完善自己的表演来评估这一点。

课程评价应包含社区参与和文化传承的维度。这体现在学生是否能从校园剧课程中汲取文化元素，将其融入表演，以及他们如何在社区活动中分享和传播这些文化知识。同时，评价体系还应关注学生在与社区互动中表现出来的开放性、尊重和理解，以及他们如何通过校园剧促进社区的共享与增值。

构建这样一个评价指标体系，需要教师在课程实施过程中进行持续的观察、记录与反馈。使用定性的描述性评价与定量的等级评估相结合，既能关注个体差异，又保证了评价的公正性。教师还需定期与学生进行沟通，让他们了解评价标准，从而更好地调整自己的学习策略。

评价指标体系的构建是校园剧课程实施中的关键步骤，它既要体现星教育理念的多元化和全面发展，又要注重艺术实践与教育目标的融合。通过这样的评价体系，教师可以更全面地了解学生在校园剧课程中的成长，从而为课程的持续改进和学生的个性化发展提供有力支持。

二、评价方法的选择与应用

在构建了多元、全面的评价指标体系后，选择合适的评价方法对实际操作至关重要。星教育理念下的校园剧课程评价方法应兼顾学生个体差异，鼓励创新，同时反映课程目标的实现程度。以下是一些具体的应用策略和方法：

形成性评价：形成性评价贯穿整个课程过程，旨在及时反馈学生的学习情况，帮助他们调整学习策略。教师可以定期进行对学生角色扮演的观察，记录学生在排练中的表现（如角色理解深度、情感表达的自然度等），并提供具体的指导建议。此外，教师还可以安排学生进行定期的自我评价，让学生总结自己的经验教训，鼓励他们设定个人学习目标。

同伴评价：同伴评价是促进学生交流与合作的重要手段。在排练过程中，可以组织学生互评，讨论角色塑造、团队合作等方面的表现。通过互相观察和反馈，学生可以学习他人的优点，同时意识到自身的不足，增强团队凝聚力。

表演展示与反馈：定期的表演展示是评价学生表演技巧和创新思维的重要方式。在小型或全班范围内组织排练或预演，让学生在真实的舞台上实践，然后收集教师、同伴和观众的反馈。表演展示可以侧重于特定的评价指标（如角色塑造、创新性思维），也可以作为整体评价的一部分。

项目式评价：在校园剧的筹备过程中，可以设计一些项目任务（如剧本创作、舞台设计或角色分析），让学生将所学知识应用于实践。教师可以评估学生的项目成果（如剧本的原创性、舞台设计的实用性等），以此考察他们的创新能力和应用知识的能力。

自我反思：鼓励学生进行定期的自我反思，记录他们在课程中的学习体会、挑战和成长。自我反思可以帮助学生自我评估，认识到自己的进步，同时能为教师了解学生的内心感受和学习需求提供宝贵信息。

书面测试：尽管校园剧课程偏重实践，但有时书面测试也是必要的，可以用来检测学生对剧本内容的理解、对戏剧理论的掌握以及批判性思考能力。设计开放性问题，让学生阐述对角色的理解，或者分析剧本的主题和艺术手法，可以更深入地评价他们的思考能力。

家长和社区反馈：通过家长会、问卷调查或社区活动，收集家长和社区对校园剧课程的反馈信息，了解其对课程的理解和期待。这些信息可以作为评价体系的一部分，反映课程在社区中的影响和共享增值的效果。

多媒体评价：利用视频记录学生的排练和演出，教师可以更直观地观察学生的表演技巧和进步，同时能作为学生自我评价和同伴评价的依据。通过视频，教师可以捕捉到学生在舞台上不易察觉的细节，从而提供更具针对性的反馈。

选择并应用这些评价方法时，教师需确保评价过程公正，尊重学生的个体差异，同时鼓励他们积极参与。不同的评价方法相结合，可以形成一种全面、动态的评价体系，帮助教师和学生共同关注和理解课程目标的实现，促进校园剧课程的持续优化和学生各方面能力的提升。通过这样的评价实践，星教育理念下的校园剧课程得以在实践中不断深化，为学生的全面发展提供有力支持。

三、评价结果的反馈与运用

评价结果的反馈与运用是评价体系中不可或缺的一环。它不仅能够为学生提供关于自身学习成效的明确信息，还有助于教师调整教学策略，进而优化课程设计。在星教育理念的指导下，评价结果的反馈与运用应当以促进学生全面发展和课程的持续改进为目标。

评价结果的反馈应当及时、具体且具有针对性。教师应及时向学生提供评价结果，以帮助他们了解自己在表演技巧、创新思维、团队合作等方面的表现。反馈应当明确指出学生的优点和需要改进的地方，以便他们能够有针对性地调整自己的学习策略。例如，如果学生在角色塑造上表现出色，教师应赞扬其情感表达的自然度，同时提出在台词掌握方面的建议。

评价结果的反馈应鼓励学生进行自我反思。教师可以引导学生在接收反馈后进行自我评价，思考自己在学习过程中的进步和挑战，这有助于培养学生的批判性思考能力和自我修正意识。通过反思，学生能更好地理解自己的学习需求，从而在后续的课程中更有目标地学习。

在运用评价结果改进教学时，教师应将评价结果融入课程设计，调整教学方法和内容。若发现学生在团队合作方面存在不足，教师可以增加更多促进合作的活动（如小组剧本创作或角色排练），以提升他们的协作技能。同时，教师应根据评价结果调整课程进度，确保所有学生都能在课程中得到充分的挑战和学习机会。

评价结果的反馈与运用还应注重鼓励创新与个性发展。教师应鼓励学生在评价结果基础上尝试新的表演方式，挑战自我，进一步挖掘他们的艺术潜力。同时，保护学生的创新精神，对他们的独特想法给予肯定，这有助于培养学生的创新思维和自我表达能力。

教师还应拿评价结果与家长沟通，让家长了解学生在校园剧课程中的成长，以获得家长的支持和配合。与家长共享学生在课程中的成就和挑战，有助于构建家校合作关系，共同促进学生的全面发展。

评价结果的反馈与运用还需关注社区的反馈。通过社区评价，教师可以了解公众对校园剧课程的认知，从而调整课程内容，使之更好地服务于社区，增强课程的共享与增值。同时，社区的反馈也能为教师提供改进课程的宝贵意见，推动课程的可持续发展。

评价结果的反馈与运用是星教育理念下校园剧课程实施中不可或缺的环节。它通过及时、具体、有针对性的反馈，引导学生自我反思，促进他们的全面发展。同时，教师根据评价结果调整教学策略，优化课程设计，确保课程目标的实现，为学生的学习和课程的发展提供有力的支持。在与家长和社区的互动中，评价结果的运用还能够增强课程的共享性，为教育的创新与实践融合提供有力的实践依据。

四、课程反思与持续改进

在校园剧统整实践中，学生从编写剧本、制作道具，到去木偶剧团参观、表演校园剧等，收获丰富，演出的作品反映了校园多彩的生活，体现了当代小学生思想的变化。校园剧贴近学生的生活，受到学生的广泛关注和参与，丰富的表演形式、校园化的语言表达，能引起学生的共鸣。整个活动过程学生自主参与，在展示才艺的同时培养了学生的自信心和集体荣誉感。学生在活动过程中自我反思、自我对照、自我启发、自我教育，得到了很大提升。

校园剧的剧本由学生编写，如剧本《谁的声音最好听》，讲述的是森林里的小动物为了展现自己优美的歌喉，发生了争吵。狮子大王告诉他们每种叫声都有各自的特点，都好听，小动物们和好了。剧本的创作构思新颖、有趣，风格清新活泼，符合学生的年龄特点，通过戏剧冲突，引起学生对成长、友谊等问题的思索，有利于培养学生正确的世界观、人生观和价值观。在戏剧统整这个课题的探索中，学生运用了各科所学的知识，"音乐是整部歌舞剧的灵魂，在歌舞剧中至关重要，有音乐特长的学生把音乐与台词有机地结合起来，运用音乐突出歌舞剧中的人物形象，塑造人物性格"[①]，通过表演扩大音乐的戏剧张力，使歌舞剧既能体现深刻的教育意义，又具有艺术观赏性。要选择好的配乐，做到这一点是不容易的，除了对乐曲熟悉外，还要对乐曲有比较准确的理解。经过选配乐曲，学生的音乐素养得到提升，儿童歌舞剧这个崭新的部分，焕发了新的艺术魅力。加入了歌舞的校园剧，充满具有想象力的童话色彩。剧情符合学生的心理特点，有利于学生形成积极向上的人生观，在扮演角色的过程中，培养宽容理解、相互尊重、共同合作、乐于分享的意识，养成良好的审美情趣，塑造健全的人格，促进学生之间的良性互动与人际交往，增强合作意识，增强自信心，促进对真、善、美的追求。

这次课程统整的活动发掘了学生身上潜藏着可贵的才能。在现阶段星教育理念的深入探讨中，对学生的学习和发展提出了更高的要求。在转变传统教育

---

① 佐藤学. 静悄悄的革命［M］. 李秀湄，译. 北京：教育科学出版社，2014：39.

理念的过程中，强化星教育的教学理念，校园剧具有重要的意义。校园剧的开放性、趣味性等鲜明特点，对于建构学生的思想和学习体系具有重要的作用。

由此可见，课程反思与持续改进是教育实践中不可或缺的部分，它促使教师和学生不断审视课程的效果，寻求改进的策略，以实现星教育理念下课程的深层目标。在校园剧课程中，反思与改进是动态过程，包含对教学方法、课程内容、学生参与度以及社区影响的多方面审视。

教学方法的反思着重于教师角色的定位与转换。在实施校园剧课程中，教师作为导演和引导者，既要保持专业艺术指导水平，又要确保教育目标的实现。教师应反思是否成功地将艺术创新与教育目标相结合，是否有效地激发了学生的创新思维和批判性思考。教师还需要评估自己在团队管理中的角色，是否营造了支持性环境，鼓励学生表达和团队合作。

课程内容的反思关注剧本的选择和改编，以及舞台艺术的融合。教师应分析剧本是否真正体现了星教育理念，是否能引导学生进行深度学习和自我发展。同时，教师应该评估舞台艺术的实施是否有效提升学生的审美能力和综合素养，以及是否与社区的文化和价值观相契合。

学生参与度的反思则关注学生的参与程度和学习体验。教师需要通过观察、访谈和反馈，了解学生在排练、表演和创作过程中的积极性，以及他们对课程的满意度。教师还应关注学生在角色扮演中的自主发展，以及他们如何通过课程实现个人潜能的挖掘和提升。

社区影响的反思则考察校园剧课程与周边社区的互动程度。教师应思考如何更好地利用社区资源，以及如何通过校园剧活动增强社区对学校教育的理解和支持。此外，教师还应关注社区反馈对课程改进的启示，以及课程在社区共享与增值中的作用。

在反思的基础上，进行持续改进的关键步骤包括：一是定期进行课程评估，根据反馈调整教学策略，如优化剧本选择、增加学生自主创作的机会、强化社区合作等；二是持续学习和培训，教师需要不断提升艺术修养和教育理论知识水平，以适应不断变化的教学需求；三是鼓励学生参与决策，通过讨论和反馈机制，让学生在课程改进中发挥主体作用；四是寻求多方合作，与社区、家长、艺术家等合作，共同推动课程的创新与发展。

通过定期的课程反思与持续改进，校园剧课程不仅能适应学生个体差异，激发他们的创新精神，还能与社区教育需求相融合，实现星教育理念的深度实践。这样的过程确保了课程的可持续发展，为培养具有全面素养和创新精神的未来之星奠定了坚实基础。

第四节　剧通诸科：校园剧课程在其他学科中的应用

一、在语文教学中的应用

在星教育理念的引领下，校园剧作为小学课程统整的实践路径，在语文教学中的应用尤为显著。通过将戏剧元素融入语文课堂，教师能够创造一个动态、互动的学习环境，使学生在角色扮演与剧本创作中深化对语言文字的理解，提升阅读、写作和批判性思考能力。这一创新实践有力地推动了语文教学的改革，强调了个体的自主学习和情感投入，促进了学生的全面发展。

在实际操作中，语文教师可以选取经典文学作品（如古代诗词、小说片段或历史故事），改编成舞台剧本，让学生在角色扮演中体会文本的深层含义。通过角色的演绎，学生能够从不同视角理解人物性格、情节转折和主题思想，从而深化对文本的认识。例如，教师可以引导学生扮演《西游记》中的角色，理解孙悟空的不屈不挠和唐僧的慈悲为怀，通过表演来感受古典文学的魅力。

校园剧还提供了一个创作平台，鼓励学生原创剧本。这不仅锻炼了学生的写作技能，更激发了他们的想象力和创新思维。学生在构思剧本、设计对话、构建情节的过程中，将语文知识转化为实际应用能力，提升了写作的技巧和内容的丰富性。例如，他们可以围绕环保、友谊、责任等主题创作短剧，将所学的修辞手法、句式结构融入其中，同时传达积极的价值观。

在排练过程中，教师引导学生进行文本分析、角色分析和情感表达，将语言艺术与表演艺术紧密结合。这有助于学生在实践中提升口头表达能力，培养他们对语言的敏感度和艺术表现力。例如，教师可以指导学生通过语音语调的变化，表达角色的不同情绪，从而强化对语言表现力的理解。

同时，校园剧教学中的戏剧讨论和反思环节，促进了批判性思维的发展。教师组织学生对剧本进行讨论，分析人物动机、情节设计和主题思想，鼓励他们发表独立见解，学会从多元角度审视问题。这不仅加深了学生对语文教材的理解，更培养了他们理性思考和解决问题的能力。

在评价方面，教师可以采用多元评价方式。首先，学生在角色扮演时的表演技巧、情感投入和语言表达可作为评价的直观标准。其次，教师关注学生的剧本创作，评价其故事情节的创新性、角色塑造的深度以及语言运用的准确性。最后，教师还应评估学生在讨论和反思中的参与度，以及他们批判性思维的体现。

在课程设计中，教师应重视与社区的共建，邀请家长或社区成员参与排练和表演，甚至成为剧本创作的参与者。这不仅能增强社区对校园剧课程的认同，还能让学生在更广阔的社会背景下体验语文学习的实际意义。此外，通过社区戏剧活动，学生能够将课堂所学应用到实际生活中，提高语文的实践能力。

在语文教学中融入校园剧，不仅丰富了教学方法，提升了学生的学习兴趣，更通过实践与创新，切实提高了学生的语文素养和综合能力。这种融合了艺术与教育的课程模式，是星教育理念在语文教学中的生动实践，为小学生提供了更为立体、多元的学习体验，有助于他们成为具备良好语文素养和批判性思考能力的未来之星。

二、在科学教学中的应用

校园剧作为一种生动有趣的教学方式，可以在科学教学中发挥独特的作用。

校园剧能够将抽象的科学概念具象化。例如，在讲解太阳系的构成时，学生可以通过角色扮演，分别饰演太阳、行星、卫星等天体，直观地展示它们之间的相对位置和运动规律，使抽象的天文知识变得生动形象，易于理解。

校园剧有助于激发学生对科学的兴趣。通过创作和表演与科学相关的剧本，学生能够更主动地去探索科学知识，挖掘有趣的科学现象和故事，并将其融入剧情中。这种积极主动的学习过程能够极大地激发学生对科学的好奇心和求知欲。

校园剧可以培养学生的科学探究能力。在准备剧本的过程中，学生需要对科学主题进行深入研究，收集资料、分析数据、提出假设，并通过剧情来验证和展示自己的研究成果。这一过程锻炼学生的观察、思考、实验和解决问题的能力。

校园剧还能促进学生之间的合作与交流。在团队中，学生需要共同商讨剧本情节、分配角色、协调表演，这培养了他们的团队协作精神和沟通能力，使他们能够更好地分享彼此的科学见解和想法。

例如，在学习"生物的进化"这一主题时，学生可以创作一部展现生物从简单到复杂、从低级到高级进化过程的校园剧。在表演中，通过角色的变化和情节的发展，清晰地呈现生物进化的脉络和关键节点。又如，在学习"电路与电流"的知识时，学生可以编排一个关于电路故障排查的剧情，通过角色之间的互动和解决问题的过程，深入理解电路的原理和电流的流动规律。

总之，将校园剧应用于科学教学中，能够为学生创造一个更加生动、有趣、富有挑战性的学习环境，提高科学教学的效果和质量。

三、在道德与法治教学中的应用

在道德与法治教学中融入校园剧课程，是星教育理念下实现学科融合与价值渗透的有效途径。通过戏剧这一富有感染力的形式，学生能够在角色扮演、情景模拟及互动讨论中，更直观、深入地理解道德规范与法治精神，进而促进其道德情感的培养和社会责任感的形成。

校园剧为道德与法治教学提供了生动的教学情境。教师可以选取与道德和法律相关的案例或历史事件，改编成剧本，让学生在角色扮演中亲身体验道德冲突和法律抉择。例如，通过演绎《诚信考试》《网络隐私保护》等剧本，学生可以扮演不同角色，体验角色间的道德困境，理解诚实、公正、尊重隐私等价值观的重要性。这样的实践式学习，远比传统的说教更能触动学生的情感，引发他们的思考。

校园剧教学鼓励学生自主学习和批判性思考。在剧本创作阶段，学生需要查阅相关法律知识，理解道德准则，这本身就是一个知识建构的过程。同时，他们"需要分析角色动机、建构对话，这有助于发展他们的逻辑推理能力和批判性思考"[①]。在排练过程中，学生不断调整表演方式，以更真实地表现角色，在这个过程中他们学会了如何运用所学的道德与法律知识解决实际问题。

在表演和讨论环节，学生之间的互动和教师的引导，促使他们对道德和法律问题进行深入讨论，从而培养他们的公共讨论和决策能力。例如，通过表演《校园霸凌》或《选举公正》等剧本，学生可以在角色互动中理解尊重他人、公正公

---

①闫艳. 基础教育学校评估：教育生态学的视野［M］. 杭州：浙江大学出版社，2020：61.

平的法治精神，同时学会如何在冲突中寻找解决办法，培养他们的公民素养。

在评价方面，教师应关注学生的参与度、角色扮演的深度以及他们在表演和讨论中的批判性思考。这可以通过观察学生的表演技巧、团队协作能力，以及他们在讨论中对道德和法律问题的分析来评估。同时，可以通过问卷调查和观众反馈来评价学生对道德与法治知识的理解和应用。

总体而言，校园剧在道德与法治教学中的应用，将抽象的道德规范和法律精神具体化、生活化，使学生在实践中感知、体验，从而更有效地培养他们的道德情感、法治观念和社会责任感。这样的教育实践，不仅丰富了道德与法治教学的手段，也符合星教育理念下培养全面发展的未来之星的目标。

四、在其他学科中的应用拓展

在星教育理念的推动下，校园剧课程以其独特的教育价值和实践效果，渗透到小学教育的多个学科领域，成为跨学科整合的重要工具。除了在语文、科学和道德与法治教学中的应用，它还与艺术、体育等学科交织，为学生提供了更多元、更深入的学习体验。

艺术教育中，校园剧与音乐、美术、舞蹈等艺术形式相结合，使艺术学习更加立体和丰富。比如，学生可以通过编排和表演关于艺术家生平的剧目，学习艺术史，同时锻炼他们在音乐、舞蹈和视觉艺术方面的技能。此外，校园剧还可以作为艺术鉴赏和创作的载体，鼓励学生从艺术作品中汲取灵感，创作自己的戏剧作品，提升他们的艺术鉴赏能力和创新能力。

体育课程中，校园剧可以被用来教授运动规则，模拟比赛情境，或者通过角色扮演展示体育精神。例如，学生可以通过表演体育明星的故事，学习体育道德和团队合作的重要性。这样的教学方式不仅能提高学生的运动技能，还能培养他们的运动精神和社会责任感。

校园剧课程还可以与心理健康教育、信息技术等学科结合，创造出更多元的跨学科学习体验。例如，心理剧可以让学生在表演中体验和处理情绪，提升情绪管理能力；信息技术的应用（如动画、虚拟现实等技术）可以拓展校园剧的呈现形式，丰富舞台表现，提升学生对技术的运用能力。

这些跨学科的应用拓展，充分体现了星教育理念下校园剧课程的创新性和整合性。它不仅提升了学生在各学科领域的知识与技能，还促进了学科间的知识迁移，培养了他们的创新思维和跨学科解决问题的能力。通过这些实践，学生在校园剧的舞台上成为全面发展的"未来之星",他们的潜力得以充分发掘,为他们未来的学习和生活奠定了坚实的基础。

五、在数学等学科中的应用可能性

在星教育理念的辐射下,校园剧课程的影响力逐渐超越艺术领域,开始在数学等学科中展现出独特的应用潜力。这种跨学科的融合实践,旨在通过戏剧艺术的形式,激发学生对抽象概念的兴趣,提升他们在实际情境中解决数学问题的能力,培养他们的创新思维和实践技能。

在数学教学中,校园剧可以为抽象的数学概念赋予生动的场景。例如,通过角色扮演,学生可以模拟商品交易,理解货币换算比例和原理;在构建数学模型或解决几何问题时,他们可以设计剧本,通过角色的互动展现出问题解决的过程。这种应用方式不仅使数学变得更加有趣,还能让学生在表演中体验到数学的实际应用,从而提高他们对数学概念的理解和运用能力。

数学的校园剧课程,强调的是将抽象概念与实际生活紧密结合,通过角色扮演和剧本创作,让学生在学习过程中体验到知识的实用性和趣味性。教师在设计课程时,要精心挑选或改编合适的科学故事或数学实例,确保剧本既能体现学科知识,又能激发学生的创造力和批判性思考。

评价这类跨学科的校园剧课程,应关注学生的表演技巧、对数学知识的掌握,以及他们在角色扮演和剧本创作中表现出的创新与批判性思维。教师可以通过观察学生的表演,评估他们在解决问题、协作沟通以及理解和应用数学知识方面的进步。同时,可以通过形式化的测试和项目评估,确认学生是否真正掌握了核心概念,并能将其应用到实际情境中。

校园剧在数学教学中的应用,打破了传统学科的界限,以创新的方式将理论知识与实际生活相融合,激发学生的学习兴趣,提升他们的实践能力,让其跨学科思考。这样的教学实践,不仅符合星教育理念,也为培养具有全面素养的未来之星提供了新的路径。

六、跨学科综合实践活动的设计与实施

在星教育理念的引领下,校园剧课程作为小学课程统整实践的一项重要手段,其影响力已逐渐扩展到其他学科领域,成为跨学科综合实践活动的核心组成部分。通过将戏剧元素与多学科知识融合,校园剧为学生提供了一种创新且

富有挑战性的学习方式，促进了他们对知识的深入理解和综合运用。

设计跨学科综合实践活动时，教师需首先确定活动的主题，确保其与课程目标和学科间具有核心关联。例如，围绕"环保"主题，可以结合科学（了解生态系统）、语文（创作关于环保的剧本）、艺术（设计环保主题的舞台布景和服装）、数学（计算资源利用率和碳足迹）以及社会研究（研究社区环保政策）。这些学科的有机融合，能让学生在解决现实问题的过程中，体验到知识的综合性与应用性。

在活动的准备阶段，教师可以引导学生进行集体讨论，确定剧本内容，同时分配角色和任务，确保每名学生都能参与到剧本的创作或角色扮演中。在剧本编排过程中，教师应鼓励学生创新，允许他们根据所学知识调整剧情，甚至自行编写剧本，这有助于培养他们的批判性思考和创新精神。

排练阶段是跨学科实践活动的重要环节。教师需要与学生一起设计实验、调查或实地考察，让学生在角色扮演中运用科学方法（如观察、数据收集和分析）。同时，通过角色的对话和表演，学生可以提升语言表达能力，理解相关概念（如生态系统的重要性或气候变化的后果）。此外，艺术元素（如舞台设计和音乐创作）的加入，不仅锻炼了学生的审美和创造力，还提供了在实践中运用数学知识（如测量和比例）的机会。

在活动实施期间，校园剧的表演不仅是展示学习成果的时刻，更是检验学生综合能力的途径。学生需要在舞台上将所学知识转化为行动，如科学实验的演示、历史事件的重现或社会问题的讨论。表演结束后，教师应组织学生进行反思和评价，通过讨论他们对角色的理解、表演技巧，以及对学科知识的掌握，以评估活动的效果。

值得注意的是，跨学科综合实践活动的实施离不开社区的支持与合作。邀请家长、社区成员参与剧本创作、表演以及后期的反思和改进，能够增强其对学校教育的理解，同时能让学生在更广阔的社会背景下体验学习，提升他们的社会责任感。

通过跨学科综合实践活动的设计与实施，校园剧课程在其他学科中的应用进一步深化，不仅开阔了学生的学习视野，也培养了他们的创新思考能力和团队协作精神，实现了星教育理念下个体全面发展和学科融合的目标。这种创新性的教育实践，为小学课程的整合提供了新的可能，为未来之星的培养奠定了坚实的基础。

第三章 舞台上的教学艺术

第一节 导演之道：教师在校园剧课程中的角色与技能

一、 教师作为导演的角色定位

在校园剧课程中，教师的角色不仅仅是传统的知识传授者，而是转变为戏剧创作的导演和学生学习的引导者。教师的导演角色不仅体现在剧本的编排与舞台艺术的指导上，更体现在如何通过戏剧教学促进学生的全面发展。

教师作为导演，需要具备深厚的艺术素养和教育智慧。他们需要理解戏剧艺术的精髓（包括人物塑造、情节构建、舞台调度等），也要熟悉教育心理学，懂得如何通过戏剧活动激发学生的学习兴趣，挖掘他们的潜力。教师需要将艺术与教育完美融合，确保戏剧活动既能提升学生的表演技能，又能促进其核心素养的发展。

教师要成为剧本创作的引导者，鼓励学生参与剧本的改编和创作。教师需要引导学生从文学作品中提炼主题，理解角色动机，学习如何构建有深度和冲突的剧本。在这个过程中，教师要教育学生如何将道德价值观、历史背景等融入戏剧，从而使剧本成为课堂教学的有力补充。

教师作为导演，其责任不仅限于指导表演，更重要的是通过戏剧，引导学生在创造力、情感表达、团队合作及自我认知等方面得到提升。这种角色定位使教师成为教育戏剧实践中的关键人物，推动课程的创新与实践深度融合，实现了星教育理念下教学目标的实现。在教师的导演之下，校园剧课程成为小学课程统整的重要途径，培养出能在多元舞台上绽放光彩的未来之星。

教师还需在排练过程中扮演导师的角色，指导学生如何通过角色扮演实现自我发展。他们需要教会学生如何运用表演技巧来表达角色的情感，如何通过角色的视角思考问题，以及如何在群体中进行有效的沟通和合作。此外，教师还要在排练中观察并引导学生进行自我反思，帮助他们理解表演中的成功与挑战，促进他们进行批判性思考。

教师在评价学生表演时，应以艺术与教育双重标准为依据。既要评价学生的表演技巧（如台词掌握情况、动作设计等），又要关注学生在角色扮演中所体现的道德理解、团队协作能力以及独立思考的成果。这种评价方式有助于学生全面了解自己的表现，也为教师调整教学策略提供依据。

二、导演技能的培养与提升

导演技能的培养与提升是教师在校园剧课程中实现角色转变的关键。教师不仅需要掌握舞台艺术的基本技巧（如剧本分析、舞台设计、灯光音响运用等），还要学会如何将这些艺术元素与教育目标相结合，以实现课程的教育目标。这要求教师具备持续学习和适应变化的能力，以便不断提升自我，以满足日益复杂和多元的教学需求。

教师需要通过专业培训和研讨会，系统学习戏剧艺术基础知识，包括但不限于剧本创作、角色塑造、舞台表现技巧等。教师应了解不同剧种（如悲剧、喜剧、历史剧等）的特点，以便根据教学内容和学生特点选择或改编合适的剧本。

教师应注重艺术实践，通过参与戏剧表演或工作坊，实际体验戏剧创作和表演过程。这将有助于教师理解表演技巧，学习如何引导学生塑造角色，以及如何通过舞台调度来展现剧情的高潮与转折。通过实践，教师可以提升自身的表演能力，为指导学生提供直观的示范。

在理论与实践结合的基础上，教师应培养自身的创新思维，不断探索将戏剧艺术与学科知识融合的新方法。例如，教师可以尝试将科学实验设计成舞台表演，或者利用历史事件编写剧本，让学生在角色扮演中深入学习。这种创新教学策略不仅能够激发学生的学习兴趣，还能培养他们的跨学科思考能力。

教师在评价学生表演时，应当掌握专业的艺术评价标准，同时结合教育学理论，全面评价学生的表演技巧、情感投入以及他们在角色扮演中所体现的学科知识理解。这种综合评价有助于学生了解自身的进步，同时为教师提供改进教学的反馈。

教师的导演技能提升是一个持续的过程，它依赖于教师的自我反思、同伴互助以及对最新教育理念的学习。通过定期的反思与改进，教师将能更好地驾驭舞台，引导学生在校园剧课程中实现全面发展，从而让校园剧成为星教育理念下小学课程统整的有力工具，为培养具有全面素养的未来之星贡献力量。

三、教师的团队协作与沟通能力

教师在校园剧课程中的工作并非孤立的，而是需要与学生、同事、家长以及社区紧密合作。良好的团队协作与沟通能力是教师担任导演角色的基石，它确保了课程的顺利进行，也促进了学生团队合作能力的培养。

教师需要与学生建立积极的合作关系，鼓励他们积极参与剧本创作、角色选择和排练过程。教师应作为引导者，引导学生讨论剧本，倾听他们的想法，引导他们挖掘角色的深层意义。在排练时，教师既是教练又是伙伴，既要指导表演技巧，又要给予支持和鼓励，帮助学生克服困难，提升自信心。

教师与同事间的沟通至关重要。教师之间可以共享资源，如剧本、道具和服装，也可以共同策划和组织校园剧的演出活动。通过交流教学经验，教师可以互相学习，不断提升自身的导演技能，同时有助于课程的持续改进和创新。

与家长的沟通则保证了家校教育的一致性。教师应定期向家长汇报学生在校园剧课程中的进步，邀请他们观看排练或参与剧本的讨论，让家长了解并支持孩子的学习活动。这不仅增加了家长的参与度，也有利于形成良好的家校合作关系，共同促进学生的成长。

在与社区的合作中，教师需要具备卓越的沟通能力，以协调社区资源，如邀请艺术家进行指导，或者与社区机构合作举办戏剧节。这些活动不仅丰富了课程内容，也提供了学生与社区互动的平台，让学生在现实生活中体验戏剧的影响力。

为了提升团队协作与沟通能力，教师应定期参加专业发展活动（如研讨会、工作坊），学习有效的团队管理技巧（如目标设定、角色分工和冲突解决）。同时，教师也应反思自身的沟通风格，确保信息的传递清晰、准确，以增强团队凝聚力。

教师的团队协作与沟通能力的提升，不仅有助于构建和谐的教育环境，而且能激发学生的团队精神，培养他们的沟通技巧，这在当今社会中尤为重要。通过这些能力的培养，教师不仅能成功地讲授校园剧课程，还能为学生日后的社交和团队合作奠定坚实的基础。在这个过程中，教师的导演角色得以充分展现，而校园剧课程则成为星教育理念下实践与创新的典范，为学生的全面发展发挥作用。

四、教师的自我成长与专业发展

在校园剧课程中，教师的自我成长和专业发展是课程持续创新和学生全面发展的关键。教师不仅需要掌握戏剧教育专业知识，还需不断提升自身的教学技巧和教育理念，以更好地适应星教育理念的实施。

教师需要关注戏剧教育的最新理论与实践，通过阅读专业书籍、学术论文，参加研讨会和工作坊，了解国内外教育戏剧的先进经验。教师应当关注教育戏剧与其他学科（如艺术、历史、道德教育等）的整合，以开阔课程设计的视野，实现学科间的深度交叉。

教师的专业发展也体现在对创新教学方法的尝试。他们可以探索不同的教学策略（如问题导向学习、项目式学习），或者将戏剧与其他艺术形式（如音乐、舞蹈）融合，以丰富课堂活动，提高学生的学习兴趣。教师应当鼓励学生在创作剧本和角色扮演中，发挥创新思维，培养他们的批判性思考和解决问题的能力。

在教学实践中，教师应积极参与剧本的创作和改编，通过亲身体验，深入理解戏剧艺术的内在逻辑，同时能更好地指导学生。教师可以与学生共同完成剧本，通过互动式创作，激发学生的想象力和创造力，培养他们的团队协作精神。

教师的自我成长也体现在反思和评估上。他们需要定期对自己的教学实践进行反思，分析教学效果，评估学生的学习情况，以及自己在指导学生表演、剧本创作和角色分析等方面的效能。通过自我评估，教师可以发现自己的优势和需要改进的地方，从而制订个人发展计划，不断提升自身的教学能力。

教师应与其他教师分享自己的教学经验，开展合作研究，共同探讨教育戏剧在不同学科中的应用。他们可以通过学校内部的研讨会、工作坊，或者与其他学校的同行进行交流，共同提升教育戏剧的教学质量。

教师的自我成长和专业发展是一个持续的过程，它需要教师保持开放心态，勇于尝试，善于反思。通过不断学习和实践，教师在指导校园剧课程的过程中，自身也成了教育创新的推动者，从而在星教育理念的指引下，培养出更多具有全面素养的未来之星。在这个过程中，教师的领导力和教学艺术得到了提升，他们成为舞台上教学艺术的真正导演。

第二节 演员之境：学生在校园剧中的角色与表现

一、学生作为演员的角色体验

学生在校园剧中的角色体验是他们学习和成长的重要组成部分。通过扮演各种角色，学生不仅发展了表演技能，更在角色扮演中实现了自我认知的深化，挖掘了个体的多元潜能。这一过程有助于培养他们的同理心、创造力和社交技巧，同时在实践中实现星教育理念倡导的自主发展。

在校园剧的排练和表演中，学生首先经历的是角色塑造的过程。他们深入理解剧本中的角色，尝试揣摩角色的思想、情感和行为模式，这要求他们具备批判性思考和想象力。通过对角色的诠释，学生学习到如何从他人的视角看世界，培养了同理心，这是道德教育的重要组成部分。

学生在角色扮演中，通过对话、冲突解决和剧情推进，锻炼了口头表达能力和沟通技巧。他们学习如何通过非语言方式（如肢体语言和面部表情）来传达情感和信息，这是社会交往中至关重要的能力。同时，通过反复排练和即兴表演，学生的反应速度和灵活应变能力得到了提升。

在角色的演绎过程中，学生有机会探索不同的价值观和生活哲学。例如，通过扮演历史人物，他们可以理解历史事件背后的复杂性，以及不同人物的动机和选择，这对他们的历史理解和社会批判性思考能力有益。此外，角色扮演可以让学生在安全的环境中尝试不同的社会角色，从而增强他们对自我身份的理解和接纳，有助于个体发展。

舞台表演为学生提供了展现自我、表达情感的平台。他们能够根据角色的特性，发挥自己的创造力和表演天赋，这有助于提升自信心，同时在观众的反馈中学习接受和处理批评意见，形成健康的自我认知。在成功扮演角色后，学生会体验到成就感，这有助于他们在其他学习领域中保持积极的态度和动力。

校园剧的排练和表演活动也推动了学生的团队合作能力的培养。他们需要与导演、同伴以及幕后工作人员协同工作，共同达成表演目标。通过分工合作、互相支持，学生学到了如何在团队中发挥个人优势，同时理解并尊重他人的贡献，这对于未来社会生活中的团队协作至关重要。

在星教育理念的指引下，校园剧课程注重学生的全面发展，强调情感教育与认知发展并重。学生在角色扮演中，从实践中学习，从体验中成长，这不仅丰富了他们的学习经历，也让他们在表演艺术的舞台上找到自我。通过这些角色的扮演，学生不仅成为舞台上璀璨的"星"，更在星教育的照耀下，迈向更加全面发展的人生。

二、学生表演能力的培养与发展

在校园剧的舞台上，学生表演能力的培养和发展是课程的重要目标之一。星教育理念强调学生的主体性和创新精神。

教师在剧本选择与改编中，注重结合学生的生活经验和学科知识，使剧本内容具有共鸣性，易于学生理解。通过角色分析，教师引导学生深入理解人物性格，揣摩角色的心理活动，这有助于提升学生的观察力和理解力，同时锻炼了他们的语言表达能力。在排练过程中，教师对学生的表演给予细致指导，从台词的抑扬顿挫到肢体动作的自然流畅，都一一进行矫正和提升，确保表演的准确性和感染力。

校园剧的舞台为学生提供了实践和反馈的机会。学生在真实的表演环境中，可以尝试不同的表演风格，通过反复练习增强信心，逐步完善表演技巧。教师和同学的即时反馈，有助于学生及时调整表演方式，增强自我认知，提高表演的自然度和情感传达力。在这个过程中，学生不断地挑战自我，克服舞台恐惧，增强了心理素质。

校园剧还强调团队合作与交流。在排练中，学生需要与同伴沟通配合，通过角色间的互动和冲突，培养他们的协作能力和解决冲突的技巧。同时，舞台剧的排练和演出往往需要幕后工作（如道具制作、舞台设计等），这进一步锻炼了学生的组织协调能力和团队精神。

校园剧中的角色扮演，也是学生情感教育的重要环节。通过扮演不同年龄、性别、身份的角色，学生有机会体验和理解不同的人生境遇，培养同理心，促进情感的丰富和成熟。这种情感教育，对于学生的社会适应性和个人成长具有深远影响。

在评价学生表演能力时，教师不仅要关注表演的技巧（如语音表达、肢体表现、情感传递等），还要重视学生在角色扮演中展现的个体特质和思考，以及他们如何将学科知识融入表演。这种评价体系有助于全面评估学生的进步，也促进了教师对教学策略的调整。

在星教育理念下，校园剧课程不仅关注表演艺术技巧的提升，更重视学生的全面发展。表演能力的培养是这个过程中的重要一环，它帮助学生在实践中学习，通过角色体验丰富自我，体现了星教育的实践性和创新性。在教师的引导下，学生在舞台上绽放光彩，展现出他们的表演天赋，也培养了他们的独立思考、团队合作和情感表达能力，为他们未来的发展奠定了坚实的基础。

三、学生的团队合作与个性发展

学生在校园剧中的团队合作与个性发展是他们参与这一课程的重要收获之一。通过角色扮演和舞台表演，学生不仅锻炼了表演技巧，更在与同伴的互动中提升了社交技能，增强了团队合作意识，同时促进了个性的多元发展。

在团队合作方面，校园剧的排练和表演过程为学生提供了绝佳的实践机会。学生在争取角色、分配任务、共同排练以及在舞台上共同呈现剧情的过程中，学会了如何倾听他人意见，尊重团队决策，进行有效的沟通与协商。这些实践经验有助于他们在日常生活中更好地适应集体环境，培养团队精神。同时，通过分工合作，学生了解到每个人都有其独特的优势，需要互相支持，共同完成目标。这在实际生活中具有极高的价值。

在个性发展方面，校园剧为学生提供了展现自我、塑造角色的空间。他们可以尝试扮演各种各样的人物，从历史人物到文学角色，从现实生活中的角色到虚构的角色。在这种角色扮演的过程中，学生有机会探索不同的性格特征，理解多元文化，甚至挑战自我。通过扮演不同角色，学生可以跳出生活圈子，从不同的角度去理解世界，这有助于他们形成开放的视野，增强包容性。

校园剧的创作和表演还鼓励学生发挥想象力和创新精神，他们可以参与剧本改编，设计角色，甚至创作原创剧本。在这个过程中，学生可以将自己的思想、情感和观点融入角色，从而实现个性的表达和自我实现。这有助于他们的创造力和批判性思维的发展，使他们在面对未来挑战时，能够有独立思考和解决问题的能力。

在评价学生在团队合作与个性发展方面的表现时，教师应重视学生的参与度、沟通能力、尊重他人意见的程度以及角色塑造的深度等指标。教师可以组织团队反馈会议，让学生互相评价，讨论在合作中遇到的问题以及解决策略。同时，通过观察学生在排练和表演中的表现，教师可以了解他们如何运用所学知识，以及他们在团队中的角色定位。

社区的参与也是评价和促进学生团队合作与个性发展的重要环节。通过邀请家长、社区成员观看排练或参与演出，学生在更广泛的观众群体面前展示自我，这不仅可以增强他们的自信心，也能让他们接收到不同观众的反馈，从而更好地理解自己在团队中的作用，以及如何在不同的社交环境中表现个性。

校园剧课程通过团队合作的实践和角色扮演的创新，为学生提供了个性发展和社交技能提升的绝佳机会。在教师的指导下，学生在舞台上不仅展现了他们的表演技巧，更在合作与个性的交融中成长为更全面、更具综合能力的个体。

四、学生在校园剧表演中的成长与收获

学生在校园剧表演中的成长与收获是星教育理念在校园剧课程中实践的重要体现。通过角色扮演，学生不仅获得表演技巧的提升，更在情感教育、社会交往、认知发展与个人成长方面收获良多。

学生在扮演不同角色的过程中，同理心得到了极大的锻炼。他们需要理解并揣摩角色的内心世界，尝试从角色的视角来看待世界，这有助于他们理解和接纳他人的观点，培养更为丰富和深刻的情感体验。此外，角色扮演也让他们有机会体验不同的人生境遇，使他们在道德判断和社会责任感上有了更深刻的理解。

校园剧表演提供了丰富的社交互动机会。在排练和演出时，学生需要与团队成员沟通协作，解决冲突，学会倾听、尊重和给予反馈，这些社交技能对于他们在现实生活中建立良好的人际关系至关重要。通过团队合作，他们也学会了如何在集体中自我定位，发展团队协作精神。

在认知能力的提升上，校园剧表演要求学生理解复杂的剧本内容，掌握角色的行为逻辑，这有助于他们提高阅读理解能力、批判性思维和解决问题的能力。此外，通过角色扮演，学生应用和巩固了他们在其他学科中的知识，实现了知识的整合与迁移，从而提升了他们的综合素养。

表演艺术的实践也对学生的自信心和自我表达能力有着显著的促进作用。在舞台上，学生有机会展示才华，获得认可，这种成就感有助于他们形成积极的自我认知，提高自尊和自信。同时，表演时的即时反馈，无论是正面的赞扬还是建设性的批评，都提升了他们的适应能力和心理韧性。

学生不仅作为演员锻炼了表演技巧，更重要的是，他们学会了理解他人，提升了社会技能，深化了对自我和世界的认知。这种全方位的收获正是星教育理念所追求的，即促进学生的全面发展，激发他们的无限潜能，帮助他们成为未来社会的积极参与者和创新者。

第三节　舞台设计：校园剧舞台艺术与美学

一、舞台空间的规划与利用

舞台空间在校园剧表演艺术中扮演着至关重要的角色，它既是演员演绎故事的物理场所，也是提升艺术表现力和观众体验的关键元素。星教育理念强调艺术与教育的融合，因此，舞台空间的设计不仅要有美学的考量，还要能够促进教学目标的实现，为学生提供一个能够体现多元潜能展示的广阔舞台。

舞台空间的规划需要充分考虑剧本内容和角色特性。设计师应当与导演紧密合作，理解剧本的主题和情节，以确保舞台设计能够准确地反映故事的氛围和情感。

舞台空间的利用应注重学生的参与和互动。在星教育理念指导下，教师不仅是导演，更是引导者，他们应该鼓励学生参与舞台设计和布置，身体力行体验艺术创作的乐趣。比如，学生可以绘制背景画，制作道具，甚至参与舞台的搭建，这不仅能锻炼他们的动手能力，也能增强他们对角色和剧情的理解，提升表演的投入度。

舞台空间的设计还要考虑到观众的视角和体验。优秀的舞台设计不仅能够引导观众的视线，使他们更好地关注关键情节，而且应考虑不同位置的观众都能获得良好的观赏效果。这可能需要灵活的舞台布局，如旋转舞台、多层舞台或可移动的舞台，以确保每名观众都能沉浸在表演中。

与此同时，科技在舞台设计中的应用也不容忽视。现代舞台艺术常常借助多媒体技术（如LED屏幕、投影、灯光效果和音效）来增强视觉冲击力和情感表达。教师和学生可以学习如何利用这些技术，将科技与艺术结合，创造出新颖而富有想象力的舞台，这既是提升艺术表现力的手段，也让学生对新知识和技能有了掌握。

舞台空间的规划与利用，应始终以教育目标为导向，旨在促进学生的全面发展。通过舞台设计，教师能够创造一个可以激发学生想象力、创造力和批判性思考的空间，同时能提升他们的团队协作和沟通能力。学生在这个过程中，不仅学习了舞台艺术，更在实践中体验了星教育理念。因此，舞台空间的设计与利用，是校园剧作为小学课程统整实践路径中的重要环节，它在艺术与教育的交汇中，绽放出璀璨的教育之光。

二、布景与道具的设计与制作

布景与道具的设计与制作在校园剧舞台艺术中扮演着不可或缺的角色，是将剧本故事转化为视觉体验的关键元素。在星教育理念的引导下，布景与道具的设计不仅追求美学价值，更注重与教学目标的融合，以提供一个既富有艺术感又具有教育意义的表演环境。

布景设计需与剧本内容紧密相扣，传达故事的时空背景和氛围。设计师须深入理解剧本的精髓，通过色彩、线条、纹理和空间布局，构建出与剧情相契合的视觉景象。（例如，在历史剧布景中，可能需要重现古建筑或特定时期的装饰风格，让观众仿佛置身于历史场景之中。而在科幻或奇幻题材中，布景则可能偏向抽象和未来感，为观众带来超越现实的视觉冲击。）

道具的设计与制作同样重要，它们是角色与场景互动的中介，能够强化角色塑造和剧情叙述。教师和学生可以共同参与道具的设计，根据角色需求和剧情发展，创作出独一无二的道具。这既可以锻炼学生的创新思维，也能增强他们对角色和剧情的理解。一个简单的道具，如帽子或披风，可能就能大幅提升角色的辨识度和故事的真实性。

在布景与道具的制作过程中，应鼓励学生利用可持续性材料（如回收物品或自然材料），推广环保理念，这与星教育理念中强调的生态和社区共建相呼应。此外，学生还可以通过工艺技能（如绘画、雕塑或木工）的学习，提升手眼协调能力和艺术感知能力，这些都是未来生活和学习中不可或缺的技能。

科技在布景与道具设计中的运用也日益重要。现代舞台常常采用数字投影技术、互动装置或动态机械，为布景与道具赋予更多动态和交互元素，提升表演的艺术性和观众的沉浸感。教师可以引导学生探索这些技术，让他们在实践中感受科技与艺术的融合，培养他们的创新能力和科技素养。

评估布景与道具设计的成功与否，不仅要看其艺术效果，还要看它们是否有效地支持了教学目标的实现，是否有助于学生角色扮演的深入和故事理解的提升。教师应与学生一起反思，探讨如何通过布景与道具的改进，更好地帮助学生在表演中实现角色塑造和情感表达，同时促进团队协作和提升问题解决能力。

布景与道具的设计与制作是校园剧舞台艺术中不可或缺的一环，它在艺术美感和教育功能之间寻找平衡，为学生提供了一个实践、创新和学习的途径。在星教育理念的指导下，布景与道具的设计既服务于艺术表演，又服务于教育目标，构建了一个富有创意和教育价值的舞台，助力学生全面发展，成为未来星光璀璨的梦想者。

三、服装与化妆的艺术表现

服装与化妆在校园剧舞台艺术中非常重要，它们是角色身份和情绪的视觉诠释，同时能增强舞台视觉的统一性和连贯性。在星教育理念的推动下，服装与化妆的设计与应用不仅追求美学的创新，更注重与剧情、角色以及教育目标的紧密配合，以实现艺术与教育的完美融合。

服装设计是角色塑造的核心环节。它不仅要符合剧本的时代背景和角色设定，还要传递角色的性格特质和情感状态。通过参与服装设计的过程，学生不仅能够培养审美能力，还能加深对角色的理解，从而提升表演的深度和真实感。

化妆会增强角色的戏剧化效果，通过色彩、线条和质地的变化，突出角色的特征，传达角色的情绪变化。化妆师与演员的紧密合作，有助于演员更好地进入角色，塑造角色的外在形象和内心世界。在化妆过程中，学生可以了解面部表情和身体语言在表演中的重要性，这对他们理解角色和提升演技有着直接帮助。

服装与化妆的创新应用为校园剧增添了艺术张力。教师可以鼓励学生尝试非传统的服装元素（如环保材料、多媒体互动或可变性服装），以打破常规，激发学生的想象力。同时，化妆也可以融入现代科技（如LED灯效、投影映射等），创造出新颖的视觉效果，让舞台艺术更具现代感和科技感。

在教学评价中，服装与化妆的艺术表现应被视为学生艺术创造力和角色理解能力的体现。教师不仅要关注服装与化妆的视觉效果，还要考察它们如何支持角色的塑造，如何与剧本的主题和情感相呼应。通过展示和讨论，学生可以学习到如何通过服装与化妆的细节来表达角色，提高他们的艺术鉴赏力和表演技巧。

服装与化妆在校园剧中的艺术表现，既是视觉艺术的呈现，也是教育目标的实现。在星教育理念的指引下，它们为学生的艺术创新、角色体验和综合素养提升提供了平台。教师应鼓励学生在服装与化妆设计中发挥创意，同时引导他们理解艺术与教育的结合，从而在艺术实践中实现星教育的初衷，培养具有全面素质的未来之星。

四、色彩与灯光的运用技巧

色彩与灯光，作为舞台艺术的重要组成部分，在校园剧的视觉呈现和情感表达中起着至关重要的作用。在星教育理念的指导下，教师和学生应当深入理解并巧妙运用这两种元素，以提升舞台艺术的感染力，同时促进教育目标的实现。

色彩在舞台设计中，能够引导观众的视线，营造特定的氛围，以及强调角色的性格和情感。例如，暖色调（如红色与黄色）通常用于营造热烈、欢快或紧张的氛围，而冷色调（如蓝色和绿色）则常用于表达冷静、深沉或神秘的气氛。教师和学生可以依据剧本内容，选择合适的色彩搭配，以增强戏剧冲突或角色内心戏的表达。此外，色彩的对比以及色彩渐变的运用，都能在视觉上带来层次感，提升舞台的艺术观赏性。

灯光则是塑造舞台环境、增强戏剧效果的关键手段。不同色温、亮度和方向的灯光，均能影响观众的情绪和对剧情的理解。比如，低角度的聚光灯可以突出演员，使之在舞台上更为抢眼；而柔和的暖色调灯光则可以营造温馨的氛围。在戏剧高潮或情绪转折处，通过快速的灯光切换或渐变，可以制造戏剧性的突变，加深观众的感官体验。同时，灯光的暗淡或明亮，也可以象征戏剧中的光明与黑暗、善与恶或希望与绝望。

在实际操作中，教师可以组织灯光与色彩工作坊，让学生亲手体验色彩的调配和灯光的控制，感受它们如何影响舞台的效果。这样的实践不仅能够培养学生的艺术感知，还可以提升他们的实践操作能力和团队协作精神。通过研究色彩理论和灯光设计技巧，学生可以学习如何将视觉艺术与剧本主题相结合，以创造出更富有表现力的表演。

在评价色彩与灯光的运用时，教师应"侧重于它们与剧情、角色以及情感表达的契合度"[①]。色彩与灯光的设计是否能够准确地传达剧本的意图，是否有助于推动剧情的发展，以及是否与学生的表演相协调，都是重要的评价标准。此外，教师还要鼓励学生反思和改进，以培养他们的创新思维和艺术审美。

在星教育理念的推动下，色彩与灯光的运用成为校园剧教学艺术中不可或缺的组成部分。它们不仅丰富了舞台的视觉效果，还通过艺术实践，激发了学生的创新精神，培养了他们的审美能力和情感表达，进一步促进了其全面发展。在校园剧的舞台上，色彩与灯光如繁星般点缀，为学生提供了展现自我、探索世界、实现梦想的璀璨空间。本章第四节将具体介绍灯光的运用。

第四节　灯光音效：技术与情感的交融

一、灯光设计的创意与表现

灯光设计在校园剧表演中扮演着至关重要的角色，通过光的明暗、色彩、角度和变化，为舞台艺术增添深度和情感，同时引导观众的视线，增强戏剧性效果。在星教育理念的引领下，创新的灯光设计不仅增强了表演的视觉冲击力，还成为教育过程中的重要元素，它有助于提升学生的审美感知、创新思维和实践能力。

灯光设计为舞台氛围的营造提供可能。暖色调的灯光可以营造温暖、亲密或欢乐的氛围，而冷色调的灯光则可以营造神秘、冷静或悲伤的环境，从而使观众更好地沉浸在剧情中。教师与学生可以通过色彩搭配、渐变和对比，来增强戏剧的视觉层次感，让学生在实践中理解色彩对情感表达的影响。

灯光是戏剧转折和高潮的有力工具。在关键情节或角色内心情感转变的时刻，通过控制灯光的强度、方向或速度，可以瞬间改变舞台的氛围，引导观众的注意力，强化戏剧张力。学生参与到这样的设计过程中，不仅能学习到灯光对叙事的重要性，还能培养他们对情绪和动作节奏的敏感度。

灯光设计可以强化角色特征和戏剧效果。通过特定的照明技巧（如聚光灯

---

①斯坦尼斯拉夫斯基.演员自我修养［M］.林陵，安敏徒，译.北京：中国电影出版社，2006：47.

的运用），可以突出特定角色，强化他们的存在感，或是通过阴影和光线的对比，揭示角色的内心世界。通过实践，学生能够理解如何通过灯光的运用来增强角色的戏剧性，从而提升表演的艺术性。

灯光设计的创新与技术的结合（如 LED 灯、投影和智能控制系统），为校园剧增添了现代感和科技元素。学生在学习如何操作这些先进设备的同时，能够了解科技在舞台艺术中的应用，这有助于他们未来跨学科的学习和创新。

在实践中，教师可以组织灯光设计工作坊，让学生亲手操作灯光设备，理解灯光与剧情的互动。通过这样的实践，学生可以提升对灯光艺术的感知，同时培养他们的团队协作和问题解决能力。在评价学生的灯光设计作品时，不仅要看其视觉效果，还要看其如何支持剧情发展，以及如何与角色和情感表达相契合。

灯光设计的创意与表现，是校园剧舞台艺术中不可或缺的部分，它在艺术与教育的交融中，为学生提供了实践、创新和学习的舞台。在星教育理念的指导下，灯光设计既服务于艺术表演，又服务于教育目标，它帮助学生在视觉艺术的探索中，提升审美素养，增强创新意识。

二、音效的选择与制作

音效在舞台表演艺术中是不可或缺的元素，它与视觉元素共同构建起丰富多样的感官体验，强化剧情的节奏和情感。在星教育理念的指导下，校园剧的音效设计不仅要追求艺术效果，更要注重对教学目标的贡献，促进学生的全面发展。

音效的选择应与剧本内容紧密贴合，以营造出与剧情相呼应的氛围。比如，在历史剧的场景中，可以使用古乐器演奏的音乐或体现当时社会的背景音来增强时代感。在科幻或奇幻题材中，可以选择电子音乐或合成音效，创造出超越现实的神秘感。教师与学生可以共同参与音效的选择，通过对音乐和声音的探索，理解不同风格与情感的表达方式。

音效制作也是一个重要的环节，它不仅包括音乐的编曲、录制，还包括环境音效和音效特效的创造。教师可以引导学生利用诸如 GarageBand，Audacity 等软件进行音效编辑，或者通过实地录音来捕捉自然或人工的声音，这些过程不仅能提升学生的数字技能，还能让他们深入理解声音在表演中的艺术价值。

学生还可以通过学习声音设计的基础理论（如音高、节奏和音质），来提升对音效的理解和运用能力。

音效在校园剧中的创新应用是星教育理念的体现，教师可以鼓励学生尝试使用实验音乐、互动声音装置或者与剧情相呼应的实时音效（如通过传感器捕捉演员的动作或观众的反应生成音效）增强表演的互动性和观众的沉浸感。同时，音效也可以与多媒体技术结合（如视频投影或灯光变化），共同创造出多维度的感官体验。

在教学评价中，音效的选择与制作应视为学生艺术创造性和技术能力的体现。教师不仅要关注音效是否符合剧本风格和情感，还要考察音效在表演中的实际应用效果，以及它如何支持角色塑造和剧情发展。通过展示和讨论，学生可以学习如何通过音效来增强表演的情感深度，提高他们的艺术鉴赏力和创作技巧。

在校园剧中音效的创意与制作，既是艺术创新的实践，也是教育目标的实现。在星教育理念的指引下，音效设计不仅丰富了舞台的艺术表现，还通过技术与艺术的结合，培养了学生的数字素养、创新思维和团队协作精神，进一步促进了他们的全面发展。在校园剧的舞台上，音效如同一个隐形的舞者，与灯光、表演共同编织出一个动人的故事，赋予每名参与者独特的艺术体验，为他们的梦想添上璀璨的一笔。

三、灯光音效与剧情的配合

灯光音效与剧情的配合不仅增强了表演的视觉冲击力和听觉享受，更是剧情推进和情感表达的重要手段。在星教育理念的指导下，校园剧对灯光音效的运用强调创新与情感深度的融合，旨在为学生提供更丰富的艺术体验，同时深化他们对剧情的理解和情感共鸣。

灯光与剧情的协调，如同"光影诗人"，通过明暗对比、色彩切换和动态变化，能够精确地刻画不同场景和角色情绪。例如，剧情紧张时刻，强烈的聚光灯和快速的灯光变换可以制造悬念；而在温情的场景中，柔和的暖色调灯光则能营造温馨的氛围。学生在设计和操作灯光的过程中，不仅学习了灯光艺术的原理，更在实践中提升了对剧情理解的敏锐度和情感表达的细腻度。

音效则是情感的"声音画师"，它通过音乐、语音和环境音效的巧妙结合，为剧情增色添彩。音效可以强化特定场景的氛围，如战争的轰鸣、森林的鸟鸣，甚至角色的心跳声，使观众仿佛置身于故事之中。学生在参与音效的创作过程中，通过选择合适的音乐、录制现场声音，或使用后期制作技术来增强音效，他们的创造力和数字技术应用能力得到了提升。

在设计灯光音效时，教师应鼓励学生尝试新的艺术手法（利用科技手段，如音频感应器、互动灯光系统等），让学生体验艺术与科技的无缝结合。通过这些创新应用，学生可以开阔眼界，激发他们对艺术与技术融合的探索欲望，这有助于他们未来在各行各业中创新思维的培养。

在教学评价中，灯光音效与剧情配合的成功与否，不仅看其艺术表现力，更要看其是否能有效地推动剧情发展，深化角色塑造，以及是否触动了观众的情感。教师和学生应共同反思，如何通过灯光音效的改进，更好地服务剧情，增强表演的感染力，同时提升学生的艺术鉴赏能力和情感理解能力。

灯光音效与剧情的配合是校园剧表演艺术的精髓所在，它在艺术与情感的碰撞中，为学生提供了深刻的体验，让他们在实践中学习到如何用艺术语言表达和理解复杂的情感世界。在星教育理念下，灯光音效的运用不仅是艺术教育的催化剂，也是情感教育的桥梁，它帮助学生在舞台上绽放出情感光芒，实现自我表达和情感共鸣，为他们的全面发展提供了有力支持。

四、灯光音效设备的操作与管理

灯光音效设备能够营造氛围、增强表现力、引导观众的情感，因此正确地操作与管理这些设备是确保演出成功的关键。灯光音效设备的操作与管理是校园剧表演中不可或缺的一环，它确保舞台艺术的顺畅呈现，同时也培养学生的实践能力和技术素养。在星教育理念的指引下，学校应提供充分的设备支持，并通过实践活动，让学生掌握基本的灯光和音效设备操作技能，同时培养他们的团队协作能力和责任感。

在教师的指导下，学生可以参与到设备的操作培训中，学习如何正确接线、调试设备，以及使用各类软件进行音效编辑和灯光编程。这些实践经验不仅有利于学生理解设备的工作原理，也能提升他们的问题解决能力。例如，学生需要根据剧本情节和舞台设计，调整灯光的亮度、色彩和角度，或是在音效中添加适当的环境音和特效，以增强表演的氛围。

　　灯光和音效设备的管理也是一项重要的任务。学生应学习合理调度设备，根据表演需要分配各个设备的功能，避免资源的浪费；学习在有限的预算内，有效地利用现有资源，进行设备的更新和维护。

　　在实际操作中，教师可以组织灯光音效的操作比赛或模拟表演，让学生在实践中提升技能，同时增强团队协作能力。例如，让学生分组设计一场小型舞台剧的灯光和音效方案，从剧本分析、设备准备到现场操作，全程负责。这样的活动不仅锻炼了学生的组织能力，也让他们在真实场景中体验到灯光音效对于表演艺术的重要性。

　　在评估学生在灯光音效设备操作与管理方面的表现时，教师应考虑学生对设备的熟悉程度，操作的精确性，以及在解决问题时的创新思维。同时，要关注学生的团队合作情况和责任感，看他们是否能够有效管理设备，确保演出顺利进行。

　　灯光音效设备的操作与管理，是校园剧表演艺术的实用技术核心。在星教育理念的指导下，通过实践操作，学生不仅掌握了实用的技能，更在团队协作中学会了责任与合作，这为他们日后的学术研究、职业生涯甚至社会生活打下了坚实的基础。在校园剧的舞台上，每个控制键的按动，每道光线的投射，都是学生技术素养与艺术情感交织的体现，共同塑造了星光璀璨的舞台。

第四章 星辉映照下的学生发展

第一节 情感之花：校园剧对学生情感发展的影响

一、情感体验与表达能力的培养

丰富的情感素材呈现。校园剧通常涵盖友情、师生情、家庭情感等多种情感主题。剧中人物在面对学业压力、人际冲突、梦想追求等情境时，会展现出各种各样的情感反应，如喜悦、悲伤、愤怒、焦虑、自豪等。这些丰富的情感素材，为观众提供了多样化的情感体验机会。进一步地，角色代入引发共鸣。当观众沉浸于校园剧的情节中，往往会不自觉地将自己代入到角色的处境和情感世界中。通过与剧中角色的情感连接，观众能够更深刻地理解和感受那些不同的情感状态，仿佛亲身经历一般。这种角色代入式的体验，有助于拓展观众的情感认知和感受范围，增强他们对各种情感的敏感度和理解能力。

在星教育理念的引领下，校园剧作为小学课程统整的实践路径，对于学生情感体验与表达能力的培养具有显著的促进作用。通过舞台戏剧的实践，学生不仅能体验到角色的各种情感，还能在表演过程中深化对这些情感的理解，进而提升他们的情感表达能力。

在校园剧排练中，学生被引导进入不同的角色，体验角色的喜怒哀乐。这不仅使他们有机会理解和感受复杂的人际关系和情感状态，还能够通过角色扮演来处理和表达这些情感。例如，学生需要扮演一个遭受挫折的角色，通过表演，他们不仅能够体验到角色的失落与痛苦，还能学习如何在挫折中重新站起来，这对他们的情感成长具有积极意义。

校园剧排练中的即兴表演和角色互动环节，为学生提供了安全的环境来探索和表达自己的感受。在舞台上，他们可以自由地释放情感，而不用担心被评判或误解。这种自由表达的环境有助于提高自我接纳和情感理解的能力，对于情感的健康发展至关重要。

校园剧还鼓励学生在表演中采用非语言的表达方式（如肢体动作、面部表情和声音变化）传达角色的情感。这些技能的培养不仅在舞台上具有实用性，更对日常生活中的沟通有着深远影响。通过学习使用非语言方式表达情感，学生能够更为有效地与他人交流，建立更为丰富和深入的人际关系。

同时，校园剧的排练过程本身就是一项团队合作的实践，学生在合作中学会如何理解和接纳他人的情感。他们需要倾听、理解并尊重队友的感受，这有助于培养同理心，这也是社会交往能力的重要组成部分。在表演中，他们还学会了在面对不同情感冲突时保持冷静和理智，这对于他们未来在复杂社会环境中处理人际关系具有积极的指导意义。

"在教师的引导下，学生们在反思和讨论表演中情感表现的过程中，能够进一步提升自我认知和情感智慧。"①他们学习如何解读自己的情感体验，理解他人的情感表达，这不仅有助于他们在艺术创作中更加真实地呈现角色，也有助于他们在日常生活中更好地处理情感，做出更理智、更有情感敏感性的决策。

校园剧通过角色扮演、情感体验和表演实践，为学生提供了一个情感教育的广阔平台，帮助他们提升情感体验能力、表达能力，以及同理心和社会交往能力。这不仅有助于他们在艺术领域的发展，更能促进他们情感的健康成长，为未来的生活和事业奠定坚实的情感基础。在星教育理念的指导下，校园剧成为培养情感素养的有效工具，让每名学生在表演的星光中，照亮自己的情感世界，绽放出更加璀璨的自我。

二、同理心与社会情感的发展

（一）角色代入与情感共鸣

同理心，是理解并感受他人情感的能力，是社会情感发展的重要组成部分，对于形成健康的人际关系、培养善良与关爱他人的品质至关重要。校园剧通过角色扮演和共享的情感体验，为学生提供了培养同理心的独特途径。观众在观看校园剧时，往往会不自觉地将自己代入到剧中角色的处境中，随着角色的喜怒哀乐而产生相应的情感变化。因此，在校园剧的排练过程中，学生需要

---

① 李如密. 课堂教学艺术新论［M］. 福州：福建教育出版社，2014：26.

深入理解角色的背景、动机和情感状态，这促使他们从他人的角度思考问题，从而增强同理心。例如，在演绎一个受欺凌的角色时，学生不仅要理解角色的痛苦，还要尝试感受这种经历，这使他们能够更深入地理解被欺凌者的感受，从而在现实生活中更可能成为反对欺凌的支持者和倡导者，而非旁观者或者加害者。

（二）多元角色与多元视角

校园剧中通常会出现各种各样的角色，他们有着不同的家庭背景、性格特点和价值观念。通过展现这些角色在校园生活中的互动和冲突，观众可以从多个角度去理解和感受他人的想法和情感，拓宽自己的认知边界，学会站在不同的立场上思考问题。校园剧中的团队合作也对培养同理心起到了关键作用。学生在排练中需要与同伴共享感受，理解他们的困难和挑战，相互支持和鼓励。他们需要学会倾听、接纳和尊重他人的观点，这种互动有助于理解并接纳个体间的差异，从而增进社会情感。例如，当一个团队成员在表演中遇到困难时，其他成员的同情、理解和帮助，将有助于他们学会在真实环境中给予他人情感支持。

校园剧还通过情感的公开表达，促进了学生的情感社会化。在舞台上，学生敢于展示自己的情感，无论喜怒哀乐，都可以在安全的环境中得到释放和理解。这种情感的公开表达，有助于学生理解情感的普遍性和接受性，进一步增强他们对他人情感的理解和共鸣。

星教育理念强调的不仅是艺术技能的提高，更是情感教育的深化。校园剧通过实践，让学生在理解、表达和处理情感问题的过程中，不断锻炼和提升同理心和社会情感。在面对社会的复杂性和多元性时，这样的能力将帮助他们建立更深层次的人际关系，促进社会适应和情感成熟。在表演中，学生学会了理解和关爱他人，成为更加敏感、懂得尊重和关心他人的人，为未来生活和职业发展打下了坚实的情感基础。

（三）校园剧对社会情感发展的促进作用

1. 增强情感认知与表达能力

校园剧中丰富的情感线索和细腻的情感表达，可以帮助观众更好地认识和理解自己的情感，同时为观众提供了学习情感表达的范例。通过观察剧中角色如何表达爱、愤怒、悲伤、喜悦等情感，观众可以提高自己的情感表达能力，更好地与他人进行情感交流。

2. 培养人际交往能力与团队合作精神

校园剧中经常会出现各种人际交往和团队合作的场景，如班级活动、社团组织、小组作业等。观众在观看这些情节时，可以学习到如何与他人建立良好的人际关系、如何在团队中发挥自己的优势、如何解决人际冲突等实用的社交技能，这些都有助于观众在现实生活中更好地与他人交往和合作，促进社会情感的发展。

3. 树立正确的价值观和道德观

在校园剧的创作和表演过程中，树立正确的价值观和道德观具有极其重要的意义。通过参与校园剧，明确目标与追求，学生能够思考自己真正重视的事物和追求的方向。例如，在剧中展现为实现梦想而努力奋斗的情节，能引导学生认识到坚持和努力的价值。校园剧课程中常常会呈现各种道德抉择的情境，学生在分析和表演这些情节时，能够更清晰地分辨是非善恶，形成自己的道德判断标准。倡导诚信与友善，通过剧中人物之间真诚的交流和互助，向学生传递诚信待人、友善相处的道德观念。让学生感受角色的痛苦和欢乐，学会关心他人、尊重他人，树立正确的价值取向和道德标准，规范自己的行为举止，提高社会适应能力和社会责任感。

三、审美情感的提升

（一）校园剧审美情感的内涵

校园剧课程蕴含丰富的审美情感，审美情感是人们在审美活动中产生的一种情感体验，是对审美对象的感受、评价和判断。在校园剧中，"审美情感主要包括对剧中人物形象、情节发展、主题思想、艺术表现等方面的感受和体验"[①]。校园剧常常展现学生时代的纯真友谊、无邪的笑容和简单的快乐。这

[①] 中华人民共和国教育部. 义务教育艺术课程标准［M］. 北京：北京师范大学出版社，2022：31.

种纯真情感让人回忆起那段无忧无虑的岁月，唤起内心深处对美好事物的向往和珍惜。或者剧中角色在经历各种挑战和困难时所展现出的坚韧和勇气，以及他们在克服困难过程中的成长与变化，能够引发观众的共鸣。观众能从中感受到生命的力量和积极向上的精神，体会到成长所带来的深刻意义。

校园剧往往描绘学生对未来的憧憬和为实现梦想而努力奋斗的场景。这种对梦想的执着和追求所激发的情感，充满了希望和激情，鼓舞着人们勇敢地去追寻自己的理想。通过创编、排演及欣赏校园剧，体现人文关怀与温暖、梦想与追求、青春的活力与激情以及对生活的热爱与赞美。例如，一部讲述学生为了参加校园文艺比赛而克服重重困难的校园剧，不仅展现了他们对艺术的热爱和追求，也体现了在这个过程中同学之间的深厚情谊，让观众感受到了青春的活力、梦想的力量以及人与人之间的温暖。

（二）校园剧审美情感提升的重要性

1. 受众视域的审美欣赏

作为校园剧观众，要想在观赏校园剧时获得更丰富、更深刻的审美情感体验，就要避免外界干扰，全身心投入剧情，让自己与剧中的角色和情节建立紧密的联系；留意剧中的场景布置、道具的选择和使用，它们往往能够营造出特定的氛围，增强剧情的真实感和感染力；关注演员的表情、动作、眼神等细微之处，这些细节能够更细腻地展现角色的内心世界和情感变化。

当校园剧能够更好地引发观众的审美情感时，观众会更容易沉浸在剧情中，与剧中人物同呼吸、共命运，感受到剧情的张力和魅力，从而获得更加丰富、深刻的观赏体验。

2. 传递积极的价值观念

优秀的校园剧往往能够通过审美情感的传递给人带来美的享受，还能够传递积极的价值观念，对人们的思想和行为产生深远的影响。一部优秀的艺术作品，无论是文学、电影、绘画还是戏剧，都能够通过触动观众的内心，引发他们的情感共鸣，从而潜移默化地传递出积极的价值观念。例如，一部讲述主人公在困境中坚持不懈、努力奋斗最终取得成功的电影，观众在为主人公的坚韧精神所感动的同时，也会受到鼓舞，在自己面对困难时更加勇敢和坚定。

审美情感的传递往往是通过生动的形象和动人的情节来实现的。以校园剧为例，剧中可能会展现同学之间相互帮助、共同进步的场景，这种友爱的情感能够让观众感受到团结的力量和友情的珍贵，从而在现实生活中更加珍惜身边的朋友，乐于帮助他人。又如，在一部关于追求梦想的校园剧中，主角为了实现自己的理想而克服重重困难，这种对梦想的执着追求能够激发观众内心的渴望，让他们明白只要有梦想并为之努力，就有可能实现。

当观众在欣赏作品时，对角色的遭遇产生同情，对他们的喜悦感同身受，这会使人们更加关注他人的感受，学会换位思考，从而在社会交往中更加友善和包容。同时，通过情感传递积极的价值观念，还有助于塑造良好的社会风气。当越来越多的人从艺术作品中接收到正能量，整个社会的价值观也会朝着积极的方向发展。人们会更加注重诚信、善良、努力和奉献，这些价值观念的传播和践行，将促进社会的和谐与进步。

审美情感是传递积极价值观念的有效途径。它能够以一种润物细无声的方式，深入人心，引导人们树立正确的价值观，追求美好的生活，为社会的发展注入积极的力量。

3. 推动校园剧的创新发展

在当今多元化的文化环境中，校园剧作为一种独特的艺术形式，正不断展现其魅力与活力。而审美情感的作用不可小觑，它成为推动校园剧创新发展的重要动力。

审美情感赋予了校园剧独特的吸引力。校园生活本就充满了青春的朝气与梦想，当这些元素通过校园剧得以展现时，观众能够感受到那份纯真、激情和成长的力量。这种情感共鸣让校园剧在众多艺术形式中脱颖而出。例如，一部描绘学生为了参加校园文艺比赛而团结协作、克服困难的校园剧，观众在欣赏过程中会被学生的热情和执着所打动，产生积极向上的情感体验。

审美情感促使校园剧在内容上不断创新。为满足观众日益多样化的审美需求，校园剧的创作者们不断挖掘新的主题和故事。不再局限于传统的校园师生情和友情，开始关注学生的心理健康、科技创新、社会责任感等更具深度和现实意义的话题。比如，以学生如何应对网络时代的信息过载和社交压力为主题的校园剧，引发观众对于当代学生生活状态的深入思考，也为校园剧的内容拓展提供新的方向。

在表现形式上，审美情感也推动着校园剧的变革。观众对于美的追求促使校园剧在舞台设计、灯光音效、演员表演等方面精益求精。通过运用先进的舞台技术，营造出更加逼真和富有感染力的场景，让观众仿佛置身于校园的真实环境中。同时，演员也更加注重情感的细腻表达，通过精湛的表演技巧传递角色的内心世界，使观众能够更加深入地理解剧情和人物。如在一部校园剧中，为了表现学生内心的挣扎与成长，采用了现代舞的形式来替代传统的台词表达。舞蹈动作的张力和节奏感，更强烈地传递出角色复杂的情感，给观众带来全新的审美体验。这种将舞蹈与戏剧融合的方式，突破了以往单纯依靠对话和情节的表现模式，是表现形式上的创新。

审美情感激发校园剧与其他艺术形式的融合与创新。为了给观众带来更加丰富和独特的观赏体验，校园剧开始借鉴音乐、舞蹈、诗歌等艺术形式的表现手法。例如，将音乐剧的元素融入校园剧，通过动人的歌曲和精彩的舞蹈来展现学生的情感起伏和故事发展，极大地增强校园剧的艺术感染力。

审美情感也促使校园剧在传播渠道上进行创新。随着互联网和新媒体的发展，校园剧不再仅仅局限于线下舞台和电视，而是通过网络平台、短视频等新兴渠道进行传播。创作者根据不同传播平台的特点，制作出适合不同受众的校园剧作品，进一步扩大校园剧的影响力和受众范围。

校园剧的审美情感是其不断创新发展的内在动力。它引导着创作者在内容、形式、传播等方面不断探索和突破，为观众带来更多精彩的作品，也使校园剧在文化艺术领域中焕发出更加绚烂的光彩。

（三）校园剧审美情感提升策略

1. 塑造立体丰满的人物形象

（1）深入挖掘人物性格。

在文学、戏剧、影视作品中，人物性格的塑造是核心要素之一。而审美情感在深入挖掘人物性格方面发挥着至关重要的作用，可以使人物形象更加立体、丰富和引人深思。因此，校园剧中的人物形象应该具有鲜明的个性和丰富的内心世界。

审美情感能够敏锐感知人物的外在表现和内在情感，学生作为创作者要深入了解、挖掘人物的性格特点和成长背景，使人物形象更加真实、可信。当欣赏一部作品时，不仅要看人物的行为和言语，更要通过审美情感去感受他们背后所蕴含的喜怒哀乐。例如，在一部校园剧中，一名平时沉默寡言的学生，在面对同学被欺负时挺身而出。通过审美情感，不仅看到他勇敢的行为，更能感受到他内心深处的正义和善良。这种正义和善良或许在平时被他隐藏在沉默之中，但在关键时刻得以爆发。

审美情感还能穿透表面，洞察人物性格的复杂性。人往往不是单一性格的简单集合，而是多种特质的复杂交织。一个看似自私自利的角色，可能在某些特定情境下展现出无私的一面；一个总是乐观开朗的人，也许在夜深人静时会独自承受内心的痛苦。审美情感不满足于对人物的片面理解，而是努力去探究他们性格中那些矛盾和多面的元素。例如，在一部小说中，主人公在追求事业成功的过程中不择手段，但同时又对家人充满关爱和愧疚。这种复杂的性格通过审美情感的挖掘，让读者看到了人性的挣扎和无奈，使人物形象更加真实可信。进一步来说，审美情感有助于揭示人物性格形成的深层原因。一个人的性格并非天生注定，而是受到家庭环境、社会背景、个人经历等多种因素的影响。通过审美情感的引导，可以追溯人物的成长历程，理解他们是如何在种种遭遇中逐渐形成现有的性格特征的。例如，一个性格孤僻的角色，可能是因为童年时期遭受了亲人的冷落；一个充满自信的角色，或许是因为在成长过程中不断得到肯定和鼓励。这种对人物性格根源的探寻，使观众对他们的行为和情感有了更深刻的理解和同情。

审美情感还能够让观众在挖掘人物性格的过程中产生共鸣和思考。当与作品中的人物产生情感上的连接，观众会不自觉地将自己的经历和感受投射到他们身上。可能会从他们的性格缺陷中看到自己的影子，从他们的成长和转变中获得启示。这种共鸣和思考不仅丰富了对人物的理解，也促使对自身和周围的世界进行反思。审美情感是深入挖掘人物性格的一把钥匙。让观众超越表面的观察，走进人物的内心世界，感受他们的复杂情感，理解他们的行为动机，从而使作品中的人物形象具有更强大的艺术感染力和生命力。通过审美情感的作用，能够更加全面、深入地认识和理解人性，丰富精神世界。

（2）展现人物的成长历程。

人物的成长是校园剧的核心主题之一，人物的成长历程体现在其对青春活力的展现上。通过明快的色彩、富有活力的画面和充满朝气的音乐，营造出一个充满希望和梦想的校园氛围。在这样的审美背景下，人物的成长显得更加充满生机和无限可能。例如，一部以校园运动会为背景的校园剧，画面中阳光洒满操场，学生身着鲜艳的运动服，激昂的音乐响起，主角在赛场上从最初的紧张、不自信，到在同学的鼓励下逐渐发挥出自己的潜力，最终取得好成绩。这种通过视觉和听觉元素营造出的积极氛围，为人物的成长提供了有力的衬托。

在人物塑造方面，校园剧善于运用细腻的情感刻画来展现成长。剧中的人物往往会面临各种学业压力、友情考验和青春懵懂的情感困惑。例如，一名成绩平平的学生，在教师的鼓励和自己的努力下，逐渐找到了适合的学习方法，成绩逐步提高。在这个过程中，观众可以看到他内心的焦虑、自我怀疑以及最终克服困难后的喜悦和自信。这种情感的起伏和转变，通过演员精湛的表演和剧情的细腻推进，让观众能够深刻感受到人物在成长过程中的心灵蜕变。

校园剧还常常通过情节的设置来展现人物的成长。例如，组织一场校园文艺演出，主角从最初对自己的才艺缺乏信心，到在筹备过程中不断挑战自我，克服重重困难，再到最终在舞台上大放异彩。这样的情节不仅充满了戏剧性和吸引力，更重要的是，它清晰地呈现了人物在面对挑战时如何一步步突破自我，实现成长。

校园剧的审美还体现在对主题的升华上。不仅仅展现人物在校园中的成长经历，更通过这些经历传达出关于梦想、友情、勇气、坚持等积极向上的价值观。当观众看到剧中人物在成长过程中始终坚守自己的信念，勇敢地追求梦想，他们会从中获得鼓舞和力量，同时对自己的成长有更多的思考和期待。

校园剧以其独特的审美方式，生动地展现了人物在校园这一特殊环境中的成长历程，让观众在欣赏的同时，也能从中汲取成长的智慧和勇气。因此，创作者要通过合理的情节设置，展现人物在校园生活中的成长历程，如从懵懂无知到逐渐成熟、从自我封闭到融入集体、从迷茫彷徨到坚定目标等，让学生不管是作为创作者还是作为观众都可以在人物的成长过程中感受到情感的变化和力量。

2. 构建富有张力的情节

（1）增加情节的冲突和矛盾。

情节的冲突和矛盾是吸引观众的重要因素。在校园剧的创作中，为了吸引观众的注意力并使剧情更加引人入胜，增加情节的冲突和矛盾是至关重要的手段,它能够构建出富有张力的情节,让故事充满活力和紧张感。可以设置人物目标的冲突。例如,在一场校园演讲比赛中,两名主角都渴望获得冠军。一名是成绩优异但表达能力稍逊的"学霸",另一名是口才出众但成绩一般的活跃分子。他们为实现夺冠目标,在准备过程中互相竞争,采取了不同的策略,从而引发一系列矛盾和冲突。

在校园剧中引入价值观的冲突。例如,学校要推行一项新的规章制度,一部分学生认为这有利于提高学习效率和纪律性,而另一部分学生则觉得这限制他们的自由和个性发展。价值观的碰撞会在学生群体中产生激烈的讨论和对抗,为剧情增添张力。

在校园剧中创造情感的冲突。例如,一名学生同时受到两个社团的邀请,一个是他一直热爱但竞争激烈的音乐社,另一个是新成立但成员关系融洽的戏剧社。他在对兴趣的追求和对友情的珍惜之间陷入两难的抉择,内心充满矛盾和挣扎。

在校园剧中设置外部环境与人物的冲突也能增强情节的张力。例如,学校突然面临资金短缺,可能要取消一些课外活动,而此时校园剧社团正在筹备一场重要的演出。学生为保住社团和演出,不得不与学校管理层进行抗争,同时还要想办法筹集资金,解决一系列难题。

在校园剧中还可以设计时间压力的冲突。例如,临近重要的考试,主角却接到代表学校参加紧急的艺术比赛的任务。他需要在有限的时间内兼顾学习和准备比赛,这种时间上的紧迫和任务的艰巨形成了强烈的冲突。

在校园剧中加入意外事件的冲突。例如,在校园运动会前夕,主要运动员受伤,团队需要在短时间内重新调整战术和人员安排,这突如其来的变故给整个团队带来巨大的挑战和压力。

通过巧妙地运用这些冲突和矛盾的元素,校园剧能够构建出扣人心弦、富有张力的情节,让观众始终保持高度的关注和情感投入。

(2)注重情节的逻辑性和连贯性。

在校园剧的创作中,情节的逻辑性和连贯性是至关重要的,它们直接影响着作品的质量和观众的接受程度。逻辑性意味着情节的发展必须符合事物的内在规律和因果关系。

连贯性则要求情节在时间和空间上保持顺畅的过渡,避免出现突兀的跳跃或断裂。例如,在一部校园剧中,前一场景学生正在教室里紧张地准备考试,下一场景如果直接切换到毕业晚会，而没有任何中间的过渡情节，观众就会感到情节脱节，难以跟上故事的发展。

为确保情节的逻辑性，创作者需要在构思时充分考虑人物的动机、行为和后果之间的关系。例如，一名学生决定参加校园歌唱比赛，那么他之前应该热爱音乐并有一定的歌唱基础，而他参加比赛的过程中所遇到的困难和挑战，也应该是基于合理的现实因素，如竞争对手的强大、自身的紧张等。

在保持连贯性方面，可以通过设置明确的线索和过渡情节来实现。例如，以季节的变化作为时间线索，从春天的开学到夏天的期末，让观众能够清晰地感受到时间的推进。或者在场景转换时，使用一些过渡性台词或画面，如"转眼间，一个月过去了"，或者展示校园中标志性建筑在不同时间的景象。

情节的逻辑性和连贯性还需要在细节上得到体现。例如，人物的性格和行为在整个故事中应该保持一致，不能出现前后矛盾的情况。如果一个角色一开始被设定为胆小怯懦，那么他在面对困难时的勇敢就需要有合理的铺垫和转变过程。注重情节的逻辑性和连贯性是打造一部优秀校园剧的基础。只有让观众在观看时感到情节合理、过渡自然，才能使其更好地沉浸在故事中，感受到校园剧的魅力。

3. 深化主题思想

（1）关注社会现实问题。

校园剧不仅要展现校园生活的美好，深化主题思想，还要关注社会现实问题，使校园剧成为反映青少年生活、引发社会思考、推动社会进步的有力艺术形式。

深化主题思想能够使校园剧超越表面的青春故事，触及更深刻的人性、价值观和人生意义。例如，一部校园剧可以不仅仅停留在描绘学生之间的友情，而是通过情感线索，探讨关于自我认同、梦想追求与现实压力之间的冲突等主题。这样深化能让观众在感受青春活力的同时，对自己的人生有更深入的思考。

（2）传递积极向上的价值观念。

主题思想应该积极向上，传递正能量。积极向上的价值观念能够为观众提供精神的滋养和引导。例如，强调努力学习、追求知识的重要性，让学生明白通过不懈的努力可以实现自己的梦想，获取更多的成长机会。这种价值观念可以激励学生在学业上积极进取，培养勤奋刻苦的品质。

校园剧可以传递团结协作的价值观念。通过展现学生在团队活动、社团组织或者集体比赛中的合作经历，让学生明白团队的力量大于个人，只有相互支持、协作配合，才能共同克服困难，取得更大的成就。这有助于培养学生的团队意识和合作能力，使其在今后的生活和工作中更好地与他人合作。

诚信和友善也是校园剧中常见的积极价值观念。剧中角色之间真诚相待、信守承诺的情节，能够让观众感受到诚信的力量和友善的温暖。从而引导学生在日常生活中做到诚实守信，对他人友善关爱，营造和谐美好的校园氛围。

勇敢面对挫折、乐观积极的生活态度也是值得传递的重要价值观念。当剧中人物在面对困难和失败时，不气馁、不放弃，始终保持乐观的心态，努力寻找解决问题的方法，这种精神能够鼓舞学生在遇到挫折时勇敢地站起来，以积极的心态去应对生活中的各种挑战。例如，在一部校园剧中，主角在参加科技竞赛的过程中屡次失败，但他凭借着坚定的信念和不断尝试的勇气，最终成功完成了项目。这个过程传递出不怕失败、坚持不懈的价值观念，让观众深受鼓舞。

校园剧作为一种具有影响力的艺术形式，应当充分发挥其优势，传递积极向上的价值观念，为学生的成长和发展注入正能量，帮助他们树立正确的世界观、人生观和价值观，培养学生的责任感、使命感和创新精神。

4. 运用多样化的艺术表现手法

（1）画面构图与色彩运用。

在校园剧的创作中，巧妙地运用画面构图与色彩能够极大地增强作品的艺术感染力和表现力。画面构图是组织视觉元素的重要手段。在校园剧中，可以通过不同的构图方式来引导观众的注意力和情感。例如，采用对称构图来展现校园的庄严与秩序，比如整齐排列的教学楼、规整的操场等场景，给人一种稳定、和谐的感觉。而运用黄金分割构图则能突出主要人物或重要情节，将观众的目光自然地吸引到故事的核心部分。在拍摄校园活动场景时，如运动会或文艺表演，采用全景构图可以展示出热闹、宏大的氛围，让观众感受到整个活动的规模和活力。对于表现人物之间的情感交流，近景或特写构图能够捕捉到人物细微的表情变化和眼神交流，使观众更深入地理解角色的内心世界。

色彩运用同样具有强大的表现力。温暖的色彩（如橙色和黄色）可以营造出欢快、积极的校园氛围，适合用于表现充满活力的课堂讨论、欢乐的课间活动等场景。而蓝色和绿色等冷色调则能传达出宁静、沉稳的情感，适用于展现图书馆中的学习时光或者校园夜晚的静谧景色。在表现青春的梦想与激情时，可以运用鲜明、强烈的色彩对比（如红色与白色的搭配），来突出人物的个性和情感的澎湃。当描绘校园中的友情和温馨时刻，柔和的粉色和淡蓝色能够营造出浪漫、温馨的氛围。例如，在一部以毕业为主题的校园剧中，毕业典礼的场景可以用金色的阳光洒满校园，象征着毕业生充满希望的未来；而回忆过去的片段则可以采用泛黄的色调，给人一种怀旧、温馨的感觉。

画面构图与色彩运用是校园剧创作中不可或缺的艺术表现手法，能够为作品赋予独特的视觉魅力，更深刻地传达出故事的情感和主题。

（2）音乐与音效的配合。

在校园剧的呈现中，音乐与音效的巧妙配合能起到画龙点睛的作用，极大地增强作品的表现力和感染力。

音乐具有直接触动情感的力量。欢快活泼的旋律可以为轻松愉快的校园场景增添活力，比如课间的嬉戏打闹、社团活动的热闹氛围。激昂的音乐则能在比赛、竞争等情节中激发观众的紧张感和兴奋度，如体育竞赛、知识竞赛等。而舒缓、轻柔的音乐则适用于表现人物内心的沉思、情感的交流，或者校园黄昏时的宁静时刻。

音效的运用能增强场景的真实感和氛围感。比如教室里的粉笔写字声能让观众立刻感受到课堂的氛围；校园广播的声音、上下课的铃声则能明确时间和场景的转换；操场上传来的哨声、欢呼声让体育场景更加生动逼真。

在表现人物的心理活动时，心跳声、呼吸声等音效可以强化紧张、恐惧或激动的情绪。而环境音效（如风声、雨声、鸟鸣声等）能够为校园剧营造出丰富的背景氛围，使观众更有身临其境之感。例如，在考试的场景中，紧张的背景音乐加上时钟滴答滴答的音效，能让观众深切感受到学生的压力和焦虑。音乐与音效的精心配合能够为校园剧创造出独特的听觉体验，丰富剧情的层次，更好地引发观众的情感共鸣，使校园剧更加引人入胜。

（3）镜头语言的运用。

在校园剧的创作中，镜头语言的巧妙运用能够为作品增添丰富的表现力和感染力。

　　镜头的景别选择能够突出不同的重点和情感。特写镜头可以聚焦于人物的面部表情（如一名学生考试前紧张的眼神），细腻地展现人物内心的情感变化。中景适合表现人物之间的互动和交流，比如学生在教室里讨论问题、在操场上一起运动的场景。全景镜头能够展示校园的整体风貌（如宏伟的教学楼、热闹的校园广场），营造出广阔的空间感。

　　镜头的运动方式也能传递不同的情绪和氛围。推镜头可以逐渐拉近观众与被拍摄对象的距离，增强观众的注意力和紧张感，适用于突出关键情节或人物。拉镜头能展现人物所处的环境，给人一种开阔或疏离的感觉。摇镜头可以跟踪人物的移动或展示校园的美景，营造出流畅和连贯的视觉效果。

　　拍摄角度的变化也具有独特的表达效果。仰拍可以使人物显得高大、威严或充满力量，比如拍摄校园中的教师在讲台上激情授课的场景。俯拍则能够展现人物的渺小和脆弱，或者用于展示校园的整体布局，给人一种宏观的视角。

　　镜头的剪辑节奏对于剧情的推进和观众的情感体验也至关重要。快速的剪辑节奏能够营造紧张、激烈的氛围，适用于校园中的比赛、辩论等场景。而缓慢的剪辑节奏则适合抒情、沉思的情节，让观众有足够的时间去感受和思考。例如，在一场校园篮球比赛中，通过快速切换的近景和特写镜头，展示球员激烈对抗的瞬间和紧张的表情，再加上观众欢呼的声音，能够充分调动观众的热情。而在表现一名学生在校园角落独自思考人生方向时，运用长镜头和缓慢的运镜，能够让观众静下心来体会人物内心的迷茫和挣扎。

　　镜头语言是校园剧创作中强大的艺术工具，通过合理运用景别、运动、角度和剪辑等手法，能够生动地展现校园生活的丰富多彩，深刻地刻画人物形象，为观众带来精彩的视觉盛宴。

　　审美情感是人们对美、艺术、情感表达的高度感知和欣赏能力，是情感发展的重要组成部分。校园剧课程作为艺术教育的一种形式，不仅能够让学生在表演中体验和展现情感，更能够通过舞台艺术的熏陶和教育戏剧的实践，培养他们的审美情感，使他们在欣赏和创作艺术作品时，能更深入地理解和表达内心世界。

　　在校园剧的排练与表演中，学生接触到丰富的艺术元素（如音乐、舞蹈、绘画、诗词等），这些元素共同构建了舞台艺术的美学基础。通过学习和使用这些艺术手法，学生逐渐建立起对美的感知能力，他们开始理解如何通过色彩、节奏、旋律来营造氛围，如何通过肢体语言、面部表情来传达情感。这种对美的敏感与领悟，不仅在校园剧的表演中起到关键作用，也扩展到了他们的日常生活，使得他们在面对文学、电影等其他艺术形式时，能以更细腻和深入的方式去欣赏和解读。

校园剧课程的创新与实践，鼓励学生尝试不同的艺术风格和表达方式，如现代舞的抽象表达、古典音乐的优雅旋律，或是融合多种艺术形式的跨界作品。这种多元化的艺术体验，有助于开阔学生的审美视野，培养他们对不同艺术流派的包容和理解，提高他们的艺术鉴赏能力。同时，通过在舞台上实践这些艺术形式，学生得以将理论知识转化为实践，进一步提升他们的审美情感。

在角色扮演中，学生不仅要理解角色的内心世界，还要通过艺术化的手段将其展现出来。这要求他们深入挖掘角色的情感深度，同时将这些情感以舞台艺术的方式表现出来。通过这样的过程，学生不仅能够体验到角色的喜怒哀乐，还能够在情感表达中搭建艺术与情感的桥梁，使情感得以升华，从而进一步提升他们的情感表达技巧和艺术表现力。

在社区共建的实践中，校园剧往往与社区的文化传统、价值观紧密相连，学生在创作和表演时，不仅要有艺术的创新，还要尊重和传递社区的审美情感。这种互动让校园剧成为连接社区与学校、传统与现代的纽带，学生在参与中，不仅提升了自身的审美情感，也增强了对社区文化的理解与认同。

在星教育理念的引领下，校园剧课程的评价体系鼓励对审美情感的考量，教师不仅关注学生的表演技巧，还重视他们对美的感知和艺术表现的创新。通过反思和讨论，学生可以学习如何评价自己的表演，如何将情感与艺术形式完美融合，从而提升他们的审美能力。

校园剧通过提供丰富的艺术体验、多元化的实践机会以及社区文化的融合，有效提升了学生的审美情感。在舞台上，学生得以在理解和表达情感的同时，培养对美的感知与欣赏能力，这不仅提升了他们的艺术素养，也为他们未来情感生活和审美追求打下了坚实的基础。在星教育理念的照耀下，校园剧成为学生们审美情感成长的一座璀璨灯塔，引导他们走向更广阔的艺术与情感世界。

四、情感调节与管理能力的发展

(一)校园剧对情感调节与管理能力发展的作用

校园剧作为一种富有教育意义和艺术魅力的活动形式,对学生情感调节与管理能力的发展具有多方面的积极作用。

提供情感体验与认知的平台。校园剧中丰富多样的角色和情节,为学生提供广泛的情感体验机会。学生通过扮演不同性格、背景和经历的角色,能够亲身体验到各种复杂的情感,如喜悦、悲伤、愤怒、恐惧等。直接情感体验有助于学生更深入地理解和认识不同情感的特点和表现形式。例如,在扮演一名因考试失利而失落的学生角色时,能够切实感受到挫折带来的沮丧和失落,从而增强对这种情感的认知。同时,校园剧的创作和表演过程也促使学生去思考角色情感产生的原因和背景,进一步加深对情感的理解。他们需要分析角色所处的环境、人际关系以及所面临的挑战,从而明白情感是如何受到外部因素的影响和触发的。

培养情感表达能力。校园剧为学生提供一个安全且富有创造性的练习空间和展示情感的表达舞台。在表演中,学生需要运用肢体语言、面部表情、声音语调等多种方式来准确传达角色的情感。通过不断的排练和尝试,他们能够逐渐掌握如何有效地运用这些非语言和语言的手段来表达情感,使情感表达更加清晰、生动和富有感染力。例如,一名学生在表演中学会了通过微微颤抖的双手和湿润的眼眶来表现紧张和不安,或者通过激昂的语调来表达兴奋和激动。此外,与其他演员的互动和合作也要求学生能够及时、准确地回应他人的情感表达,并协调自己的情感输出,从而培养了在团队中进行情感交流和表达的能力。

促进情感调节能力的提升。参与校园剧不可避免地会遇到各种压力和挑战。如紧张的排练进度、表演时的失误、观众的负面评价等,这些情况为学生提供了锻炼情感调节能力的机会。当面临紧张和焦虑时,学生需要学会运用各种方法来缓解这些负面情绪,如深呼吸、积极地自我暗示、专注于表演等。通过不断应对意外情况,逐渐学会在压力下保持冷静,有效地调节自己的情绪状态。校园剧中角色的经历也可以为学生提供情感调节的范例。学生可以从角色在面对困难和挫折时的应对方式中汲取经验,学会如何以积极的心态和策略来应对生活中的负面情绪。例如，看到剧中角色在遭遇失败后能够迅速调整心态，重新振作，学生也能够受到启发，在自己遇到类似情况时尝试采用相同的方式来调节情感。

增强情感管理能力。在校园剧的创作和表演过程中，学生需要对自己和他人的情感进行有效的管理。首先，学生需要对自己的情感投入进行控制，避免过度沉浸于角色的情感而影响自身的情绪状态。这需要学生学会在表演结束后能够迅速地从角色情感中脱离出来，恢复到正常的心理状态。其次，在团队合作中，学生需要关注其他成员的情感状态，协调彼此的情感需求，以确保整个团队能够和谐、高效地完成任务。例如，当有学生因为排练压力过大而情绪低落时，其他同学能够给予关心和鼓励，共同调整团队的情感氛围。通过这些经历，学生能够逐渐学会感知、理解和应对自己及他人的情感，从而提升情感管理的能力。

培养积极的情感态度。校园剧通常传递着积极向上的价值观和情感态度，如勇敢面对困难、珍惜友情、关爱他人等。学生在参与校园剧的过程中，会受到这些积极情感的熏陶和感染，逐渐培养起乐观、自信、坚韧等良好的品质。例如，一部讲述同学们共同努力克服校园活动中种种困难的校园剧，能够让学生体会到团结协作的力量和坚持的价值，从而在日常生活中也保持积极的情感态度，勇敢地面对各种挑战。

校园剧在学生情感调节与管理能力的发展中发挥着重要的作用，通过提供丰富的情感体验、培养表达和调节能力、增强管理意识以及塑造积极的情感态度，为学生的情感健康和全面发展奠定了坚实的基础。

（二）校园剧促进情感调节与管理能力发展的途径

1. 剧情设计与情节编排

教师引导学生在剧情设计和情节编排上，有意识地融入情感调节与管理的元素。例如，设置一些在角色面对挫折和困难时，通过自我激励、寻求帮助、改变认知等方式成功调节情感的情节，让学生潜移默化地学习到情感调节与管理的技巧。

2. 角色塑造与性格刻画

塑造具有积极情感调节与管理能力的角色形象，通过展现他们在面对情感问题时的坚定、乐观和智慧，为青少年观众树立榜样。也可以通过刻画角色在情感调节与管理方面的成长过程（如从最初的冲动、情绪化到逐渐学会理智地控制和调节情感），增强他们培养自身能力的信心和动力。

3. 主题探讨与价值引导

校园剧可以以情感调节与管理为主题，深入探讨相关的话题，如情绪的表达与控制、压力的应对、人际关系中的情感处理等。通过剧中角色的经历和思考，树立正确的情感观念，认识到情感调节与管理对个人成长和幸福的重要性，激发学生主动培养和提升这方面能力的意愿。

情感调节与管理能力是星教育理念中学生发展的重要组成部分，校园剧作为教育实践的载体，为学生提供了自我认知与情感控制的宝贵平台。在排练与表演过程中，学生不仅体验到各种情感，还"通过角色扮演和情景模拟学习如何适当地表达和处理情绪，从而培养了情感智慧"①。

在校园剧的舞台上，学生需要扮演各种角色，从英雄到反派，角色的多样性要求他们理解和模拟不同的情感反应。这不仅锻炼了他们的情感模仿能力，更让他们能够在实际情境中体会和学习如何适当地表达情感。例如，扮演悲剧角色时，学生需要学会控制自己的哀痛，以真实而不夸张的方式呈现角色的内心世界，这有助于他们在现实生活中处理困难情绪时，也能保持适当的情绪表达。

除了表达，情感管理也包括理解和接纳自己的情绪。在排练过程中，学生需要反思角色的情感动机，这可能引发他们对自身感受的探索。通过讨论角色的内心挣扎，学生学会识别并接纳自己的情感，这对他们的情感健康至关重要。例如，如果一个角色经历了背叛，学生在探讨角色的愤怒和失望时，也会反思自己在类似情境下的反应，从而更好地理解自己的情绪反应。

校园剧还提供了情感调节的实践机会。在表演过程中，学生需要在情绪的起伏中保持角色的一致性，这就需要他们学会在情感波动时，保持表演的稳

①尹少淳. 新版课程标准解析与教学指导［M］. 北京：北京师范大学出版社，2022：25.

定。例如，在一场激烈的冲突场景中，他们需要在愤怒和挫败中保持角色的一致性，这对他们来说是一个挑战，但也是提升自我控制能力的绝佳机会。

教师的角色在这个过程中尤为关键。教师引导学生讨论角色的情感动态，鼓励他们探索角色的内心世界，同时提供实用的技巧来帮助学生管理舞台上的情绪。例如，教师可能会教授深呼吸、冥想或者角色转换的方法，帮助学生在不同的情感状态之间切换，以保持表演的流畅。

在校园剧的社区共建活动中，学生与观众的互动，为他们提供了将情感管理技巧应用于实际社交场景的机会。学生学会如何调整自己的情绪，以适应不同的社交环境，比如在面对观众的掌声和批评时，他们需要学会控制自己的情绪反应，保持专注。

通过校园剧的实践，学生的情感调节与管理能力得到了显著提升。他们不仅在表演中体验和理解了各种情感，还学会了在情绪的波动中保持平衡，适当地表达和控制情感。这种能力不仅对于艺术表演至关重要，也在他们的日常生活、学习和人际关系中发挥着重要作用，帮助他们在面对复杂情感挑战时，能够自信地应对，成为情感智慧的拥有者。在星教育理念的照耀下，校园剧成为培养情感调节与管理能力的璀璨舞台，引领学生走向更加成熟、理智的情感人生。

第二节　智慧之光：校园剧对学生认知发展的促进

一、知识的整合与应用

在星教育理念的指导下，校园剧不仅是一门艺术课程，更是学科知识整合与应用的有效载体。通过戏剧的实践，学生在角色扮演、剧本创作以及舞台设计等环节，将所学的语文、历史、科学、社会学等多学科知识进行有机融合，并用于实际情境中，从而实现知识的深化理解和灵活运用。

学生在创作和改编剧本时，会深入挖掘道德与法治事件、文学作品或科学知识，这促使他们主动学习与研究，从而提升对相关学科的理解。例如，学生可能"需要从科学角度解析一个现象，以便准确地在剧本中呈现"①。这样的过程促进了深度学习，使知识不再孤立，而是成为一个相互联系的整体。

角色扮演是知识应用的直接体现。学生在扮演文学人物时，不仅要了解其生平事迹，还要揣摩其心理状态，这需要他们将文学与心理学知识相结合。科学剧则要求学生利用科学原理，通过戏剧化的方式来解释复杂的科学概念，这既考验他们的学科知识，又锻炼了他们将抽象概念具象化的能力。

舞台设计环节是知识整合的又一实践平台。学生需要利用美术、物理、数学等知识来构建场景，如计算舞台尺寸、设计舞台布局，或者使用光学原理来调整灯光以营造特定氛围。这不仅锻炼了他们的动手能力，也使得艺术与科学在实践中交汇，形成一种跨学科的创新思维。

校园剧还鼓励学生在表演中融入当前社会热点问题，如环保、科技发展等。通过对这些问题的戏剧化呈现，学生将社会学理论和社会现象相结合，进行讨论和反思，这有助于他们培养批判性思维和解决实际问题的能力。

在表演过程中，学生间知识的分享和讨论也进一步促进了学习。他们互相学习，以不同视角审视同一个问题，这不仅丰富了知识理解，还培养了协作探究的技能。教师的引导在此过程中则起着关键作用，他们通过引导学生讨论剧本内涵、角色动机，以及如何将知识有效地融入表演，帮助学生深化对课程内容的理解。

通过校园剧，学生的知识整合与应用能力得到了显著提升，他们不再仅仅是知识的被动接受者，而是成为知识的探索者和创造者。这种实践性的学习方式不仅提升了学生对学科知识的兴趣，也培养了他们将理论与实践相结合的能力，为未来的学习和职业生涯打下了坚实的基础。在星教育理念的指导下，校园剧成了一个知识创新与应用的璀璨舞台，激发了学生探索知识的热情，让他们在实践中成为知识的主人。

二、思维能力的锻炼与提升

在星教育理念的推动下，校园剧不仅是艺术技能的训练场，更是锻炼思维能力的重要平台。学生在剧本创作、角色扮演和舞台实践中，其创新思维、批判性思维和解决问题的能力得到了深入的锻炼和提升，这些能力对于他们的未

---

① 中华人民共和国教育部. 普通高中美术课程标准［M］. 北京：人民教育出版社，2020：43.

来学习和生活具有长远影响。

剧本创作环节是创新思维的生动实践。学生在编写或改编剧本时，需要激发想象力，构思新颖的情节，塑造有趣的角色，这些都极大地促进了他们的创新能力。他们学习如何将知识、生活经验与个人想象相结合，创造出独特的故事情节，这种创新思维的培养有助于他们在未来面对挑战时能提出独特且富有创意的解决方案。

批判性思维在剧本分析和角色解读中得到锤炼。通过分析剧本，学生学会了从多个角度分析问题，理解角色的动机，甚至挑战传统的观点，培养了他们的批判性思维。在角色扮演时，学生需要将复杂的心理活动和冲突转化为舞台表现，这就要求他们思考如何以最恰当的方式表达角色的内心世界，从而对人性和社会现象有了更深的理解。

舞台实践环节则提供了实践和解决问题的机会。学生在排练过程中，可能会遇到各种意想不到的挑战，如表演技巧的学习、道具的制作、舞台布局的调整等。这些都需要他们运用已有的知识和技能，运用创造性思维来寻找解决方案。这种即时的问题解决能力，有助于他们在未来面对生活中的不确定性时，能够灵活应对，迅速找到解决问题的方法。

团队协作中思维能力的提升也不容忽视。学生在排练和表演中需要与他人沟通，共同解决问题，这要求他们学会倾听、理解他人的观点，并能整合团队资源，共同达成目标。这些经历有助于他们发展协作思维，培养良好的团队合作精神，这对于未来无论是学术研究还是职业生涯都是至关重要的。

在教学评价环节，教师应侧重于评价学生的创新思维和批判性思考的表现，鼓励他们挑战既定框架，提出新颖的观点，而不是仅仅关注表演技巧的表面呈现。通过反思和讨论，教师可以引导学生认识到思维过程的价值，从而激发他们在日常学习中更加注重思维的锻炼。

星教育理念下的校园剧，通过剧本创作、角色扮演、舞台实践和团队合作，全方位地锻炼了学生的思维能力，培养了他们的创新思维、批判性思考和解决问题的能力。这不仅提升了他们的艺术素养，更对他们未来学术、职业乃至生活中的批判性思考和问题解决能力产生了深远影响。在校园剧的舞台上，思维的火花与艺术的光芒相交织，共同照亮了学生的成长之路，为他们成为具有创新精神和批判性思维的公民奠定了基础。

三、语言与文字能力的发展

校园剧作为一种实践性极强的课程形式，对于学生语言与文字能力的提升具有深远的影响。在星教育理念的引领下，校园剧不仅要求学生掌握基础的语言表达技巧，还鼓励他们通过剧本创作、角色对话以及表演中对语言的丰富运用，来提升他们的语言敏感度、文字表达能力和创意写作能力。

剧本创作是语言与文字能力的重要训练场。在编写剧本过程中，学生需要精准地选择词语，构建清晰的句子，以有效地传达人物性格、情感和故事线索。这不仅锻炼了他们的文字组织能力，还促使他们深入理解词语的内涵和外延，增强了语言的丰富性和准确性。此外，剧本创作还要求他们运用对话来展现人物性格和推进剧情，这训练了他们的对话写作技巧，使他们能更自如地在实际交流中运用这些技巧。

角色扮演中的语言表达是语言与文字能力的生动实践。学生在扮演角色时，需要准确模仿角色的口音、语调和说话方式，这不仅提高了他们的语言模仿能力和语境理解能力，还增强了他们对不同语言风格的感知。通过角色之间的交流，学生学习如何在不同情境中使用得体的语言，这使他们在实际生活中也能更加自如地适应不同社交场合的交流需求。

舞台表演还促进了学生语言表达的自信与流畅。在舞台上面对观众，学生需要克服紧张，清晰、生动地传达台词，这在增强语言表达能力的同时，也锻炼了他们的公共演讲技巧。学生学会了利用肢体语言、面部表情和声音变化来增强语言的表达力，这在未来的演讲、报告或辩论中都将大有裨益。

校园剧课程的评价环节也对语言与文字能力给予了足够的重视。教师不仅评价学生的表演技巧，还关注他们的剧本创作质量，包括语言的精确性、对话的真实性和故事的连贯性。这种评价方式让学生对文字产生敬畏之心，从而在日常学习中更加注重语言文字的精确运用。

校园剧还提供了对文学作品的深度解读和再创作的机会。学生在改编文学作品时，需要深入理解原著的文学价值，挖掘文本的深层含义，这提升了他们对语言艺术的鉴赏能力。同时，他们将这些理解和创新融入剧本，进行再创作，这进一步锻炼了他们的创意写作与批判性思维。

在社区共建中，校园剧的剧本往往与当地文化、历史紧密相连，学生在创作剧本时，会"融入这些元素，这不仅增强对地方文化的理解，也提升在写作中融入文化元素的能力"①。学生学会了以文字为媒介，表达对社区历史、文化的尊重和传承，这有助于他们形成良好的文化素养。

在星教育理念的指导下，校园剧通过剧本创作、角色扮演和舞台表演，全方位地提升了学生的语言与文字能力，使他们成为善于表达、具备丰富词汇量和良好写作能力的个体。这些能力不仅在艺术表演中发挥着关键作用，而且在未来的日常生活、学术研究和职业生涯中都将使学生受益无穷。在校园剧的舞台上，语言的韵律与文字的魔力交织，照亮了学生语言与文字能力提升的道路，为他们未来成为有深度、有广度的沟通者铺平了道路。

四、学习策略与方法的掌握

随着校园剧课程的深入，学生不仅在表演技巧上有所提升，还通过实际操作和情景模拟，逐渐掌握了多样化的学习策略与方法。这些策略与方法不仅适用于戏剧艺术的学习，更能够在他们的学习生活中发挥长远效应，帮助他们成为自主、高效的学习者。

学生通过剧本创作和角色分析，学习了如何进行深度学习和批判性思考。他们必须挖掘文本的深层含义，理解角色的动机，甚至挑战传统的解读。这样的过程锻炼了他们的信息处理能力，使他们学会了如何从多角度分析问题，如何质疑和探究，这些都是深度学习的核心要素。此外，角色扮演中的内心戏份揣摩，也促使学生发展出角色扮演式学习法，通过模拟不同情境，更深入地理解复杂概念。

在剧本排练中，学生学习了合作学习和团队管理。他们必须协调不同角色的行动，解决合作中的冲突，分配任务，这些是在现实生活中也需要的团队协作能力。通过共同做排练计划，学生学会了设定目标，管理时间，以及在压力下保持进度，这些都是高效学习策略的体现。

技术环节（如灯光与音效的管理）也培养了学生的系统思维和解决问题的能力。他们需要根据剧情需要，合理选择和操作设备，这要求他们理解设备的功能，预测影响并及时调整，这些技能同样适用于学术研究和解决生活中的问题。学生通过实践，学会了如何在复杂环境中运用系统思维，高效地完成任务。

---

① 尹少淳. 尹少淳谈美术教育［M］. 北京：人民美术出版社，2016：62.

同时，反思和评价在校园剧课程中占有重要位置。学生不仅要反思自己的表演，还要对剧本、角色及团队表现进行评价，这促使他们形成自我反馈和评价的习惯，这是培养自主学习能力的关键。学生学会了从不同角度评价工作成果，如何接受和处理批评，这对于他们日后的学习和职业发展具有重要意义。

在社区共建的实践中，学生学会了如何将所学知识应用于实际，进行跨学科整合。他们可能要创作与社区历史或文化相关的剧本，这需要他们结合历史、文学、地理等多学科知识，锻炼了他们的综合分析和应用能力。这种以问题为导向的学习，有助于学生形成跨学科的学习习惯，提升全面解决问题的能力。

星教育理念强调的不仅仅是艺术技能的提升，更是学习策略与方法的培养。校园剧课程通过实践，让学生在戏剧艺术的舞台上，体验了一种不同于传统课堂的学习方式，培养了他们自主、创新、合作和系统化的学习策略，为他们未来的学术研究、职业生涯以及终身学习打下了坚实的基础。在校园剧的舞台上，学生在表演艺术的光芒中，也找到了学习的智慧之光，照亮了他们通往自主学习的道路。

第三节　品格之树：校园剧对学生品格发展的塑造

一、责任感与担当意识的培养

在学生发展过程中，责任感与担当意识的培养是校园剧对学生品格塑造的关键环节。通过角色扮演和舞台实践，学生不仅学习到表演技巧，更重要的是在模拟现实情境中培养了对他人和社会的责任感，以及在困难面前的担当精神。

校园剧中的角色扮演让学生承担起塑造人物、传递故事的重任。每个角色都有其独特的背景和任务，学生在扮演这些角色时，必须理解并尊重角色的使命，这无形中培养了他们对角色身份的认同感和责任感。例如，扮演历史人物时，学生需要理解该人物在历史进程中的地位和责任，这种体验让学生意识到每个人在社会中都有其独特的职责和影响力。

"舞台排练和表演过程中，学生需要遵守团队规则，尊重他人，承担起自己的角色任务。"①学生了解到，每个角色的缺失都会影响整个剧目的完整性，这让他们明白个人在集体中的重要性，以及团队合作中每个成员的责任。在解决排练中出现的问题时，学生学会了主动承担责任，寻找解决方案，这有助于他们培养面对困难时的担当精神。

教师在校园剧课程中的角色引导，也对培养学生的责任感起着关键作用。教师要求学生不仅要完成角色的表演，还要参与剧本的创作和修改、道具的制作、排练的组织等，这些活动让学生意识到，教育戏剧的成功不仅仅是个人的表演，更是集体努力的结果，这强化了他们的集体责任感。

在社区共建的实践中，校园剧往往与社区的历史、文化紧密相连，学生在研究和创作剧本时，需要关注社区的发展和需求。这使他们意识到自己作为社区成员的责任，激励他们以实际行动参与社区的建设（如通过戏剧表演传播正能量），提高社区文化水平。通过这种方式，他们学会了将个人的才华与社会的需求相结合，形成对社会责任的深刻理解和担当。

校园剧的评价体系也注重对责任感的考量。教师会观察学生在团队中的表现，评价他们是否能主动承担任务，尊重并支持同伴，以及如何看待和处理角色中的冲突和责任。这种评价方式让责任感成为学生教育的一部分，促使他们在日常生活中也能做出负责任的行为。

在星教育理念的引导下，校园剧课程不仅让学生体验了艺术的魅力，更在实践中塑造了他们对个体与集体、过去与未来、个人与社会的责任感，以及在困难面前的担当精神。这种品格的塑造对于学生的成长至关重要，不仅影响着他们在学校的表现，更会在他们的人生道路上留下深刻的烙印，为他们未来成为有责任感、有担当精神的公民打下坚实基础。在校园剧的舞台上，每名学生都学会承担责任，成长为有担当的未来之星。

二、毅力与坚持精神的锻炼

在校园剧的实践中，毅力与坚持精神的锻炼是学生品格塑造中不可或缺的一环。无论是剧本的反复修改，还是角色的深度塑造，抑或是舞台技巧的磨炼，每个环节都考验着学生的毅力和坚持精神。在星教育理念的指引下，学生

---

① 韩生，胡佐. 舞台设计概论 [M]. 北京：文化艺术出版社，2008：21.

在困难与挑战中，逐步养成了坚韧不拔的品格。

在剧本创作过程中，学生可能会面临创意枯竭、情节转折复杂等挑战，需要反复推敲，不断修改。这种反复打磨的过程，锻炼了他们面对困难时不轻言放弃的毅力，也使他们懂得了成功往往源于无数次的修正与改进。学生在每次挫败后重新站起来，持续改进，这是毅力和坚持精神在文学创作中的生动体现。

塑造角色同样需要毅力。学生为了确保角色逼真，需要进行大量的角色研究，无论是历史人物的生平事迹，还是文学作品中的性格描绘，都需要他们投入时间和精力。在一次次的排练中，他们不断地练习、改进，模仿角色的动作、语音和神态，这需要极大的毅力和持之以恒的练习。每次练习，都让角色更加鲜活，也使学生更加坚定，不畏艰难。

提升舞台技巧是另一个毅力的试炼场。无论是舞蹈、歌唱，还是演技，都需要长时间练习，以达到炉火纯青的境地。学生在每次排练中，从基础的发音、呼吸，到复杂的动作、表情，都需要不断重复，直到它们成为自己的一部分。这种反复的练习，是对学生毅力和耐心的考验，同时培养了他们面对挑战的坚韧精神。

教师在这一过程中扮演了重要的角色。教师应鼓励学生在遇到困难时不要放弃，教导他们如何面对挫折，如何将失败转化为成功的动力。教师的引导和激励为学生提供了坚持下去的动力，使他们在困难中找到了继续前行的理由。

在社区共建的项目中，校园剧往往需要与社区成员紧密合作，这要求学生在团队中展现出坚韧不拔的品格，共同努力完成目标。学生不仅要克服个人的困难，还要协调团队内部的矛盾，这进一步锻炼了他们的抗压能力和团队精神。

校园剧的评价体系也重视毅力与坚持精神的体现。除了表演技巧和舞台表现，教师还会关注学生在排练中的投入程度、遇到困难时的应对方式，以及他们是如何在持续的努力中提升自己的。这种评价方式让毅力和坚持精神成为评价学生品格的重要因素，使他们在日常生活中也体现出坚韧的一面。

在星教育理念的引领下，校园剧课程让学生在实际体验中领悟到毅力与坚持的价值。学生在克服困难、挑战自我中，逐渐形成了坚韧不拔的品格，这不仅有助于他们在艺术道路上走得更远，也为他们未来的生活和事业打下了坚实的基础。在校园剧的舞台上，学生的坚韧与毅力如同星辰般闪耀，照亮了他们成长的道路，培养他们成为在挑战中勇往直前的未来之星。

三、自信与自尊的建立

自信与自尊是品格之树中尤为重要的两片绿叶，它们在校园剧的实践中得到了精心的灌溉和滋养。学生在角色扮演、舞台表演以及社区参与中，逐步建立起对自己的信任与尊重，这不仅影响着他们的艺术表现，也塑造了他们未来社会交往和心理健康的核心素质。

在角色扮演的过程中，学生扮演着各种各样的人物，从英雄到平凡者，从胜利者到失败者。每次尝试，都是对他们自身潜力的挖掘和认可。他们学会了正确把握角色的性格特征，"通过肢体语言和语音表达来塑造角色的个性，这极大地增强了他们的自我认知和自我表现能力"[①]。每一次成功的角色塑造，都是对自我能力的肯定，从而提升他们的自尊。同时，面对失败，学生也能从中汲取经验，调整自己的表演方式，这种韧性反过来强化了他们的自信。

舞台表演是自信与自尊的试金石。学生在聚光灯下，面对观众，将所学的表演技巧和对角色理解转化为舞台上的生动表演。每阵喝彩，都是对他们努力的肯定，这无疑增强了他们的自信心。同时，学生也学会了接受批评，将之转化为提升自己的动力。舞台上的每次演出，都是他们自信和自尊的见证，让他们在面对未来挑战时，能更加从容不迫。

校园剧与社区共建的结合，进一步巩固了学生的自信与自尊。他们将校园剧带入社区，通过戏剧与社区成员交流，分享他们的艺术成果。这不仅让学生感受到自己的价值，也让他们在为社区服务的过程中，体验到自我价值的实现。学生在社区活动中，逐渐明白他们的贡献是有价值的，这无疑极大增强了他们的自尊心。同时，社区的反馈和互动也激励着他们提升自我、增强自信，形成一个良性循环。

教师在这一过程中扮演了不可或缺的角色。他们积极肯定学生的努力，为学生提供反馈和指导，帮助他们克服自我怀疑，鼓励他们相信自己的能力。教师的鼓励和信任，成为学生建立自信与自尊的基石。

在星教育理念的引导下，校园剧课程通过角色扮演、舞台表演以及社区参与，为学生提供了孕育自信与自尊的土壤。学生在实践中不断挑战自我、认可

---

① 潮阳. 中国歌剧的唱法与舞台表现研究［M］. 北京：中国水利水电出版社，2019：39.

自我,实现了内心深处的自我价值认同。自信与自尊的种子在校园剧的舞台上生根发芽,最终成长为学生人格中的璀璨星辰,指引他们在未来的人生道路上勇往直前,实现自我价值,成为星光照耀下自信与自尊的未来之星。

四、诚信与自律意识的发展

诚信与自律是品格教育中的重要支柱,校园剧作为课程整合的实践平台,为学生提供了塑造这些品格的绝佳机会。在排练与表演过程中,学生通过角色扮演与现实生活情境的模拟,理解诚信与自律的重要性,从而形成了他们对自身行为的高标准要求。

在校园剧的剧本中,角色常常面对道德选择(如诚实与欺骗、遵守规则与违反纪律等),学生在揣摩角色时,自然会反思这些行为背后的道德意义。例如,当扮演一个因为诚实而面临困境的角色时,学生需要理解诚实的道德价值,并在现实生活中模仿这种行为,这有助于他们在面对生活中的道德抉择时,选择诚信的路径。

舞台表演本身就是一个自我约束的过程。学生需要遵守排练时间,对角色的揣摩意味着他们必须投入时间和精力进行准备,这培养了他们的自律意识。同时,无论是排练还是正式演出,学生都需保持专注,避免分心,这进一步强化了自我管理能力。例如,在长时间的排练中,学生学会了抵制诱惑,专注于角色的塑造,这种自律性在日常生活中也尤为重要。

校园剧课程强调团队合作,学生在共同创作和表演时,必须遵守团队规则,这同样需要诚信和自律。他们必须信任并尊重队友,共同完成任务。如及时完成剧本修改、准时参加排练等培养了他们的团队精神和对承诺的尊重。例如,当团队成员因个人原因无法履行职责时,其他成员可能会选择承担额外的工作,这体现了学生对团队的责任感和诚信承诺。

戏剧教育家经常采用反思活动,帮助学生在表演后回顾和分析自己的行为,这在诚信与自律的培养中起着关键作用。学生在反思过程中,会意识到自己的言行对他人和社会的影响,从而学会对自己的行为负责。例如,通过讨论角色的道德选择,学生可以反思自己在类似情况下会如何行动,进而提升他们的道德观念与判断力。

教师在这一过程中起到引领的作用,他们不仅通过课程设计引导学生思考诚信与自律的价值,还在日常教学中以身作则。教师会鼓励学生在面对困难时保持诚实，坚持原则，同时指导他们在团队中展现出自律，比如遵守时间、尊重他人等。这种榜样式的教育，进一步强化了诚信与自律的品格培养。

在校园剧与社区共建的实践中，学生将诚信与自律的品格带入更广阔的社会层面。他们通过戏剧向社区传递正面价值观，如诚实守信、遵纪守法；同时在社区活动中展现自律的行为，如遵守公共秩序、积极参与社区活动。这些经历让他们理解诚信与自律不仅关乎个人，也影响到社区的和谐与发展。

在星教育理念的引领下，校园剧通过角色塑造、团队合作和反思活动，为学生提供了实践诚信与自律的舞台，帮助他们理解诚信与自律的道德价值，培养了他们的自律精神和对他人的信任感，为他们的未来人生打下了坚实的基础。在校园剧的舞台上，诚信与自律的品格如同星辰，照亮了学生品格成长的道路，助力他们成为诚信自律的未来之星。

第四节　未来之星：校园剧与学生综合素养的培养

一、艺术素养与审美情趣的提升

校园剧作为一门综合艺术课程，对于提升学生的艺术素养和审美情趣起到了重要作用。在星教育理念的引导下，校园剧将戏剧艺术与多学科知识相结合，通过理论学习与实践参与，激发学生对艺术的热爱，培养他们的审美能力和艺术鉴赏力。

校园剧的剧本创作环节本身就是一种文学艺术的实践。学生"在编剧过程中，不仅要对剧本的结构、人物塑造、情节设计有所理解和掌握，还要学会如何运用文学修辞，如象征、隐喻、反讽等，来增强剧本的艺术性"[1]。这不仅锻炼了他们的语言表达能力，也使他们对文学艺术有了更深刻的理解。

角色扮演是提升表演艺术素养的重要途径。学生在扮演不同角色的过程中，不仅需要了解角色的背景、性格，还要学习如何通过肢体语言、语音语调、面部表情来表现角色的内心世界，这既是对戏剧表演技巧的锻炼，也是对艺术表现力的培养。此外，角色的多样性促使学生去体验不同的人生，从而丰

---

[1] 吴泽涛. 戏剧表演心理学［M］. 广州：广东人民出版社，2022：53.

富他们的艺术体验，增强他们的同理心和情感表达能力。

舞台设计是艺术素养的重要体现。学生在设计与制作布景、服装、道具时，需应用美术、设计等知识，使其创新思维和审美眼光得到延伸。学生学习如何通过视觉元素体现情境和主题，这既提升了他们的艺术审美，也培养了他们的审美情趣，使他们能从不同的角度欣赏和评价艺术作品。

音乐和舞蹈在校园剧中同样占据重要地位。学生可能需要学习特定的舞蹈动作，或者对歌曲进行改编，这需要他们掌握基本的音乐理论和舞蹈技巧。通过这些实践，他们可以欣赏到音乐和舞蹈的艺术魅力，提升对音乐节奏、旋律、舞蹈动作感觉的敏感度，并在表演中展现出对艺术形式的掌握和理解。

校园剧课程的评价也注重对艺术素养和审美情趣的评价。教师会关注学生的剧本艺术性、表演的感染力、舞台设计的创意，以及对音乐和舞蹈的运用。这种评价方式鼓励学生追求艺术的精致与创新，也促使他们在日常生活中更加关注和欣赏艺术作品，从而形成良好的审美习惯。

在星教育理念的指导下，校园剧课程将艺术素养的培养融入日常学习，学生在参与戏剧创作和表演的过程中，不仅提升了艺术技能，而且学会了欣赏和表达美，形成了独特的审美标准，这将对他们的终身发展产生深远影响。

二、沟通与协作能力的发展

在星教育理念的催化下，校园剧不仅是艺术的熔炉，更是人际交往与团队协作的训练场。学生通过校园剧的排练与表演，不仅锤炼了自身的沟通技巧，更在角色扮演与团队互动中培养了高度的协作能力，为他们的未来社交和职场生涯奠定了坚实的基础。

"剧本的编写和角色分配过程中，学生学会了如何有效交流"[1]，提出观点，倾听他人意见。他们理解了良好的沟通不仅是表达的清晰，更是理解的深度。学生练习提出建设性的意见，接纳并整合团队的反馈，这可以提升他们的批判性思考能力，并增强同理心，使得他们能更有效地在团队中发挥作用。

在角色扮演中，沟通与协作的重要性更为凸显。学生通过演绎不同角色，理解角色间的互动，这需要他们学会换位思考，体谅他人的感受，这在现实生活中至关重要。例如，在排练一场冲突戏时，学生需要理解角色之间的矛盾，

---

① 张晓华. 创作性戏剧教学原理与实作 [M]. 上海：上海书店出版社，2011：36.

通过有效的沟通找到解决方案，这对解决日常生活中的冲突同样适用。

舞台实战中的协作更为考验学生。无论是与导演的沟通，还是与其他演员的配合，都需要学生迅速理解其意图，及时调整自己的表现。他们学习如何在实时的表演中迅速做出反应，与团队成员进行无缝对接。这种即时协作的能力在快节奏的现代生活和工作中尤为关键。

教师在校园剧课程中起着桥梁与媒介的作用。他们指导学生如何通过非语言交流（如眼神、肢体动作）来传递信息，这是人际沟通的高级技巧。教师还示范如何通过有效的团队管理，确保排练的顺利进行，这为学生提供了宝贵的团队领导力训练机会。

在社区共建的环节，校园剧往往需要与学校师生以外的群体合作，如家长、社区成员等。这样的合作让学生体验了跨文化、跨年龄的沟通，从而提升了他们的适应性和包容性，使他们学会尊重不同的观点，理解并欣赏多元的文化，这无疑会增强他们在未来社会中的沟通与协作能力。

因此，校园剧课程在提升学生艺术素养的同时，也显著提高了他们的沟通与协作能力。学生在剧本创作、角色扮演、舞台表演以及社区合作中，学会了有效地与他人交流，协调团队行动，这将使他们在未来的学术研究、职业生涯中，无论是与团队共事还是与外界交流，都能展现出卓越的协作精神和沟通技巧。在星教育理念的照耀下，校园剧舞台成为学生沟通与协作能力发展的一颗璀璨星辰，照亮他们通向成功的道路。

三、领导能力与组织能力的培养

在星教育理念的浸润下，校园剧不仅培养了学生的艺术素养与沟通协作能力，还为他们提供了发展领导能力与组织能力的绝佳平台。通过校园剧的实践，学生在团队运作、项目管理以及个人影响力方面得到了全面发展，为未来社会角色的扮演打下了坚实基础。

在剧本创作阶段，学生有机会担任编剧或剧务，负责剧本的整体构思、角色设定和故事情节的发展。这样的角色让他们初步体验到项目管理的复杂性和重要性，学习如何规划时间、分配任务、解决问题，以及掌握整个剧本的质量。这些活动锻炼了他们的计划能力、决策能力和责任意识，这些都是有效领导的基础。

在角色扮演和舞台排练过程中，导演是至关重要的领导角色。学生作为导演，需要引领整个团队，激发演员的潜能，确保排练的高效进行。他们学习如何做排练计划，指导演员表演，解决团队内部的冲突，以及应对各种突发状况。这样的经历让他们在实践中理解领导力的内涵，学会通过引导和激励来实现团队目标。

校园剧的筹备阶段（如筹集资金、准备道具、布置舞台等），都离不开组织者的协调。学生在担任筹办者时，要进行资源调度，与多方沟通合作，确保活动的顺利进行。他们需要展现出良好的组织协调能力，懂得如何分工合作，平衡各方需求，这在很大程度上提升了他们的组织能力，培养其团队协作精神。

校园剧与社区共建的实践，为学生提供了领导力的实践场域。学生可能需要组织社区活动（如戏剧工作坊、剧目公演等），这要求他们具有强大的组织能力，同时要具备社区关系管理的技巧。学生在这样的活动中，学会了调动社区资源，协调不同利益相关者的期望，这无疑对他们的领导能力与组织能力进行了深度提升。

在评价环节，教师不仅评价学生的表演，也关注他们在项目中的领导作用。教师通过观察学生在团队中的互动情况，评价他们的决策水平、问题解决能力以及对团队动态的把握。这种评价机制让领导能力与组织能力成为学生发展的核心指标，鼓励他们在日常学习中展现领导力。

在星教育理念的引领下，校园剧课程"通过剧本创作、角色扮演、舞台排练以及社区实践，全方位地锻炼了学生的领导能力与组织能力"①。学生在实践中不断扮演不同的领导角色，通过实际操作，学会了引导团队，如何处理冲突，进行项目管理，这些能力和经验将在他们未来的人生和职业生涯中发挥重要作用。在校园剧的舞台上，学生在星光照耀下，成长为能够引领团队，善于组织，具备领导力的未来之星。

四、全球视野与多元文化意识的培养

在全球化的背景下，教育不再局限于单一的文化与观念，而是强调培养学生的全球视野与多元文化意识。校园剧作为小学课程统整的一部分，为学生提供了一个生动的、实践性的平台，让他们在参与戏剧创作和表演的过程中，理解和尊重不同的文化，从而形成全球视野。

---

① 张生泉. 教育戏剧的探索与实践［M］. 北京：中国戏剧出版社，2010：12.

　　校园剧的剧本选择与创作常常涉及多元文化元素。通过改编或原创剧本，学生接触到各国历史、文学、风俗习惯、社会现象，他们在角色扮演中跨越时空，体验不同文化背景下的生活。例如，扮演莎士比亚戏剧中的角色时，学生可以深入了解英国文艺复兴时期的社会风貌；演绎中国京剧片段时，他们能够感受到中华传统文化的深邃。这种跨文化的体验有助于他们理解世界多元性的价值，培养出接纳与欣赏不同文化的能力。

　　舞台设计是展现多元文化的一个重要环节。学生需要研究不同国家的建筑风格、服饰特色、风俗习惯，以还原剧本中的场景。他们通过查阅资料、讨论交流，亲自尝试制作，将这些多元文化元素融入舞台设计中，这种实践性的学习过程加深了他们对世界各地文化的认识。

　　校园剧的排练与表演本身就是一个跨文化交流的过程。学生需要与其他演员、教师，甚至社区成员进行沟通与合作，了解他们的观点和看法，这促进了文化间的交流与碰撞，帮助学生理解不同文化背景下的思考方式和行为模式。通过角色间的互动，学生在尊重差异的基础上，学会在多元文化环境中进行有效的沟通。

　　校园剧的评价体系也强调对全球视野与多元文化意识的考量。教师会关注学生在剧本选择、角色理解、舞台设计中是否体现出对多元文化的敏感性和包容性。这种评价不仅鼓励学生积极接触各种文化，还促使他们反思自身的文化视角，培养他们成为具有全球视角的思考者。

　　社区共建环节中，校园剧常常与不同文化背景的社区活动相结合，如社区国际文化节、跨文化交流项目等。学生在策划和参与这些活动时，不仅要展示自己的戏剧才华，还要尊重和学习其他文化的展示，这进一步增强了他们的文化适应能力和全球视野。通过与社区的互动，学生有机会接触真实的多元文化，这对于塑造开放、包容的全球公民意识至关重要。

　　在星教育理念的指导下，校园剧课程以戏剧艺术为载体，让小学生成为全球文化体验的参与者和传播者。学生在校园剧的实践中，不仅提升了自己的表演技巧，更在角色扮演中深化了对多元文化的理解，培养了包容与尊重的精神。这种全球视野与多元文化意识的培养，将助力他们在未来的学术研究、职业发展，乃至日常生活中，都能以更开阔的视角理解世界，成为连接不同文化、推动跨文化交流的桥梁。在校园剧的舞台上，学生在星辰照耀下，成为兼容并蓄、开放包容的全球未来之星。

第五章 共创星辰下的教育生态

第一节 剧显硕果：校园剧课程的成果展示与分享

一、校内成果展示平台的搭建

校园剧课程的成果是学生辛勤努力的结晶，在星教育理念的引领下，不仅丰富了他们的学习经历，也提升了他们的综合素质。为了让更多人见证这些成果，学校搭建了一系列校内成果展示平台，为学生提供充分的展示空间，也为学生、教师和家长提供了一个交流和学习的窗口。

学校定期举办校园戏剧节，这是一场集中展示校园剧课程成果的盛会。戏剧节上，学生不仅有机会在舞台上表演精心准备的剧目，展示他们的表演技巧和对角色的理解，还能通过戏剧工作坊、研讨会等形式，分享他们的创作过程和心得。戏剧节期间，教师、学生和家长共同参与，为校园剧课程的成果提供最直接的反馈和认可。

学校设立专门的校园剧展示墙，展示学生的剧照、剧本草稿、海报设计等，这些实物化的成果直观地展示了学生的努力和进步。展示墙上的内容定期更新，不仅展示了单个剧目的成果，也反映了校园剧课程的整体发展和学生的成长历程。此外，展示墙上还会展示一些幕后故事（比如道具制作、排练趣闻），让观众了解到舞台背后的故事，增加他们对校园剧的了解和兴趣。

数字化展示是另一个重要的环节。学校利用校园网络平台，将校园剧的精彩片段、剧目介绍、幕后花絮等上传至学校网站或社交媒体，让家长和社区成员能够随时随地欣赏到学生的成果。通过数字化展示不仅扩大了校园剧的影响力，也提高了学生网络展示和交流技能。

另外，学校鼓励学生将校园剧课程的成果融入学校的其他活动中（如校庆、毕业典礼等），让学生的戏剧才华在更广泛的校园生活中得到体现。这些场合的表演不仅让校园剧课程的成果得到认可，也使戏剧艺术成为学校文化的一部分，潜移默化地影响着每名在校师生。

通过多样化的展示平台，校园剧课程的成果得以充分展现，不仅提升了学生的自信心，也激发了他们对戏剧艺术的热爱。同时，这样的展示机制也鼓励了其他学生参与到校园剧课程中，形成了一种积极的学习氛围。在星教育理念的引导下，校园剧课程不仅培养了学生的表演技能，更通过展示平台的搭建，让每名学生都有机会在星光璀璨的舞台上，成为自己故事的主角，闪耀出属于自己的光芒。

二、校外成果展示与交流活动

校园剧课程的校外成果展示与交流活动是星教育理念的有力实践，它不仅扩大了课程的影响，还为学生提供了一个检验成果、提升技能和拓宽视野的宝贵平台。活动通常包括校际交流、社区演出、艺术节比赛，以及与专业剧团的互动等，旨在让学生在更广阔的舞台上展现才华，同时在与不同群体的互动中增强他们的社会适应能力。

校际交流是校外展示的重要形式，通过与其他学校的校园剧团队进行对戏、联合演出，学生得以学习和借鉴他人经验，提升自己的表演水平。这样的交流通常会在戏剧节或文化活动中进行，学生在对比中发现自身的优势和不足，从而激发自我提升的动力。同时，与不同学校的学生交流，能帮助他们建立跨校友谊，拓展人际关系，增强团队协作能力。

社区演出是将校园剧带入大众视野的直接途径。学生在社区中心、养老院、图书馆等公共空间进行表演，既传播了戏剧艺术，又将校园剧课程的理念带给了社区居民。这样的演出让学生感受到自己的艺术作品对社区的贡献，增强了他们作为社区一员的责任感。此外，社区成员的反馈也能让学生更直观地了解自己表演的优点和需要改进之处，进一步提升他们的表演技能。

艺术节比赛则为学生提供了一个展示和竞争的舞台。当校园剧团队参加地区、全国乃至国际艺术节时，他们的作品将接受专业评委和广大观众的评价。这样的经历有助于学生开阔眼界，了解不同风格的戏剧作品，同时，竞争的压力也能激励他们提高标准，不断突破自我。通过比赛，学生还能结识来自全国各地乃至世界各地的戏剧爱好者，交流心得，共享学习经验。

与专业剧团的互动为学生提供了难得的实地学习机会。学习可以参加剧团的工作坊，学习专业演员的表演技巧，了解戏剧制作的幕后工作。有时，学生有机会参与专业剧目的幕后工作（如道具制作、舞台设计等），这让他们亲身体验到专业舞台的魅力，为未来的职业选择提供了参考。同时，与艺术家的交流，能够让学生获得宝贵的建议和灵感，提升他们的艺术鉴赏力。

教师在组织和参与这些校外成果展示与交流活动时，不仅是指导者，也是桥梁。他们不仅要确保活动的顺利进行，还要在活动中引导学生思考，帮助他们从每次的展示和交流中提炼出宝贵的经验。教师的指导和支持，是学生在面对更广阔世界时，能保持自信并持续进步的关键。

通过这些校外成果展示与交流活动，校园剧课程不仅实现了教育的共享与增值，还让学生在实践中得以成长，为他们未来成为具备全球视野和多元文化理解的公民打下了坚实的基础。在星教育理念的照耀下，校园剧课程的校外展示活动如同星辰般照亮了学生的成长之路，激发了他们无限的潜力，铺就了他们成为星光璀璨未来之星的舞台。

三、成果分享的形式与途径

成果分享是校园剧课程价值实现的重要环节，它不仅能让参与者感受到自身的成长，还能激发更多人对戏剧艺术的兴趣。星教育理念倡导的分享不仅限于校内，更拓展至社区、网络等多元空间，以实现教育的共享与增值。

在学校内部，成果分享的途径多种多样。首先，定期的校园戏剧节是最直接的展示平台，学生在节日中"表演精心准备的剧目，通过丰富的艺术形式呈现课程的成果"①。戏剧节不仅包括正式的舞台表演，还可以设置剧本工作坊、幕后讲座等活动，让学生分享创作的心路历程和角色体验。其次，学校还可以设立固定的成果展示区域（如戏剧长廊），展示学生的设计手稿、剧照、道具等实物作品，让校园的每面墙都成为艺术的传播者。

社区是校园剧课程成果分享的广阔舞台。学校可以组织社区公演，将校园剧带到公园、社区中心，甚至邻里家庭中，让学生在真实的社会环境中表演，让戏剧艺术成为连接学校与社区的桥梁。同时，这些演出也是社区教育的一部分，有助于传播艺术价值，提升社区的文化氛围。

在线上，数字化的展示方式使得分享触手可及。在学校网站或社交媒体平台上，可以发布校园剧的精彩视频片段、幕后花絮，以及学生的创作感悟，让

---

① 河竹登志夫. 戏剧概论［M］. 陈秋峰，杨国华，译. 成都：四川人民出版社，2018：29.

家长、校友和社区成员能够随时了解和欣赏到学生的艺术成就。同时，可以利用直播技术，让学生的表演能够实时传播，让更多人见证他们的成长。

与专业剧团和艺术家的互动，是成果分享的高级形式。学生可以参加剧院的工作坊，与专业人员共同创作，甚至有机会在专业剧目中担任角色。这样的合作不仅为学生提供了学习的机会，也为校园剧课程引入了新的视角和经验，丰富了课程内容。

教育戏剧的成果分享还应向学术研究和教育政策方向拓展。教师与研究人员可以将校园剧课程的实施经验和学生的表现进行研究，发表论文或参加学术会议，与同行交流分享，以推动教育戏剧在更广泛的教育领域中应用。同时，通过与教育部门的沟通，可以分享课程设计的创新点和成功案例，为政策制定者提供实践依据，促进戏剧教育在更广泛的层面推广。

成果分享不应忽视对学生的个人反馈，让他们了解自己的进步，并为未来的学习设定新的目标。可以通过定期的学生评估（包括自我评估、同伴评估和教师评估），让学生在反思中认识到自身的成长，并鼓励他们持续探索和提升。

通过这些多元的分享形式与途径，校园剧课程的成果得以广泛传播，不仅提升了学生的自信心，也激发了他们对戏剧艺术的热爱。同时，这些分享活动也让教育突破了学校的边界，为社会文化的多样性和教育创新作出了贡献。在星教育理念的照耀下，校园剧的成果分享就如同璀璨的星辰，照亮了学生、教师和社区人员的道路，让教育的光芒照耀更广阔的世界。

四、成果展示与分享的意义与价值

成果展示与分享是校园剧课程价值实现不可或缺的部分，它不仅能让参与者有成就感，而且能激励他人参与、学习和欣赏戏剧艺术。星教育理念强调的共享与增值，在成果展示与分享中得到充分体现，促进教育生态的丰富多样。

成果展示为学生提供了验证和欣赏自身成就的机会。通过校内戏剧节、校园展示墙、网络平台等，学生的作品得以公开展示，这不仅是对他们辛勤努力的肯定，也是对他们艺术才华的表扬。这种成就感不仅增强了学生的自信心，也激发了他们继续探索和提升的兴趣，从而形成一个积极的学习循环。

成果分享促进了与社区的参与和交流。通过校际交流、社区公演、艺术节比赛等活动，校园剧的成果跨越了学校的围墙，成为社区文化的一部分。这种共享不仅让社区居民有机会接触到戏剧艺术，而且在欣赏和讨论中，社区的教育水平和文化氛围得以提升，形成教育与社区的共生共荣。

成果分享为学生提供了多元化的学习机会。通过与专业剧团的互动，学生得以学习专业技巧，感受舞台的艺术魅力，这为他们未来可能的艺术道路提供了宝贵的实践经验。同时，这些分享活动也成为教师之间交流教育理念、方法和成果的平台，推动了教师专业发展，进一步提升了教育质量。

分享成果有助于培养学生的社会技能。无论是面对观众的表演，还是与他人合作的项目，"学生在分享过程中学会了沟通、合作和适应，这些都是21世纪公民必备的技能"[1]。通过成果展示，学生学习如何推销自己的作品，理解他人反馈，这在他们未来的职业生涯中都极具价值。

成果展示与分享是课程可持续发展的重要动力。通过不断地反思、调整和改进，课程内容得以优化，教师和学生都能从中获得新的启示。同时，良好成果的展示还能吸引更多的学生参与，使得校园剧课程的影响力不断扩大，形成一个持续创新和改进的良性循环。

在星教育理念的指导下，成果展示与分享是校园剧课程价值实现的关键环节，它既能让学生体验到成功的喜悦，提升自我价值，又能将戏剧艺术的美传播至社区，推动教育与社会的互动。在星光璀璨的舞台上，成果分享就像繁星一样，点亮了学生、教师和社区成员的教育之路，为教育生态的繁荣作出了重要贡献。

第二节　星火蔓延：校园剧在教育生态中的持续影响

一、对学校文化建设的推动作用

校园剧在教育生态中的持续影响深远地触及了学校文化建设的核心。作为一种融合艺术、教育与社区活动的实践，校园剧课程通过舞台艺术与美学的深入，有力地推进了学校文化的多元化和创新性。它不仅丰富了学校的艺术课程，还通过学生和教师的共同创作，营造了一种富有活力的文化氛围。

校园剧作为艺术教育的重要组成部分，对学校整体艺术氛围的营造起到了

---

① 钟启泉. 课堂转型［M］. 上海：华东师范大学出版社，2017：36.

积极作用。通过剧本创作、角色扮演、舞台设计等活动，学校变成了一个艺术创作的熔炉，每个角落都充满了创意和想象力。这不仅提升了学生的艺术素养，也鼓励教师将艺术元素融入日常教学，使得艺术成为学校文化的重要支柱。

校园剧课程强调教师的引导与学生的自主参与，这种参与式、互动性强的教育方式，深刻影响了学校的教育理念和教学实践。教师在剧本指导和排练过程中，作为导演和引导者，培养了学生的批判性思维和创新能力，同时推动了教师自身教学技能的提升和教育理念的更新。这种教学模式的转变，无疑对学校教育文化的现代化和个性化发展起到了推动作用。

校园剧在内容选择上通常涵盖了道德与法治、文学、社会等多个领域，这使得校园剧不仅仅是一个表演活动，更是一个跨学科的学习平台。通过在戏剧中融入多学科知识，校园剧课程使得"学校文化更加丰富多元，有利于培养学生的综合素养，同时促进了学科间的交叉融合，推动了校本课程的创新"[1]。

校园剧的社区共建实践，使得学校与社区的关系更加紧密，这种开放性的教育方式使得学校文化得以延伸，形成和谐的社区教育共同体。通过与社区的互动，学生能够将所学应用于实际，同时社区的多元文化也能反哺学校教育，丰富了学校文化的内容和深度，增强了学校文化的包容性和共生性。

校园剧课程的评价体系也注重对参与度、合作精神和创新思维的考量，这促使学校更加重视学生的个性发展和团队协作，进一步提升了学校文化的活力和创新性。教师和学生在评价过程中，通过反思和交流，共同塑造了一种尊重差异、鼓励创新的教育文化。

校园剧在教育生态中的持续影响，通过艺术教育的深化、教学方式的变革、跨学科的学习以及社区的互动，对学校文化建设起到了积极的推动作用，使得学校文化更加开放、多元、创新，培养了一代又一代具有艺术素养、批判思维和团队精神的未来之星。在星教育理念的照耀下，校园剧成为学校文化建设中一颗璀璨的星辰，引领着学校向着更加丰富、多元和创新的方向发展。

二、对家庭教育的辐射与影响

校园剧作为小学课程统整的实践路径，其影响如同星光照耀，不仅限于校

---

① 徐林祥，郑昀. 语文美育学［M］. 南宁：广西教育出版社，2017：8.

园之内，还辐射到家庭教育的领域。通过学生在校园剧中的积极投入与成长，家庭教育环境得到了丰富和升华，父母的角色也得以拓展，共同助力孩子的全面发展。

校园剧为家庭教育提供了新的互动平台。学生参与校园剧的表演与排练，会将课堂上的学习延伸到家庭中，如与父母共同讨论剧本、塑造角色，甚至在家中模拟排练。这种共学的环境促进了亲子间的交流，增强了家庭的情感纽带。同时，父母在参与孩子的戏剧学习过程中，能够更深入地了解孩子的兴趣爱好与才能，为个性化教育提供了宝贵的依据。

校园剧课程对家庭教育理念的更新起到了推动作用。星教育理念强调自主发展与多元潜能的挖掘，启发家长重新审视教育目标，从单一的知识传授转向对孩子的综合素质培养。家长开始鼓励孩子尝试不同的角色，挑战自我，培养他们的创新思维和团队协作能力，而不仅仅是追求学习成绩。

校园剧通过社区共建的实践，将教育的共享与增值延伸到家庭。家长在观看孩子的校园剧表演、参与戏剧节活动时，不仅能看到孩子的艺术表现，也能感受到教育的多元性和社区的凝聚力。这种社区参与的体验，让家长意识到家庭教育与社区教育的结合至关重要，从而更积极地支持学校教育，形成教育生态系统的良性循环。

校园剧课程的评价体系也影响了家庭教育的视角。家长开始关注孩子的沟通与协作能力、领导力、全球视野等软性技能的发展，而不仅仅是学习成绩。这种转变使得家庭教育更加注重孩子的全面发展，有助于培养孩子的终身学习能力。

在星教育理念的引领下，校园剧成为连接学校与家庭的桥梁，通过孩子在校园剧中的真实体验与成长，家庭教育理念得以更新，家庭关系得到强化，家长也更加注重孩子的全面素质教育。在家庭教育的辐射与影响中，校园剧如同星辰般点亮了每个家庭的教育之路，共同培育出具有全球视野、多元文化理解和创新精神的未来之星。

三、对社区文化发展的贡献

校园剧是教育与社区互动的桥梁，对社区文化的丰富和提升有着显著影响。通过与社区的深入合作，校园剧不仅为社区成员提供了欣赏艺术的机会，还激发了他们对文化活动的参与热情，共同推动了社区文化的繁荣与发展。校园剧也可以成为社区活动的重要组成部分，丰富社区的文化生活。无论是学校的戏剧节还是社区公演，都为社区居民提供了接触和欣赏戏剧艺术的平台，尤其是对于那些可能没有机会或条件接触到专业艺术表演的居民而言，校园剧的出现无疑为他们的生活增添了色彩，提升了他们的文化素养。

校园剧的社区共建实践促进了文化交流与共享。学生将戏剧艺术带到社区的各个角落，与社区成员共同探讨剧本、角色和舞台布置等，这不仅让学生体验了艺术的多元化，也让社区居民有机会了解不同的艺术形式和文化背景，加强了社区内部的文化交流，丰富了社区文化多样性。

校园剧的社区演出往往与公益事业相结合，如为社区的慈善活动筹款或宣传，这种形式不仅提升了社区的凝聚力，也培养了学生的社会责任感。学生在参与这类活动的过程中，学习了如何通过艺术表达对社会问题的关注，提升了他们的公民意识，同时对社区的公益精神有所贡献。

校园剧的剧本创作和表演基于现实社区的问题或道德故事，使戏剧成为社区价值的传播媒介。学生通过角色扮演，重现社区的道德事件或探讨社区面临的问题，这些戏剧化的呈现不仅帮助社区居民重新审视自身，还激励他们参与到社区的变迁和发展中，塑造了社区的集体记忆和认同感。

在评价机制的引导下，教师和社区成员不仅关注学生的表演技巧，更看重他们对社区文化的理解和贡献。这种评价方式鼓励学生在剧本选择和表演中融入社区元素，使校园剧成为社区教育和文化传承的重要工具。同时，社区的反馈也影响着校园剧课程的未来发展方向，使其更贴近社区的需要，进一步推动社区文化的创新和发展。

校园剧作为星教育理念下的教育实践，通过与社区的紧密合作，对社区文化的发展起到了积极的推动作用。它不仅丰富了社区的文化生活，增强了文化共享，还促进了文化交流，提升了社区的公民意识，以及传承了社区的历史和价值。在星火蔓延的教育生态中，校园剧无疑成为社区文化发展的璀璨星辰，为构建和谐、多元、有活力的社区文化氛围作出了重要贡献。

四、在教育领域的示范与引领作用

校园剧作为小学课程统整的创新实践，其在教育领域的示范与引领作用不容忽视。它不仅在本校内部产生了深远影响，还通过教师培训、学术分享、教育研讨会等形式，将星教育理念和校园剧课程模式推广到更广阔的教学环境中，成为提升教育质量、推动课程改革的典范。

校园剧在教师专业发展中的示范作用显著。教师在校园剧课程中，通过实践教学艺术，提升了自己的教学技能，特别是在引导学生自主挖掘和发展个体潜能方面。教师将这些新的教学方法和理念融入日常教学，不仅自身专业素养得到提高，也带动了全校乃至周边学校的教学改革，引领了一种以学生为中心、注重艺术与学科融合的教学模式。

校园剧课程的创新实践为教育研究提供了鲜活的案例。通过深入研究校园剧的实施过程、学生反馈、教学效果等，教育学者可以挖掘出有效的教学策略和课程设计模式，为未来课程改革提供理论支持和实践参考。这种以艺术为载体，以学生为主体的课程设计，是教育创新的鲜活样本，对深化教育理论研究和指导教学实践具有重要意义。

校园剧课程的社区共建实践，展示了教育与社会的深度互动，为社区教育和学校教育的整合提供了新的可能。通过与社区的紧密合作，学校不仅为社区提供了丰富的文化活动，还培养了学生的社会责任感。这种模式的推广，有助于构建更为开放、互动的教育生态，促进教育公平和社区发展。

在教育政策层面，校园剧课程的成功实践为政策制定者提供实践经验，通过分享校园剧在提升学生综合素养、促进教育创新方面的成果，教育部门得以认识到戏剧教育在教育改革中的重要性，从而推动相关政策的制定和实施。

校园剧在教育领域的示范与引领作用体现在教师专业成长、教育研究、社区教育整合、政策制定和国际交流等多个方面。它以实践验证了星教育理念的可行性，为小学教育的课程统整提供了新的模板，打开了更多教育创新思路，助力教育生态的持续优化。在星教育的照耀下，校园剧如同一颗璀璨的明星，引领着教育改革的方向，为未来的教育实践照亮了道路。

第三节　星辉万丈：校园剧课程的可持续发展与未来展望

一、课程资源的持续开发与优化

在星教育理念的指引下，校园剧课程的可持续发展与未来展望需要不断开发和优化课程资源，以适应教育生态的动态变化。课程资源的开发不仅包括教学内容的丰富，还涉及教学方法的创新，以及与社区、家庭等外部资源的整合。为了确保校园剧课程的持久生命力，必须持续地挖掘并利用各种资源，为学生提供更广阔的学习空间和更深入的学习体验。

教学内容的开发应源自学生的生活经验和兴趣，同时与学科知识紧密结合。通过引入道德与法治、文学、社会学等多学科元素，校园剧课程可以成为跨学科教育的典范，选择与时代脉搏相契合的主题，让学生在角色扮演的过程中思考社会问题，从而实现知识的综合运用和迁移。

教学方法的创新应该注重学生的主体地位，鼓励他们参与剧本创作和角色扮演。教师可以引导学生进行集体创作，通过讨论、构思、修订，提升他们的批判性思维和团队协作能力。同时，教师应灵活运用叙事性、诗化、情境建立和反思活动等戏剧教育策略，让课堂成为学生实践创新、表达自我、发展个性的舞台。

与社区资源的整合是校园剧课程可持续发展的重要途径。学校可以邀请专业的戏剧团体、艺术家到校举办工作坊或讲座，为学生提供与专业人员交流的机会，激发他们的艺术灵感。同时，可以与社区的文化活动、节日庆典等相结合，让学生有机会在真实的社会情境中表演，提升他们的公众表现力和社会适应能力。社区共建，不仅丰富了课程内容，也增强了学生的社区意识。

家庭资源的开发同样不可或缺。鼓励家长参与校园剧的制作与观看，让家庭成为学生学习和表演戏剧的延伸空间。例如，家长可以协助学生进行道具制作，或参与剧本讨论，这既能增进亲子关系，也能帮助学生从不同的视角理解和演绎角色。同时，家庭的支持和鼓励对学生的艺术自信心的建立至关重要。

技术资源的利用也是课程优化的一大关键。数字化工具如视频编辑、虚拟现实等，可以为校园剧的创作和展示提供新的途径，开阔学生的艺术视野。这些技术的应用不仅可以提升校园剧的制作水平，还能培养学生的数字素养，为他们未来的学习和生活做好准备。

课程评价体系的完善是确保资源优化的重要手段。除了关注学生的表演技能，评价应更侧重于他们的学习过程、团队合作、创新思维以及对社区的贡献。这样的评价方式将鼓励教师和学生在课程资源的开发中，持续探索和改进，从而提升课程的整体质量。

通过课程内容的丰富、教学方法的创新、社区与家庭资源的整合以及技术的运用，校园剧课程的持续发展与未来展望得以实现。在星教育理念的指导下，校园剧课程如同一颗不断汲取养分的璀璨星辰，持续地闪耀，为学生提供一个开放、创新、多元的学习环境，助力他们的全面发展。

二、师资队伍的建设与发展

在星教育理念下，校园剧课程的可持续发展离不开一支专业且富有创新精神的师资队伍。教师不仅承担着传统课程的教学任务，还需掌握戏剧教育的特殊技能，成为集导演、编剧、表演指导和教育心理学家于一体的复合型人才。因此，师资队伍的建设与发展是校园剧课程能否深入实施和长期推行的关键因素。

对教师进行戏剧教育的专业培训是师资队伍建设的基础。学校定期邀请戏剧教育专家开展工作坊或研讨会，让教师了解戏剧教育的最新理论和实践方法，提升他们在舞台艺术、剧本创作、角色分析和表演指导等方面的技能。此外，通过与专业剧团的合作，教师有机会亲身体验戏剧制作的全过程，从而更好地将理论知识转化为实践能力。

构建持续学习和反思的教师社区是师资队伍发展的动力。教师应定期进行教学反思，分享在校园剧课程实施中的经验和挑战，共同探讨解决方案。教师之间的互动可以促进思想的碰撞，激发新的教学理念，同时能形成一个支持性的环境，帮助教师正确应对教学中的困难和压力。教师可以与学术界合作，研究校园剧课程对学生个体发展和社会适应能力的影响，这有助于他们理解课程的深层价值并调整教学策略。同时，教师的科研成果可以转化为实际的课程改进，使教学更具针对性和有效性。

在评价体系上，应将教师在校园剧课程中的表现纳入教师专业发展的评估。这不仅包括教学技能的评价，还包括他们作为艺术指导和学生发展促进者角色的评价。通过这样的评价机制，教师将更有动力参与课程的创新和改进，从而推动课程的持续发展。

为教师提供职业发展的路径和激励机制也是师资队伍稳定和成长的重要保障。学校可以设立专门的戏剧教育岗位，为有志于戏剧教育的教师提供职业晋升通道，同时，对在校园剧课程中表现突出的教师给予表彰和奖励，以提升教师的归属感和职业成就感。

与社区和家长的紧密合作是师资队伍发展的外部支持。教师应与社区艺术家、家长和业界专家合作，共同策划和实施校园剧课程，这将丰富教师的教育资源，也为教师的专业发展提供多元视角。

师资队伍的建设与发展是校园剧课程可持续发展的关键环节。通过专业培训、教师社区建设、鼓励研究与创新、评价体系的改革以及与社区的紧密合作，教师队伍将不断壮大，以更高的专业素养和创新能力，引领校园剧课程走向未来，照亮更多学生的星光璀璨之路。

三、课程管理与保障机制的完善

课程管理与保障机制的完善是校园剧课程可持续发展不可或缺的组成部分。在星教育理念的驱动下，需要确保课程的实施有明确的方向、充足的支持以及持续的改进，以保证学生在表演艺术和学科融合中得到充分发展。

建立科学的课程规划是基础。学校应将校园剧课程纳入整体课程规划，确保其与国家课程标准、学校教育目标及学生发展需求相契合。同时，制定长期和短期的课程目标，明确每学期或每学年的教学计划，确保课程的连贯性和系统性。

课程资源的配置应合理且充足。这包括提供专用的排练场地、专业的戏剧设备、多样化的剧本资源以及与之相关的图书资料。同时，确保有足够的时间供学生排练，确保他们在学习其他课程的同时，能有充足的时间投入到戏剧艺术的学习中。

师资队伍的培养与激励也是关键环节。学校应为教师提供戏剧教育的培训机会，帮助他们提升戏剧教学的专业技能和艺术素养。同时，建立教师激励机制，如设立专项奖金、提供专业发展的机会，以激发教师投入更多精力到校园剧课程中。

教学质量的监控与评价体系的建立至关重要。制定科学的评价标准，不仅关注学生的表演技巧，还要考察他们在角色扮演中所体现的批判性思维、团队合作和自我表达能力。同时，引入多元化评价方式，包括自我评价、同伴评价和教师评价，以确保评价的公正性和全面性。

课程的反馈与调整机制是持续改进的保障。定期收集学生、教师和家长的反馈，对课程进行评估，找出存在的问题和改进空间。这包括对剧本选择、教学方法、课程时间分配等方面的调整，确保课程始终符合学生的需求和教育目标。

社区资源的整合与利用是课程保障的重要组成部分。学校应与社区艺术团体、剧院、艺术家建立合作关系，为学生提供实践舞台，同时引入社区资源为校园剧课程增添活力。通过举办社区戏剧节、邀请社区成员参与排练和表演，实现课程与社区的共享与增值。

家长的参与和支持是校园剧课程成功的重要因素。通过家长会、工作坊或志愿者活动，让家长了解校园剧课程的价值，鼓励他们参与剧本讨论、道具制作、表演观摩，形成家校共育的良好氛围。

政策支持和资金投入是实现课程可持续发展的外部保障。学校应争取教育部门的政策支持，确保戏剧教育在课程体系中的地位。同时，争取政府、企业和社会的资助，为校园剧课程提供必要的经济保障。

通过完善以上课程管理与保障机制，校园剧课程将得到稳定、有序、持续的发展，充分挖掘学生潜力，培养他们的艺术才能和综合素养，真正实现星教育理念下教育的共享与增值。

四、未来发展方向与创新思路

在未来的发展中，校园剧课程将不断探索创新，以适应教育生态的演进和学生需求的变化。以下几点构成了校园剧课程未来的发展方向和创新思路：

第一，融合虚拟现实与增强现实技术，将科技与艺术深度结合。利用虚拟现实和增强现实技术，学生可以在虚拟舞台上创造、排练和表演，这将极大地扩展舞台空间的想象边界，同时提升学生的数字素养。通过模拟真实环境，学生能更直观地理解历史事件、文学作品，进一步增强学习的沉浸式体验。

第二，推动剧本创作的个性化与多元化。鼓励学生根据自身的兴趣和生活经历创作剧本，让校园剧成为表达自我、探索世界的窗口。同时，引入更多元的文化背景，让学生在角色扮演中理解与尊重全球多样性，培养他们的全球视野和跨文化交际能力。

第三，加强与社区的更深层次合作。建立长期的合作伙伴关系（如与社区剧院、艺术中心和非营利组织合作），为学生提供更广阔的实践平台。同时，让社区居民更多地参与到校园剧的制作和表演中。

第四，教师角色的进一步转变与专业发展。教师不仅是教学的指导者，更应成为艺术教育的创新者。鼓励教师不断学习新的教学策略，如叙事性学习、游戏化教学，提升学生的学习体验。同时，教师应具备更强的管理能力，以确保校园剧活动的顺利进行。

第五，建立校园剧课程的国际交流平台。通过与国外学校的合作，举办国际戏剧节或联合制作剧目，让学生通过与不同文化背景的同龄人交流，提升他们的跨文化交流能力和国际理解力。

第六，发展校园剧的终身学习路径。设计序列化的校园剧课程，"从低年级的基础表演技巧训练，到高年级的深度角色分析和剧本创作，为学生的艺术发展铺设阶梯，为未来可能的艺术生涯或者相关职业打下坚实基础"①。

构建多元化的评价体系。除了传统的艺术表现评价，还应包括学生的创新思维、团队协作、自主学习能力和对社区的贡献，以全面评价学生在校园剧课程中的成长。

这些创新思路将使校园剧课程在未来持续发展和变革，更好地服务于星教育理念，培养具有全球视野、创新精神和艺术素养的未来之星。在星辉万丈的教育生态下，校园剧课程将不断照亮学生前行的道路，激发他们的内在潜力，为构建更加开放、多元、创新的未来教育体系贡献力量。

---

① 林克欢. 戏剧表现的观念与技法［M］. 北京：北京联合出版公司，2018：51.

第六章 星之自主征途：
学生自主发展的光辉路程

第一节 剧自实践：学生校园剧活动的自主发展与实践

一、学生自主创作与表演的空间拓展

学生自主发展的关键在于为其提供广阔的创作与表演空间。校园剧课程不仅让学生在表演中展现才华，更鼓励他们成为故事的创作者，以角色扮演的形式表达自我，展现个体的多元潜能。创新的课程设计让学生在剧本创作、角色设定、舞台布置甚至是导演的角色中找到自我实现的舞台。

剧本创作的自主性是学生在校园剧活动中深入学习和全面发展的重要途径。教师不再是剧本的提供者，而是鼓励学生从自己的生活经历、兴趣爱好和所学知识中汲取灵感，创作出贴近现实、具有创新性的剧本。这种自主创作的过程，不仅锻炼了学生的写作技能，还培养了他们的问题解决能力、批判性思维和团队协作精神。通过分享剧本，学生学习如何表达观点，理解不同观点，从而促进他们的社会情感能力和同理心的发展。

角色扮演的多样性为学生提供了丰富多样的学习体验。每个角色都有其独特的性格、背景和动机，学生在扮演不同角色的过程中，能够体验到不同的生活视角，这对于他们的角色理解和情感发展至关重要。通过角色扮演，学生在学习中探索自我，发现潜在的兴趣，有助于形成他们的个性特征和价值观。同时，角色扮演还能提升学生的表演技巧，增强他们的自信心，为未来的生活和职业生涯打下坚实的基础。

舞台艺术与美学的实践为学生提供了审美教育的机会。在舞台设计和布置过程中，学生可以运用所学的艺术知识（如色彩、形状、空间等），进行创意设计。这不仅培养了他们的审美观，也锻炼了他们的空间感知能力和创新思

维。同时，舞台艺术的实践还能增进他们对不同文化的理解和尊重，有助于形成全球视野。

校园剧的排练和表演过程本身就是一种反馈和评价机制。在反复的排练中，学生可以实时获得来自教师、同学和自己的反馈，这对于他们调整表演方式、完善剧本至关重要。这种即时的反馈机制有助于学生形成自我修正和自我提升的能力，提高他们的自主学习能力。

通过学生自主创作与表演空间的拓展，校园剧课程不仅让学生在艺术表现上得到提升，更重要的是，它培养了学生的创新思维、批判性思考、团队协作，以及对美的感知和表达能力。这些素养的提升，为他们未来个人发展和社会参与奠定了坚实的基础，使他们能够成为星光璀璨的未来之星，为社会注入新的活力和创新精神。

二、学生在校园剧组织与管理中的角色转变

学生在校园剧的组织与管理中，从被动的参与者逐渐转变为主动的参与者和主导者，这种角色的转变对学生自主发展起到了至关重要的作用。在传统的校园剧活动中，学生往往是按照教师的指导进行排练和演出，而在星教育理念的推动下，学生开始参与到剧本选择、角色分配、排练计划的制订，甚至是整个活动的策划与执行之中。

学生作为剧本选择者，他们的意见和兴趣开始被重视。教师不再是唯一决定剧本内容的人，学生可以通过投票、讨论、甚至自我提议的方式，参与到剧本的选择过程中。这样的参与方式让他们对演出内容有了更深的认同感，更愿意投入时间和精力去深入理解文本，提升他们的阅读理解能力和批判性思考能力。

角色分配的自主性让学生有机会挑战自我，发掘潜力。不再是教师单一决定角色，学生可以选择自己感兴趣的角色，通过试演来争取角色，这不仅锻炼了他们的表演技巧，也增强了他们的竞争意识和自我表达能力。同时，对于一些特殊角色的扮演（如反派或复杂角色），学生需要更深入地理解和揣摩，这有助于他们培养情感共鸣和对复杂人格理解的能力。

在排练计划的制订上，学生开始学习时间管理与组织协调。他们需要根据个人的时间表和团队的整体需求，共同规划排练的时间和进度。在这一过程中，他们学会了有效沟通，解决冲突，以及合理分配任务，这些都是在现实生

活中非常重要的技能。

学生作为活动的策划者，参与预算管理、场地协调、宣传推广等实际运营环节，这让他们有机会了解并实践项目管理的基本原则。学生不仅要学习如何申请资源，还要学会如何合理使用预算，这有助于他们培养财务管理和决策制定的能力。同时，通过组织和参与戏剧节、公开演出等大型活动，学生还能体验到公共活动的组织和社区服务的重要性，提升他们的社会责任感。

在校园剧的组织与管理中，教师的角色也发生了相应的变化，从单一的指导者转变为引导者和合作伙伴。他们不再是活动的主导者，而是提供必要的支持，帮助学生解决问题，激发他们的创新思维。这样的转变，使得教师更加专注于学生的个性化指导，鼓励他们发挥自我，实现真正的自主发展。

通过在校园剧组织与管理中的角色转变，学生在实践中学习了领导力、团队协作、问题解决、时间管理等关键技能，这些能力不仅对他们的学习成绩有积极影响，更对他们未来的职业生涯和人生规划有着深远的意义。这种转变标志着星教育理念下学生自主发展的一个重要里程碑，他们不再仅仅是知识的接受者，而是成为教育过程的积极参与者和创新者，为他们的星光璀璨之路增添了更多可能性。

三、自主发展过程中的教师指导与支持

教师的指导与支持起着至关重要的作用。教师不再是传统的知识传授者，而是转变为学生学习的引导者和合作伙伴。他们通过精心设计的课程、适时的反馈和全面的评价，确保学生在校园剧的实践中能够有效地自主探索和成长。

教师的角色转变为课程的设计师和引导者。他们不再直接提供答案，而是设置开放性的问题和挑战，鼓励学生自我发现和解决问题。教师在课程设计中融入星教育理念，将戏剧艺术与学科知识有机融合，让学生在实际操作中学习和应用知识。例如，通过将历史事件或文学作品改编为剧本，教师帮助学生加强对历史和文学作品的理解，同时提升学生的创造性思维和批判性分析能力。

教师提供及时和有效的反馈是学生自主发展的重要驱动力。教师观察学生在排练中的表现，不仅关注他们的表演技巧，更注重他们的情绪变化、角色理解以及团队合作能力。通过一对一的指导，教师帮助学生认识自我，理解角色深层次的心理和动机，进而提升他们的表演艺术，以及情绪管理和人际交往技巧。

在评价体系方面，教师采用多元化的评价方法，鼓励学生参与自我评估、同伴评价。通过这些方式，教师引导学生反思自己的进步，同时培养他们的自我认知和评价能力。这样的评价机制不仅关注学生的艺术技能，更看重他们的学习过程和在团队中的表现，从而促进学生的全面发展。

教师的另一个重要职责是创设一个安全、包容的学习环境，鼓励学生尝试和犯错。他们教导学生接受和欣赏不同的观点，尊重他人的创意，同时鼓励学生挑战常规，勇于创新。在这样的环境中，学生敢于表达自我，敢于承担风险，这有助于学生形成独立思考和解决问题的勇气。

教师还承担着与社区等其他教育资源的整合工作。他们邀请戏剧专家、社区艺术家走进校园，为学生提供专业指导，同时组织学生参与社区的戏剧活动，使学生的学习超越课堂，融入社会。通过与其他教育者的合作，教师可以为学生提供更广阔的学习视野，激发他们的创新思维，增强他们的社会责任感。

在学生自主发展的校园剧实践活动过程中，教师的指导与支持是不可或缺的。他们既是课程的精心策划者，又是学生学习旅程的陪伴者，"通过引导、反馈和评价，帮助学生在艺术表演和学科知识的融合中实现自主探索和全面发展"①，为他们的星光璀璨之路铺设坚实的基础。教师和学生共同打造一个充满活力、创新与共享的教育生态环境，为未来的教育实践注入源源不断的活力。

四、学生自主发展模式的案例分析与经验总结

自主学习、主动发展的理念是尊重学生自我发展，为学生自主活动、自由创造提高广阔的空间，把主动学习、全面发展的金钥匙交给学生，让学生去打开知识宝库的大门，使他们的个性得到充分的发展。只要课堂充满乐趣，就会吸引学生，激发他们主动参与的积极性。

校园剧在教育教学中能起到很微妙的作用。校园剧能在很大程度上契合儿童心理，让儿童参与创作，并亲身体验角色，在戏剧实践中达成学习目标，全面培养学生的能力和素质。以校园剧为载体，促进学生的自我发展，从案例中提炼出值得推广的经验。

案例一："畅游西关"

以"我爱西关爱中华"为活动主题，通过探索西关文化，了解家乡特色，

---

① 平克. 全新思维［M］. 杭州：浙江人民出版社，2013：52.

激起学生热爱家乡、热爱祖国的情感,学生自主参与的热情被激发。研学回来,学生收集到很多素材,有照片、视频。有介绍建筑特色、室内布置的,有记录历史文化和坊间故事的,还有学生自己编写的儿歌和rap,这些素材让教师和同学大开眼界。同时,学生的表现也让人意想不到。一个平时很文静的小女孩,自己创作了一段rap并在研学点拍下了一个短视频;一名平时不怎么爱说话的学生在汇报的时候带来了两张自己制造的电子小报;一个小组参观回来创作了一小段儿歌展现西关建筑特色。这些小创意后来都成为校园剧生成的重要因素,有的还被写入剧本,搬上舞台。不仅如此,学生还在家长的带领下结伴而行,在参观、探究的过程中形成自己的思考和体验,收获丰富。很多学生都能根据自己的发现提出感兴趣的问题,例如,有学生提到为什么西关这一带有特别多的满洲窗和趟栊门?西关大屋里面为什么都有一口方形的天井?……提出问题,研学探究,再自我解答,整个过程都是学生自主参与,教师只是从旁协助,起到一个穿针引线的作用。

经验总结:在研学中自我定向,在自我运作中成长。

四、 研学记录:

1. 参观荔湾博物馆(重点了解西关大屋)。

参观后,我对西关大屋建筑印象最深刻的是_____

_____

2. 游览恩宁路上下九骑楼一条街。

游览后,我觉得骑楼建筑风格是:_____

_____

3. 参观陈家祠。

参观后,我最欣赏的是:_____

欣赏的理由是:_____

_____

4. 我提出的两个感兴趣的问题:

(1)_____

(2)_____

研学记录

案例二："变色龙有多少个脚趾"

2017年9月，三年级学生开展以校园剧为载体的综合实践活动，主题是"神奇的自然"。在"变色龙有多少个脚趾"活动的前期阶段，学生收集有关动物的外形、生活习性等资料，整理资料，选择喜欢的动物作为剧本的角色。12月，进入创作剧本阶段，三年二班教室里热闹起来，学生以"森林盗窃案"为题材，小组内展开热烈讨论。大家纷纷设计剧情：黑猫警长如何确定犯罪嫌疑人，青蛙、螳螂如何为自己辩护，最终警长凭借什么证据让狡猾的变色龙伏法……语文教师、科学教师、美术教师都到小组里，指导学生设计情节冲突，引导学生掌握各动物的生活习性。学生积极思考、大胆想象，上课教师不止一名，除教学编写剧本，还穿插科学学科的内容，对课程进行有机联系、互相渗透，从而产生具有整合性、综合性效应的教育教学活动。学生分组自主创作剧本，每组负责一个单元，涵盖历史、文学、科学等领域。此项目让学生有机会在实践中选择和整合知识，提升批判性思考与创新性解决问题的能力。同时，通过团队合作，学生学会了互相支持，平衡个人与集体利益，增强了团队协作精神。

经验总结：学生的探究精神互相感染。建立在真实问题基础上的教学成为情境教学。知识、学习是与情境化的互动联系在一起的。学生在真实任务情境中，尝试发现问题、分析问题、解决问题。"变色龙有多少个脚趾？"，学生终于得到了正确的答案。鼓励学生自主选择主题，将不同学科知识融入剧本，提升学生的综合素养，培养跨学科思维。团队合作的设置有助于形成良好的社会技能，如沟通、协商与解决冲突。

案例三：我们越来越像少先队员了

"我想提个建议"——体验后的表达：开展校园剧活动以来，学生的责任感和合作意识、情感态度都在悄悄地发生变化。"我们越来越像少先队员了"这是一名学生的感悟。学生本来就是少先队员，为什么他会说自己"越来越像少先队员"呢？翻看学生的活动日记便明白了。

习。还有牙齿和其它的同学，他们精心练习的舞蹈，在台上自信的跳着优美的舞蹈。还有贾大哥，练很多次都没了，可是还是坚chi练习，他们这次练习完都很少休息了。一心想着要背词，就没别的想了。我就想到了一句话"先苦后甜"，在那些时间里，只知道了很多很多。我知道了先苦后甜、坚chi、不顾一切、用心和努力……

我觉得，我们越来越像少先队员了。

我当小编剧

在一次编剧活动中，让我知道了人和人之间要合作。

科课上，我有和两个同学一起写小故事，结果他们不得在玩耍，根本没有参与写作，因为没有了他们的帮助，所以我写得很慢，而且写得一塌糊涂。我们组受到了老师的批评，老师让我们重写小故事，两个同学还是在玩耍，于是我劝他们要团结合作，最后，他们听了我的劝告，我们团结起来一起构思，一起写小故事，因为人多力量大，所以，我们很快就重写完了小故事。

这件事在脑海中渐渐消失了，但有一个道理却永远印在我的脑子里，那就是：只要人与人之间合作，没有什么事不能成功。

当主持人的感觉

我在综合校园剧里面，我是一个主持人。

我非常喜欢当主持人，因为它可以训练我的用口才和记忆力，虽然这次是看着稿子来读，但我相信，下次我肯定会做得更好。在这次的活动中，我与搭档合作愉快，能按照老师的要求，有情感地读稿，有序地安排演员上场，积极调动全场气氛，使活动圆满结束。

我很享受台上的快乐，这种把控全场的感觉就像是全场的主角一样，令我兴奋不已。还能锻炼我的临场反应，我希望下次还当一名出色主持人，为学校争光！

学生的活动日记

经验总结：学生通过实践和体验获得人生感悟：要团结、要坚持、方法总比困难多、先苦后甜、为集体争光……这一切，不正是大队部要求每名队员达到的自我管理、自我发展的精神内核吗？虽然学生说不出什么大道理，他们的感悟也只是就事论事，但是，从学生的故事中，从字里行间，我们都能感受到他们在活动中反思、在反思中成长。而这些不正是学生综合能力提高的具体表现吗？

有效的评价机制能促进学生个体的发展。在星教育的引领下，学生在"造星""追星""摘星"的过程中发挥了积极主动的作用，涌现出一大批"探究星""创作星""合作星""表演星""宣传星""服务星"等。学生开展校园剧活动，自创编、自导演、自排练、自制作、自宣传、自得星，一系列活动都是由学生自己完成的，其中有失败、有失望、有质疑、有争论、有吵闹、有误解，但最终都被学生一一化解，并呈现为一幕幕精彩的校园剧。学生通过回顾、分享，从中找到不足和差距，并针对问题思考解决的办法，在这个过程中，学生的观察能力、思辨能力、表达能力都得到了提高，同时培养了学生学会欣赏，学会评价，学会交流的品质。

通过案例可以看到学生自主发展模式在校园剧课程中的多元实践，包括主题选择、剧本创作、社区参与以及角色转换。这些实践帮助学生在艺术、学术、社会技能和情感发展上实现了全面的进步，也为其他学校提供了有益的实践参考。在星教育理念的照耀下，校园剧课程继续探索和创新，为学生提供更自主、更具创新性的学习体验，为他们的未来发展点亮星光。

第二节　星光耀眼：学生在校园剧活动中的成长与收获

一、学生在自主发展中的能力提升

学生在校园剧活动中的自主发展是他们成长与收获的核心部分。通过参与校园剧的各个环节，学生提升了自己的表演技能。学生不仅将校园剧活动视为一个自我表达的平台，还将其当作一个挖掘自身潜力的工具，以及一个学习新知识、提升跨学科素养的途径。

学生在剧本创作过程中，将所学的学科知识与生活经验结合起来，锻炼了批判性思维和创新性解决问题的能力。在寻找故事灵感、构建角色、编写对话的过程中，他们不断挑战自我，学习如何从不同的角度看待问题，如何通过文字传达思想，这不仅提升了他们的写作技能，还培养了对文本深度理解的能力。

角色扮演是学生自主发展的重要途径，它帮助他们发展情感智商和同理心。通过扮演不同角色，学生能够理解并体验不同的人生境遇，这有助于建立对他人感受的共情，提高社会情感能力。同时，角色扮演的过程也是他们逐步建立自我认同的过程，他们能够在角色扮演中探索自我，发现和展现自己的多面性。

舞台艺术与美学的学习则是对学生审美素养的锤炼。"在舞台设计、服装制作、灯光运用等实践中，学生学习艺术表达的技巧，体验美，欣赏美，也创造美"①。这些美学体验不仅丰富了他们的艺术素养，也培养了他们对细节的关注和对整体美感的把握，可以提升他们的审美鉴赏能力和创造力。

在排练与表演过程中，学生通过反复练习和即时反馈，提升了自己的表演技巧，也锻炼了自我修正和自我提升的能力，这是自主学习的关键。他们学习如何在压力下保持专注，如何在团队中协调合作，如何面对失败并从中学习，这些都是他们未来人生中十分宝贵的软技能。

另外，学生通过参与校园剧的策划、组织和管理，学习了项目管理、时间管理、团队合作和领导力等实用技能。他们负责预算制定、角色安排、宣传推广等任务，这让他们在实践中锻炼了实际操作能力，培养了他们的领导力和独立解决问题的能力。

通过角色的扮演与活动的组织，学生在校园剧中的自主发展得以全方位体现。他们被赋予更大的决策权，被鼓励尝试创新，这不仅提升了自我效能感，也激发了创新精神。在这样的环境中，学生不断挑战自我，突破舒适区，逐渐为自己的未来点亮星光，真正实现了星教育理念下的自主成长与全面进步。

二、学生在校园剧活动中的自我认知与成长

在校园剧的舞台上，学生通过角色扮演和实际操作，经历了深刻的自我认知与成长过程。这个过程不仅包括对表演艺术的掌握，更重要的是，他们在戏剧的浸润中获取了对自我、对他人以及对世界的全新理解。

---

① 平心. 舞蹈表演心理学 [M]. 上海：上海音乐出版社，2012：36.

学生在剧本创作过程中，通过构建角色、编写故事，开始深入探索自我和他人的情感世界，挖掘内心深处的创造力。这样的创作活动鼓励他们表达个性，挑战固有观念，培养了批判性思考和创新性解决问题的能力。他们学会从不同角度审视生活，这不仅有助于他们理解复杂的人际关系，还能够提升同理心，增强对多元文化的接纳度。

角色扮演则是学生自我认知的一个重要窗口。学生扮演不同类型的角色，体验不同的生活，这使他们有机会跳出自我，理解并接纳多元的身份与观点。通过角色的塑造，学生逐步了解自己的优势与不足，挖掘潜在的才华，从而形成更加清晰的自我认知。同时，角色扮演也促进了他们社会技能的发展，包括有效的沟通、团队合作和冲突解决，这些都是未来生活和工作中不可或缺的能力。

舞台艺术与美学的学习是学生审美素养的深化过程。学生通过参与舞台设计、服装制作、灯光调度等实践活动，不仅提升了他们的艺术审美，还学会了通过视觉和听觉元素传达情感和故事，这有助于审视生活中的美，培养了他们对艺术的敏锐感知和鉴赏能力。此外，这些美学体验也提升了他们的创新思维和跨学科整合能力。

在排练和表演的实践中，学生不断地接受反馈，调整表演方式，在这个过程中他们学会了自我修正和自我提升，这是自主学习的重要训练。他们学会了在压力下保持专注，与团队成员有效协作，处理挫折和失败。这些经验不仅提升了他们的表演技巧，更为他们日后的学习、工作乃至生活提供了宝贵的应对策略。

校园剧活动的组织管理工作（如剧本选择、角色分配、排练计划等）更是锻炼了学生的领导力和项目管理能力。他们学会了如何在团队中承担领导角色，如何合理安排时间和资源，如何调动团队积极性。这些参与和决策的实践，使他们逐步培养了责任感，对他们未来的职业规划和人生决策具有深远影响。

学生在校园剧活动中的自我认知与成长是一个全面的过程，涵盖了情感理解、批判性思考、沟通协作、艺术审美、自我修正和领导力等多个层面。这种独特的学习方式不仅提升了学生的艺术技能，更在他们心中播下了创新、包容、自我发展和团队协作的种子。在星教育理念的照耀下，校园剧成为学生自我发现和自我展示的舞台，帮助他们成为既有表演才华，又有全面素养的未来之星。

三、校园剧活动对学生学习生活的积极影响

校园剧活动对学生的全方位影响是显著且深远的，它在学生的学术、情感发展、社交技能和人格发展方面发挥了不可替代的作用。从学术层面来看，校园剧活动将多种学科知识融入戏剧创作和表演中，提高了学生的跨学科整合能力。学生在剧本创作中运用文学、历史、科学等多领域知识，这不仅提高了他们的知识运用能力，还培养了他们批判性思考和创新性解决问题的能力。此外，通过角色研究和文本分析，学生对所学内容的理解得到增强，这对于提升他们的学习成绩具有积极影响。

在情感发展方面，校园剧活动为学生提供了安全的环境，使其在表演中表达和理解复杂情感，这有助于他们培养同理心，学会理解和接纳自己与他人的情绪。角色扮演使得学生能够在安全的模拟情境中体验不同的人生，帮助他们更好地处理自身的情绪，提升自我认知水平，从而形成健康的情感管理习惯。

社交技能的培养是校园剧活动的另一大优势。在排练和表演过程中，学生需要与团队成员进行密切合作，解决冲突问题，这锻炼了他们的沟通、协商和团队协作能力。此外，通过参与社区活动和戏剧节，学生与不同背景的人互动，增强了他们的社会交往能力，促进了跨文化理解和尊重。

在人格发展方面，校园剧活动鼓励学生挑战自我，发掘潜在的才能。他们通过扮演不同角色，展现出多样化的个性，这对于其形成个人认同、增强自信心、培养创新精神及独立思考能力有着积极作用。同时，活动中的决策权和责任感赋予，帮助学生建立起对未来的规划和自主管理的能力，为他们的人格成长打下坚实的基础。

校园剧活动还对学生的职业规划和未来职业选择产生影响。在组织和管理校园剧活动的过程中，学生逐渐掌握了项目管理、时间管理以及领导力等职场必备技能。这些实践经验不仅提升了他们未来职业竞争力，还帮助他们发现可能的兴趣和职业潜能，为他们选择未来职业道路提供了宝贵的参考。

校园剧活动作为教育创新的一种形式，通过整合学术、情感发展、社交技能和人格发展的多维度影响，为学生的终身学习和全面发展提供了有力支持。它不仅提升了学生的综合素养，还为他们未来的学术、职业和人生成功奠定了坚实的基础，真正实现了星教育理念下学生的自主成长与全面进步。

第三节　剧望精彩：学生校园剧活动的精彩展望

一、学生自主发展的未来目标与规划

学生自主发展的光辉路程将不断延伸，向着更加广阔和深远的目标前行。未来的校园剧活动将更加侧重于培养学生的终身学习能力和独立创新能力，以帮助他们更好地适应不断变化的世界。以下几点构成了学生自主发展的未来目标与规划：

提升学生的自主学习能力是关键。通过校园剧活动，学生应能够学会自主选择学习内容（如选择感兴趣的剧本主题），进行深度的研究和分析，从而提升他们的批判性和创新性思维。教师的角色将转变为学生学习的引导者和协助者，鼓励学生提出问题，引导他们寻找答案，培养他们主动探索和解决问题的能力。

强调跨学科的整合与应用。未来的校园剧课程将更加注重学科间的融合，学生在剧本创作和表演中，不仅要运用文学、戏剧知识，还要结合历史、科学、艺术等多学科知识，实现知识的横向与纵向整合。这将帮助他们形成跨学科视角，提高他们解决复杂问题的能力。

培养学生的全球视野和跨文化理解。未来校园剧活动将更多地引入不同文化背景的剧本，通过角色扮演，让学生在了解和体验多元文化的同时，增强他们的全球意识，学会尊重和理解不同文化的价值。这不仅有助于他们成为具有国际理解能力的公民，也为他们未来的全球竞争力打下基础。

加强与社区的深度合作与共享。校园剧将不再仅限于校园内部，学生将有机会与社区成员共同创作，甚至参与社区戏剧节，这不仅能提升他们的社会参与度，还能让他们在实践中学习和应用所学，实现教育的共享与增值。这也为学生提供了真实的社会情境，使他们在服务社区的过程中，培养社会责任感和公民素养。

重视个性化的艺术发展路径。学校将为学生提供更多的艺术选修课程和活动，如"戏剧表演、剧本创作、舞台设计等，让学生根据个人兴趣和特长，选

以"戏"育"星"——小学校园剧课程模式的构建与实践

择不同的艺术发展方向，实现个性化成长"①。同时，学校还将鼓励和支持学生参加国内外的艺术比赛和交流活动，以开阔他们的艺术视野，激发他们的创新精神。

通过这些未来目标与规划的实现，校园剧将不再仅是舞台艺术的展示，而将成为一个培养未来之星的摇篮，一个孕育创新思维、全球视野和艺术才华的途径。在星教育理念的推动下，学生将自主探索、勇敢创新，成为具备独立思考、终身学习能力的星光璀璨的未来领导者。在这样的教育生态中，每名学生都将在校园剧的舞台上绽放属于自己的光芒，为实现个人梦想和人类社会的进步贡献力量。

二、校园剧活动的创新形式与内容拓展

在星教育理念的引领下，校园剧活动的创新形式与内容拓展正以前所未有的速度和广度进行，以满足学生日益多元化和个性化的需求。这些创新不仅丰富了学生的艺术体验，也进一步深化了他们的学习，帮助他们在自主发展的道路上更进一步。

数字技术与校园剧的融合为学生提供了全新的创作平台。虚拟现实、增强现实和多媒体技术的应用，让学生能在虚拟的舞台上创作和表演，体验前所未有的视觉和听觉盛宴。这种创新形式不仅拓宽了剧本创作的空间，让学生能探索更多元化的故事情节，还为表演艺术增添了科技元素，培养了学生的数字素养和创新思维。

校园剧与音乐剧、舞蹈、现代艺术等融合，为学生提供了艺术融合的学习体验。这种形式让学生有机会尝试不同的艺术表达方式，提升他们在舞蹈、歌唱、音乐等领域的技能。同时，综合艺术形式的校园剧也鼓励了学生在表演中展现多元化的艺术才能，增强了他们的艺术鉴赏力。

校园剧还与社区服务和社会实践相结合，让学生在表演中展现社会责任。例如，学生可以创作反映社区问题的剧本，通过表演引起公众的关注，或者参与到社区的环保、公益活动中，通过戏剧教育推动社区的改变。这种社区参与的校园剧活动，让学生在实践中学习，培养了他们的公民意识和领导力。

校园剧的剧本来源也在不断拓宽，除了学生原创，还可以引入国内外经典

---

① 吕艺生. 舞蹈美学 [M]. 北京：中央民族大学出版社，2011：30.

文学作品、改编社会热点话题，甚至邀请专业人士创作剧本。这样既丰富了剧本库，也保证了剧本的高质量，使学生在表演过程中能接触不同文化，开阔视野。

校园剧的评价体系也在不断创新，从传统的教师评价转向多元评价，包括自我评价、同伴评价和观众评价。这种评价模式不仅关注学生的表演技巧，更强调他们的参与度、创新思维和团队协作能力。多元评价的方式让学生更全面地了解自我，提升自我认知，也有助于他们在表演之外的领域发展。

通过这些创新形式与内容的拓展，校园剧活动正逐步从单一的表演艺术形式转变为一个集艺术、科学、社会于一体的综合性学习平台。它在培养学生的艺术才华的同时，激发了他们的创新思维，促进了他们跨学科的整合学习，帮助他们在自主发展的道路上不断迈进。在星教育的指导下，校园剧活动的未来将更加璀璨，成为学生实现自我价值、展示才华的广阔舞台。

三、学生在校园剧领域的未来发展潜力与可能性

学生在校园剧领域的未来发展潜力与可能性是无限的。随着学生自主发展程度的提高，他们将不再仅仅满足于舞台上的表演，而是会涉及更广泛的领域，如剧本创作、导演工作、舞台设计和灯光音响技术，甚至是戏剧教育研究。这些领域的探索都将深化他们的艺术理解，拓展他们的专业技能，并进一步提升他们的创新能力。

在剧本创作方面，学生将不再局限于模仿或改编，而是尝试原创，他们的剧本可能"源于对日常生活的观察，对社会现象的剖析，甚至是对未来世界的想象。这种原创能力将激发他们对文学、社会学、心理学等多学科知识的深度学习，"[1]从而形成他们在艺术创作上的独特视角。

在导演工作上，学生将学会如何把握整个剧目的艺术风格，如何通过调度和指导演员来实现剧本的意图，以及如何与设计团队、技术团队共同合作，打造一场视觉与听觉的盛宴。他们将掌握更高级的戏剧理论，同时将培养出敏锐的艺术直觉和丰富的舞台想象力。

舞台设计和灯光音响技术是实现剧目美学的关键，学生将有机会学习并实践这些专业技能，他们可能会发展出自己独特的设计风格，或者成为技术革新

---

[1] 杨敏. 中国民族民间舞蹈道具研究 [M]. 北京：中央民族大学出版社，2014：25.

者，利用最新的技术手段提升舞台艺术的表现力。这将不仅提升他们的艺术实践能力，也使他们在技术与艺术的结合中找到新的表达方式。

戏剧教育研究将为学生提供探索教育理论与戏剧实践相结合的平台。教师可能会研究如何通过戏剧教育提高学生的学习动力，如何在不同年龄段的学生中运用戏剧教学，或者探索戏剧在特殊教育中的应用。这些研究将有助于教师理解教育的本质以及艺术在教育中的价值。

在未来，学生还可能探索校园剧与社区、学校、企业甚至国际组织的合作模式，通过戏剧项目推动社会议题的讨论，增进文化交流，甚至将戏剧教育推广到更广阔的社会层面，成为社会变革的推动者。

随着数字技术的不断发展，学生在新兴领域中可能会找到新的戏剧表现形式，通过这些技术，他们可以打造出前所未有的沉浸式戏剧体验，彻底改变人们对戏剧的认知。

学生在校园剧领域的未来潜力在于他们的无限创造力和对艺术的热爱。在星教育理念的引导下，他们将不断挑战自我，创新表达，为戏剧艺术注入新的活力，成为推动戏剧教育和艺术创新的前沿力量。他们的未来，将在校园剧的舞台上，乃至更广阔的艺术世界中，绽放出更加璀璨的光芒。

四、对学生未来发展的祝福与期待

在星教育的璀璨照耀下，学生在校园剧活动中的自主发展已绽放出耀眼的光芒，他们的未来充满了无限可能。期待学生在未来能够继续在表演艺术的道路上深耕，将舞台视为提升自我、探索未知的广阔天地。他们将不再仅仅是表演者，而会成为编剧、导演、设计师，乃至戏剧教育的创新者，他们的才华和创新精神将在艺术世界中留下深刻的印记。

学生在剧本创作的道路上，汲取生活的灵感，创作出深入人心的作品，用艺术的力量触动人心，引发社会的思考。期待他们能用敏锐的艺术直觉和深厚的理论基础，引领戏剧的潮流，创造出富有创新和影响力的作品。

祝愿他们在舞台设计和灯光音响技术领域，能够融合传统与现代，打造出令人震撼的视觉与听觉盛宴，为观众带来前所未有的艺术体验。同时，期待他们能在数字艺术的前沿，利用虚拟现实、增强现实等技术，拓展戏剧的边界，引领戏剧艺术的新纪元。

期待他们在戏剧教育研究中，能深入理解教育的本质，发现戏剧在各年龄层、特殊教育中的独特价值，推动教育的深化和创新。他们的研究和实践将为未来的教育改革提供新的灵感和方向。

更期待学生能够将校园剧的影响力延伸至社区与社会，通过戏剧的力量促进社会议题的讨论，推动文化交流，甚至在全球舞台上展现中国学生的风采，成为连接不同文化、不同国家的桥梁。

愿每名在校园剧活动中熠熠生辉的学生，都能在未来继续追逐星光，成为各自领域里的璀璨明星，他们的每次表演、每次创新，都将是对星教育理念最好的诠释，是对未来教育的生动实践。我们满怀信心，期待他们在各自的道路上，延续继往开来的辉煌，成为教育创新与实践的璀璨星辰，为人类的文明和进步贡献自己的力量。

师生团体大合照

（每次汇演完成后，创编组、导演组、演员组、舞美组、宣传组、

道具组都会拍摄一张团体大合照）

第七章　星辉闪耀下的教育创新与实践

第一节　校园剧课程的创新与实践

一、课程目标创新

在星教育理念的驱动下，校园剧课程的创新与实践旨在突破传统的教学模式，将戏剧艺术融入小学教育的各个层面。

课程目标的创新体现在以下几个关键点：

课程以"全面发展"为核心，强调学生的综合素质提升。通过校园剧活动，学生不仅在演技上得到锤炼，更重要的是，他们在剧本创作、角色扮演、舞台设计等多维度的实践中，锻炼了批判性思考、创新性解决问题、跨学科整合的能力，以及团队协作、领导力等社会与情感技能，从而实现个体的全面发展。

课程目标注重"个性化"与"自主性"。星教育理念倡导每名学生都是独一无二的，校园剧课程鼓励学生选择自己感兴趣的主题，自主创作剧本，担任导演，给予他们充分的创作自由，让每名学生都能"在活动中发现和发挥自己的潜能，实现个性化发展"①。同时，这种自由度也激发了学生的自主学习兴趣，他们主动寻求知识，勇于挑战自我，为终身学习打下基础。

课程目标强调"创新与实践"。校园剧课程不拘泥于传统的教学模式，鼓励学生尝试新颖的剧本主题、表演形式和舞台设计。例如，结合虚拟现实和增强现实技术，或者将科学、历史等学科知识融入剧本，以创新的方式提高学生的学习兴趣和参与度。通过实践活动，学生将所学知识应用于实际，增强了他们的实践能力和创新思维。

课程目标还体现在"社区参与共享"。校园剧课程不仅限于学校内部，还

---

① 高度. 中国民族民间舞蹈概论［M］. 上海：上海音乐出版社，2014：44.

与社区紧密相连，学生通过组织和参与社区戏剧节，将戏剧教育的益处分享给更多人，同时促进社区文化的交融与发展。这种实践让学生在服务社区的过程中，培养了对社会责任的认识和公民素质。

在课程目标的创新上，校园剧课程致力于培养21世纪所需的关键技能（如批判性思维、创新精神、团队合作和跨文化理解），以适应不断变化的世界。它不仅是一个展示学生才华的舞台，更是一个培养未来领导者和全球公民的平台。通过这些创新的课程目标，校园剧正逐步成为实现星教育理念、促进小学课程统整的有效工具，为学生的未来助力。

二、课程内容创新

课程内容创新是校园剧课程的核心部分，它将戏剧艺术与传统学科知识有机地融合在一起，提供了丰富多样的学习体验。星教育理念倡导的全人教育在课程内容创新中得以体现，具体表现在以下几个方面：

"剧本创作的跨学科整合成为课程内容的关键。"[①]教师和学生携手将文学、历史、科学、艺术等多领域的知识融入剧本中，使学生在创作过程中不仅运用所学知识，还在角色构建和情节设计中提升批判性思考和创新性解决问题的能力。这种创新方法使学生在剧本创作中深化对学科的理解，同时培养他们的综合素养。

角色扮演环节的深化学习。学生在扮演不同角色时，不仅要理解角色的背景和动机，还要思考角色如何应对不同情境，这有助于培养情感智商和人际交往技能。同时，通过角色之间的互动，学生能更好地理解多元文化，学会尊重和欣赏差异，这在当前全球化背景下至关重要。

舞台艺术与美学的融合是课程内容创新的一个亮点。学生在舞台设计、服装制作、灯光运用等实践中，不仅学习艺术技巧，还培养了对美的感知和鉴赏能力，这不仅是艺术素养的提升，更是创新思维与审美意识的培养。此外，通过这些实践活动，学生还能将艺术与科技结合，比如运用现代技术提升舞台效果，从而开阔他们的艺术视野。

在排练与表演过程中，除了提升表演技巧，学生还学会了压力管理、团队协作和冲突解决，这些都是他们未来生活和工作中不可或缺的软技能。通过反

---

① 平心. 舞蹈表演心理学［M］. 上海：上海音乐出版社，2012：27.

复练习和即时反馈，学生养成了自我修正和持续改进的习惯，这是自主学习能力的重要体现。

课程内容的创新还体现在与社区的紧密联系上。校园剧活动常常与社区的戏剧节、文化活动相结合，让学生有机会在真实环境中表演，提高他们的公众演讲和展示能力，同时培养他们的社会责任感。通过参与社区项目，学生能更直观地感受到艺术与社会的互动，从而深化对社会议题的理解。

对于教师而言，课程内容创新意味着他们需要扮演导演与引导者的角色，不仅要传授戏剧知识，还要激发学生的创造力，鼓励学生尝试创新的剧本主题和表演方式。教师的职责从传统的知识传递者转变为学习过程的设计者，这要求他们不断提升自身的艺术素养和教育创新意识。

通过这些课程内容创新，校园剧课程不再局限于传统的表演艺术，而是成了一个综合性的学习平台，它涵盖了学科知识的深度学习、情感智能的培养、艺术鉴赏能力的提升，以及社会参与和创新思维的锻炼。这种创新的课程内容，不仅丰富了学生的学习体验，也为他们提供了全面发展的机会，使他们在星教育理念的引导下，成为具有多维潜能和未来竞争力的个体。

三、教学方法创新

在星教育理念的指导下，校园剧课程呈现出多元化和个性化的特点，旨在打破传统的讲授模式，让学生在实践中学习，通过角色扮演、合作探究和反思性评价等方法，实现深度学习和全面发展。以下是教学方法创新的几个关键点：

以学生为中心的探索式教学。教师不再是知识的传递者，而是引导学生自主探索和发现的伙伴。他们鼓励学生在剧本创作中提出自己的观点，尝试不同的角色，通过角色扮演挑战自我，感受不同的人生。这样的教学方法培养了学生的批判性思考和创新性解决问题的能力，也激发了他们对学习的内在动力。

合作学习与项目管理的实践。在校园剧的排练过程中，学生需要与团队成员紧密合作，共同制订排练计划，解决表演中的问题。这不仅锻炼了他们的团队协作能力，也让他们在实际操作中学习项目管理（如时间管理、任务分配和资源调度），这些都是未来生活和工作中不可或缺的技能。

反思性评价与自我提升。在校园剧课程中，教师和学生一起进行过程性评价，关注学生在学习过程中的进步和困难，鼓励他们自我反思，提出改进策略。这种评价方法有助于学生发展自我认知，增强自我修正和持续改进的能力，促进自主学习。

跨学科整合的实践教学。教师在教学中将戏剧与文学、历史、科学、艺术等多学科知识相融合，让学生在表演中理解和应用这些知识。例如，通过历史剧的排练，学生可以深入了解历史事件，同时提升对文学语言的感受和理解。这样的教学方法既丰富了学习内容，也加强了学科间的联系，提升了学生的综合素养。

融合现代科技的创新教学手段。利用数字化工具（如虚拟现实、增强现实等）为学生提供创新的表演和学习平台。这些技术扩展了学生的创作空间，推动他们尝试新颖的表演形式，同时培养了他们的数字素养和创新思维。

社区参与共享的实践模式。校园剧课程鼓励学生走出学校，与社区互动，通过戏剧节、社区剧目等形式，让学生在真实环境中展示自己的作品，同时，让他们体验到艺术对社区的影响。这样的实践不仅提升了学生的公共演讲和展示能力，还增强了他们的社会责任感。

教学方法的创新是校园剧课程的灵魂，它通过激发学生的学习兴趣，提供丰富的实践机会，让学生在表演艺术的探索中，实现知识、技能和情感的全面发展。在星教育理念的引领下，教学方法的创新将不断推动校园剧课程的可持续发展，为学生的未来提供更多可能性，帮助他们成为星光璀璨的未来之星。

四、教学手段创新

在星教育理念的指导下，教学手段的创新是校园剧课程改革的关键环节，旨在突破传统的教学模式，将戏剧艺术的创新实践与现代教育技术相结合，提供更为丰富和个性化的学习体验。以下几点是教学手段创新的重要组成部分：

数字化平台的运用。通过数字化工具（如在线剧本编辑器、虚拟排练室、虚拟现实和增强现实技术等），学生可以在虚拟环境中创作剧本，进行角色分析和排练，这不仅提升了他们对新技术的掌握程度，也开阔了他们的创作视野，为表演艺术提供了前所未有的可能性。

个性化剧本创作。鼓励学生根据个人兴趣和特长自主选择或者原创剧本，赋予他们更大的创作自由，这不仅激发了他们的创新精神，也帮助他们发现和发展个性化的艺术表达方式，从而实现个性化成长。

合作式教学。教师引导学生以小组形式进行剧本创作、排练和表演，这提升了他们的团队协作能力，培养了他们的沟通技巧和领导力。同时，小组内部的互动和评价机制促进了同伴学习，增强了学生对自我和他人的认知。

多元化评估方式。除了传统的教师评价，引入同伴评价、自我评价和观众反馈，形成多元化的评价体系。这种评价模式鼓励学生反思自我进步，也让他们在表演之外的领域得到成长。

融合式学习。将戏剧教育与各学科整合（比如结合科学、数学、社会学等知识），让学生在表演中进行跨学科学习，提升他们理解和解决问题的能力，同时培养了他们解决复杂问题的能力。

开放性学习环境。鼓励学生走出教室，与社区、专业人士和公众互动，通过参与社区戏剧节、与艺术家合作等形式，让学生在真实场景中学习和应用戏剧知识，提高他们的社会参与感和公民素养。

反思性学习。通过定期的创作讨论、排练反馈和表演后的总结，教师引导学生进行深度反思，帮助他们理解学习过程中的挑战与收获，形成有效的自我调整策略，从而促进自主学习和持续改进。

教学手段的创新不仅丰富了校园剧课程的教学方法，而且通过深度参与、自我发现和互动交流，让学生在戏剧艺术的实践中实现发展，这与星教育理念中培养全面发展的个体的目标相契合。在这样的教学环境中，学生能够成为主动的学习者，通过表演艺术的探索，发掘自我潜能，成长为具备创新精神和全球视野的未来之星。

第二节　学生参与式教育模式下的实践探索

一、学生参与课程规划

学生参与课程规划是星教育理念在校园剧实践中的一个重要体现，它强调学生的主体地位，鼓励他们参与决策，从而实现自主发展。通过这种方式，学生不仅增强了对课程的归属感，还提升了规划、决策和执行的能力，为未来的课程规划打下基础。校园剧课程的规划过程通常包括以下几个关键步骤：

引导学生参与课程目标设定。教师可以组织讨论，让学生分享自己对戏剧艺术的理解和期待，共同确定课程的核心目标，如提升表演技巧、增强团队合作，或者探索跨学科知识的融合。在这个过程中，教师应尊重学生的观点，鼓励他们提出创新性想法，以激发他们对课程的兴趣。

学生参与课程内容选择。教师可以提供一系列剧本主题供学生选择，或者鼓励他们自主创作剧本。通过角色选择和剧本讨论，学生可以将个人兴趣与课程目标相结合，实现个性化学习。同时，教师应引导学生在选择过程中考虑剧本的社会意义，以培养他们的社会责任感。

学生参与课程活动设计。在排练和表演的过程中，教师可以分阶段让学生承担部分组织和策划工作，如角色分配、场景设计、道具制作等。这不仅能让学生在实际操作中锻炼组织协调能力，还能让他们更深入地理解剧本和表演艺术。

学生参与评估体系的构建。教师可以引导学生反思课程的进程，共同设计评价标准，如表演技巧的进步、团队合作的表现、剧本创作的创新性等。这种评估方式，有助于学生建立自我认知，提高学习的主动性和有效性。

学生参与课程资源的整合。教师可以引导学生利用校内外资源，如邀请戏剧专家举办讲座，参与社区戏剧节。这种跨资源的学习不仅丰富了课程内容，也让学生在实际操作中提升资源整合和跨领域合作的能力。

学生参与课程反思与改进。在课程结束后，教师应组织学生进行总结分享，讨论课程的亮点和改进点，这既是学习的反馈，也是对下一次课程规划的启发。学生在反思中可不断调整自己的学习策略，提升自己的学习效果。

通过学生参与课程规划的实践，校园剧课程充分调动了学生的积极性和创造力，使他们成为课程的主人，而非被动接受者。这种主动参与的方式不仅提升了学生的学习动力，还培养了他们在未来生活和工作中所需的决策能力、创新能力、沟通协作能力和自我管理能力，体现了星教育理念下学生自主发展的核心价值。

二、学生主体参与学习过程

学生主体参与学习过程是校园剧实施的关键要素，它致力于将学生置于学习的中心，让他们在探索、实践和创造中实现自主发展。这一过程以学生的需求和兴趣为导向，鼓励他们在剧本创作、角色扮演、舞台设计等各个环节中发挥主体作用，真正体验到学习的喜悦，同时培养了他们的批判性思维、解决问题的能力以及团队合作精神。以下是学生作为主体参与学习过程的具体体现：

在剧本创作阶段，学生不再局限于教师提供的剧本，而是"通过小组讨论、头脑风暴等形式，共同构思故事情节，设计角色，融入所学的学科知识"①。这不仅锻炼了他们的想象力和创新思维，也促进了跨学科知识的整合。学生在剧本创作的过程中，主动挖掘社会现象、历史事件等主题，使剧本更具深度和现实意义，同时培养了他们对社会问题的关注和思考能力。

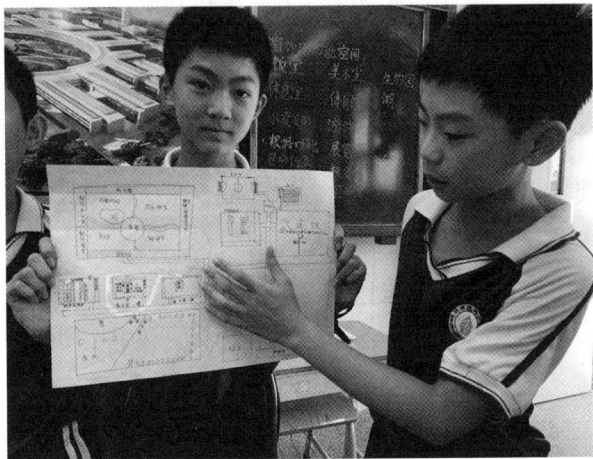

学生自己创编剧本、讲解剧本创作过程

进入角色扮演环节，学生通过选择或分配角色，深入理解角色的内心世界，尝试从不同角度看待问题。他们通过角色扮演，学习表达情感、理解他人和解决冲突，这有助于他们在实际生活中建立同理心，提升人际交往能力。同时，角色扮演中的即兴表演训练，能够增强学生的反应能力和应对复杂情况的灵活性。

在舞台艺术与美学的探索中，学生有机会参与到舞台设计、服装制作、灯光音响操作等实践中，将艺术与科技结合。他们可能尝试使用现代技术（如虚拟现实、增强现实技术）提升舞台效果，这不仅培养了他们的艺术审美，也锻炼了他们在数字艺术领域的探索能力。通过实际操作，学生能够将所学的理论知识应用到实践中，体验到学习的成就感。

---

① 中国音乐剧研究会教学专业委员会. 音乐剧教育在中国：首届中国音乐剧教学与创作研讨会论文集 [M]. 北京：文化艺术出版社，2008：6.

角色海选突出学生的主体作用和参与的公平性

在排练和表演过程中，学生在教师的引导下，制订排练计划，解决排练中遇到的问题，这锻炼了他们的项目管理能力。他们需要学会与团队成员有效沟通，处理冲突，提升团队协作精神。同时，他们学会在压力下表演，培养了自我调节和自我展示的技巧。

在评价环节，学生不仅接受教师的反馈，更鼓励他们进行自我评价和同伴评价。这种多元评价方式促进学生的反思性学习，帮助他们认识到自己的优点与不足，调整学习策略，促进自我完善。

学生主导的校园剧课程还注重社区参与，将戏剧带入社区，或邀请社区成员参与，这让学生在与社会的互动中提升了公共演讲水平、组织协调能力和领导力。他们通过戏剧教育活动影响社区，实现教育的共享与增值，同时增强了社会责任感。

在星教育理念的指引下，学生主导学习过程的实践，使得校园剧课程成为了一个开放、多元、创新的学习平台，它不断提升学生的艺术素养，培养他们的综合能力，也为他们提供了一个自我实现和发展的空间。在学生主导的学习过程中，他们逐渐成为自主的、有创造力的学习者，为未来的学习和生活打下坚实的基础。

三、学生参与教学评价

在星教育理念的指导下，学生参与教学评价被赋予了全新的意义。通过让学生参与课程评价过程，不仅能够增强他们对学习成果的认同感，还能培养他们的批判性思考、自我反思和沟通能力。在学生参与教学评价的实践中，我们采用了以下策略：

引入同伴评价机制。在排练和表演结束后，学生互相提供反馈，分享对彼此表现的观察和建议。这种做法鼓励学生从他人的角度审视自己的表演，学会欣赏他人的长处，同时认识到自身需要改进的地方。同伴评价不仅提高了学生的自我认知水平，还促进了他们之间的互动和合作。

实施自我评价。在剧目排练阶段，学生被鼓励定期反思自己的表演，记录进步和挑战。通过设定个人目标，学生可以更加明确地了解自己的学习进度，这有助于他们调整自己的学习策略，以实现更好的表现。自我评价有助于培养学生的自主学习能力，让他们学会对自己的学习负责。

学生参与设置评价标准。教师与学生共同讨论，制定出一套评价体系，包括表演技巧、角色理解、团队协作等多个方面。学生在这个过程中，不仅理解了评价的目的，也学会了设定和衡量学习成果。这种参与式评价标准的制定有助于学生更好地理解课程目标，从而更有动力去达成。

引入观众反馈。在表演之后，邀请教师、家长和其他观众对学生的表演给出评价。学生从不同角度接受意见，学会从观众的视角分析自己的表现，增强其与观众沟通的能力。观众评价环节也强化了学生对表演现场反应的敏感度，提高了他们的即兴表演水平和应对能力。

定期总结与反思。课程结束后，组织全体学生共同回顾整个排练过程，分享学习心得，讨论成功的经验和存在的问题。总结与反思环节不仅让学生理解自己在学习过程中的成长，还提供了分享学习经验的机会，强化了团队学习的精神。

通过这些方法，学生参与教学评价成为了他们学习过程中不可或缺的一部分，他们不再仅仅是评价的对象，而是评价的参与者和主体。这一过程不仅促进了学生的自我发展，也提升了他们的评价能力和批判性思考能力，进而推动了校园剧课程的持续改进。在星教育理念的引领下，学生参与教学评价的实践让课程变得更加生动、富有意义，培育了具有独立思考能力、自我驱动性并能够与他人有效合作的未来之星。

四、学生参与成果展示与推广

在星教育理念的照耀下，学生在校园剧课程中的参与成果不仅仅是个人成长的见证，更是教育创新的鲜活体现。这些成果的展示与推广，不仅是对学生辛勤努力的肯定，也为其他学生、教师乃至整个教育界提供了宝贵的经验和启示。以下是学生参与成果展示与推广的策略和实践：

定期的校园剧汇演是学生成果的直观展示平台。校园剧演出可以邀请家长、社区成员和教育同行观看，让学生在真实的观众面前展现他们的表演技巧和剧本创作。通过这样的公开表演，学生获得了宝贵的舞台经验，也在社区中传播了戏剧教育的价值，增强了公众对星教育理念的理解和支持。

学生的作品可以通过多媒体形式进行传播。例如，录制并发布校园剧的精彩片段到学校网站或社交媒体上，让更多人领略到他们的才华。这种线上展示方式可以跨越地域限制，将学生的成果推广至更广泛的受众，有助于提升他们的自信心，同时能激发其他学生参与戏剧活动的兴趣。

组织戏剧工作坊或讲座，邀请参与校园剧的学生分享他们的创作过程和学习心得，是一种有效的成果推广方式。这些活动可以作为教育资源，让其他学生和教师了解校园剧课程的实施细节，学习如何将戏剧艺术融入教学中。通过分享，学生可以传播他们的创新实践经验，也从他人的反馈中获取改进的建议，形成学习的互动网络。

学生"参与剧本创作和表演的成果可以出版成书或电子出版物，将他们的作品固化为可供他人学习的教材。"[①]这样的出版物不仅能体现学生的创造性思维，也可能激发其他学生进行剧本创作的热情，同时为教师提供丰富的教学素材。

社区戏剧节或艺术节也是学生参与成果展示的绝佳舞台。通过参与这些大型活动，学生可以与其他学校或社区的戏剧表演者交流，开阔视野，同时为校园剧课程争取更多的认可。这种交流和竞争环境有助于提升学生的竞争意识和合作精神，也鼓励他们将校园剧课程的创新思想传播到更广阔的社会领域。

鼓励学生参加戏剧比赛和奖项角逐，不仅可以为他们的努力赢得正式的认

---

① 方立. 表演艺术中角色情感的创造 [M]. 北京：中国戏剧出版社，2020：56.

可，也能在同龄人中树立榜样，激励更多人投入到戏剧艺术的学习中。比赛和奖项的获得不仅是个人荣誉，也是对学校和教师教学成果的肯定，有助于提升校园剧课程在教育领域的影响力。

通过这些策略，学生的校园剧成果得以充分展示，他们的努力和成就成为了推动教育创新的力量，为校园剧课程的持续发展和星教育理念的普及提供了有力的支撑。在星辉璀璨的未来，这些展示与推广活动将成为学生个体发展与教育生态共荣的重要一环，让每名参与其中的学生都成为教育创新的积极推动者和实践者。

第三节　校园剧课程的教育评价与质量保障

一、评价指标体系构建

在星教育理念的指导下，校园剧课程的教育评价体系应充分体现对学生全面发展的关注，不仅考察学生的表演技能，更应侧重于他们在课程中的主动参与、创新思维、团队合作、情感成长和跨学科学习能力的提升。构建一个全面、公正、有效的评价指标体系，是确保校园剧课程质量与可持续发展的重要步骤。

艺术技巧与创新性。评价指标应包含对学生表演技巧的评估（如声音控制、肢体表达、角色刻画等），也要考量他们的创新思维，是否能将所学的艺术知识与个人见解融入表演，以及在剧本创作中的创新性。

跨学科知识整合。通过分析学生的剧本内容，评价其对多学科知识的运用程度（如历史事件、科学原理在戏剧中的体现），以及他们如何将这些知识转化为表演中的创意。

团队协作与领导力。观察学生在排练和表演过程中，是否能够有效沟通、合作解决问题，以及他们在团队中的领导力，如是否能指导队友、协调排练进度等。

情感与社会技能。评价学生在角色扮演中情感表达的深度，以及他们在排练和表演中展现的同理心、自我认知和冲突解决能力，这些都是情感与社会技能的重要体现。

自主学习与批判性思考。通过观察学生在剧本分析、角色选择、排练策略的制定等过程中，是否能主动学习和独立思考，以及他们对自我表现的反思与改进能力。

社区参与与共享。衡量学生在校园剧课程中与社区的互动程度（如参与社区活动、分享表演成果、影响他人的能力），这是衡量课程社区参与度的关键指标。

个体发展与多元潜能。评价体系应关注每名学生的个性发展，识别他们在课程中的独特贡献，以及他们如何通过校园剧课程挖掘和发挥自己的多元潜能。

自我评价与同伴评价。鼓励学生进行自我评价，同时考虑同伴的反馈，这能帮助他们建立更全面的自我认知，培养批判性自我反思能力。

观众与专家反馈。观众和专家的评价是衡量校园剧表演质量与教育价值的重要参考，这有助于学生理解艺术作品的接受度和影响，提升他们的表演技巧和艺术鉴赏能力。

可持续发展与未来潜力。评估学生在课程中的长期进步，预测他们未来在戏剧艺术或者其他领域的潜力，以及他们可能对教育创新的持续贡献。

这样的评价指标体系旨在全面评价校园剧课程的效果，确保其在星教育理念的引导下，为学生的全面发展提供有力支持。通过定期的评估与反馈，教师可以调整教学策略，优化课程内容，同时，学生能在多元化的评价中找到自我提升的方向，实现真正的个性化和自主学习。通过这样的评价体系，校园剧课程不仅能成为教育创新的实践者，更能成为未来教育发展的引领者。

（一）学生学习过程表现评价指标

在星教育理念的指导下，对学生学习过程表现的评价是校园剧课程质量保障的关键环节。这一评价体系旨在全面考察学生在课程中的成长，不仅关注传统表演技能的提升，更侧重于他们在情感、思维、团队合作等多方面的综合发展。以下是学生学习过程表现评价指标的几个核心维度：

角色理解与扮演能力。评价学生对角色理解的深度和广度（包括角色背景、动机的把握），以及在扮演中情感表达的自然度和准确性。同时，评估学生是否能跨越自我，理解并呈现出角色的复杂性和多元性。

剧本创作与创新思维。考察学生的剧本构思能力（包括故事情节的连贯性、创新性），以及如何将跨学科的知识融入剧本，并评估其在剧本创作中的创新思维和解决问题的能力。

团队合作与沟通技巧。评价学生在排练和表演过程中的团队合作能力，如角色分配、组织排练、解决冲突等。同时，衡量他们在沟通交流中的表达能力、倾听技巧和领导力。

艺术审美与创意思维。评估学生在舞台艺术设计、服装制作、灯光运用等实践中的创新性，以及他们对美学的理解和鉴赏能力。这不仅涉及技术层面，还包括他们如何将艺术与科技结合，创新表演形式。

情感表达与同理心。观察学生在角色扮演中如何表达情感，以及他们是否能够通过角色理解他人的感受，培养同理心和情商。

自主学习与批判性思考。评价学生在学习过程中的主动性和独立性（如自我设定学习目标、制定学习策略），以及对自我表现的反思与批判性思考的表现。

跨学科知识的应用。分析学生在剧本创作和表演中是如何运用所学的各学科知识的，以及这些知识如何丰富他们的表演和理解。

社区参与与影响力。衡量学生在社区活动中的表现（如参与戏剧节、社区剧目），以及他们的表演如何影响和启发他人，体现教育的共享与增值。

自我评价与反思能力。鼓励学生对自己的学习过程进行反思（包括对表演技巧、团队合作、剧本创作等方面的自我评估），并根据反馈进行调整和改进。

未来潜力与发展目标。评估学生在课程中的进步速度和持续发展的动力，预测他们在戏剧艺术和其他领域的潜在成就，以及他们对教育创新的贡献潜力。

通过这些评价指标，教师可以全面了解学生在校园剧课程中的成长，为每名学生提供个性化的反馈和指导，促进他们的全面进步。同时，这些指标也为课程开发者和教育决策者提供了有价值的信息，以优化课程内容和教学方法，确保校园剧课程持续高质量地支持星教育理念的实施。

（二）学生知识与技能掌握评价指标

在星教育理念的背景下，对学生知识与技能掌握的评价是校园剧课程质量保障的重要组成部分。评价体系需要关注学生在戏剧表演、艺术素养、跨学科应用以及情感与社会技能等多方面的知识和技能获取。以下是核心的评价指标：

表演技能。评价学生在舞台上的表现能力，包括声音控制、肢体语言、角色转换的自然度和真实性，以及面部表情对情感的传达。同时，评估他们在即兴表演中的反应速度和创新能力。

艺术理论与实践。考察学生对戏剧艺术理论的掌握，如剧本分析、舞台设计、灯光音响效果的理解和应用，评估他们在实际操作中将理论知识转化为艺术实践的能力。

跨学科知识整合能力。通过分析学生在剧本创作中对历史、科学、文学等学科知识的运用，评价他们整合和转化多元知识的能力，以及对跨学科问题的解决能力。

创新思维与解决问题能力。评价学生在剧本创作、角色设定和表演过程中展现的创新思维，以及他们如何解决实际问题，如排练中的冲突、情境设计等。

情感表达与同理心。观察学生在角色扮演中情感的深度与真实度，以及他们对他人的理解和共情能力。这包括理解和演绎角色的内心世界，以及在表演中展现的同理心。

自我表达与沟通能力。评估学生在排练和表演中与团队成员的沟通和协作，如角色分配、排练计划制订，以及讨论和解决问题的技巧。

自主学习与反思能力。考察学生在课程中的自我驱动（如设定学习目标、制定学习策略），以及他们对表演过程的反思、寻求改进的方式和策略。

社区参与与影响。衡量学生在社区戏剧活动中的表现（如组织能力、公共演讲技巧），以及他们的表演如何影响和激励社区成员，展现教育的共享与增值。

项目管理与时间管理。评价学生在排练和表演中的组织能力（如任务分配、时间调度），以及他们在实际操作中对项目进度的掌控程度。

自我评价与互评技巧。鼓励学生对自己和同伴的表演进行评价，培养他们的批判性思考和分析能力，以及对他人的尊重和理解。

这些评价指标旨在全面、公正地反映学生在校园剧课程中的知识与技能掌握情况，为教师提供及时的反馈，帮助他们调整教学策略，以适应学生的学习需求。同时，为学生提供了一个清晰的成长路径，让他们能在星教育理念的引领下，实现知识和技能的同步提升，为未来的学习与生活打下坚实的基础。通过这些评价指标，校园剧课程确保了每颗潜在的明星都能在知识的海洋中熠熠生辉，展现出独特的光彩。

（三）学生情感态度与价值观发展评价指标

在星教育理念的指导下，学生的情感态度与价值观发展是校园剧课程评价体系中的重要组成部分。这一评价侧重于学生的个人成长，以及他们在课程中的情感表达、价值观塑造和道德判断能力。以下是学生情感态度与价值观发展评价的关键指标：

情绪智能。评估学生在表演和日常生活中情绪识别、理解和管理的能力。通过角色扮演，学生学习如何表达和处理复杂情感，培养同理心，以及在面对困难时的韧性。

自我认知。考察学生对自己在剧本角色中的表现以及个人优点与不足的了解程度。通过自我评价和反思，学生能够建立清晰的自我形象，促进自我接纳和成长。

自尊与自信。衡量学生在参与校园剧课程中的自信心以及对自身能力的认可。通过成功的表演和得到的正面反馈，学生的自尊与自信得以增强，这对他们的终身学习和职业发展至关重要。

道德判断与社会责任感。评价学生在表演中对道德议题的理解，以及他们在现实生活中的道德决策。通过角色扮演，学生能体验不同的道德困境，培养正确的道德观和社会责任感。

创新思维与批判性思考。观察学生在剧本构思、角色解读和表演过程中，如何运用创新思维解决问题，以及他们对信息的批判性分析能力。这有助于学生在面对未来挑战时，能够独立思考和创新。

人文素养与文化理解。评估学生在校园剧课程中对不同文化背景的包容与理解，以及他们对艺术作品背后人文价值的感悟。这有助于学生在全球化背景下发展跨文化沟通和理解能力。

个人成长与目标设定。通过观察学生在课程中设定的个人目标，以及他们如何通过表演艺术实现这些目标，评价他们的成长与进步。这有助于学生塑造积极的人生观，为未来设定有意义的目标。

价值观传承与弘扬。评价学生在校园剧中的表现如何传递和弘扬社会正能量，如团队合作、尊重、公正等价值观。这有助于学生成为社会价值观的积极传播者。

自我激励与目标追求。考察学生在艺术追求中的自我激励能力，以及他们如何在困难面前保持对表演艺术的热情。这有助于学生在生活中保持对目标的追求。

社会参与与领导力。通过参与社区活动和表演，评估学生的社会参与度和领导力，观察他们如何有效地与他人合作，以实现共同目标。

这些情感态度与价值观发展评价指标旨在全面了解学生在校园剧课程中学到的生活技能，为他们的全面发展提供有力支持。通过这些评价，教师可以为学生提供有针对性的指导，帮助他们塑造积极的人生观，对学生培养成为星教育理念下的未来领导者。同时，评价结果也为课程开发者提供了反馈，以确保课程内容与教学方法始终与星教育理念保持一致，从而持续推动学生的全面发展。在星辉璀璨的未来，这些评价指标将伴随学生的成长，确保他们的情感态度和价值观与教育目标同步提升，成为拥有丰富内心世界和高尚道德品质的未来之星。

（四）教师教学质量评价指标

在星教育理念下，对教师教学质量的评价同样至关重要，它直接关系到校园剧课程的实施效果及学生的全面发展。理想的教师评价体系应关注教师在课程设计、教学方法、学生引导、课程整合以及专业发展等方面的综合表现。以下是一些关键的教师教学质量评价指标：

课程创新与设计。评价教师在课程设计中的创新能力，是否能将星教育理念与戏剧艺术有机融合，构建具有挑战性和吸引力的课程内容。同时，评估教师是否能灵活运用不同的教学策略（如角色扮演、情境模拟等），促进学生主动学习。

教学方法与策略。考察教师在课堂上的教学方法是否能激发学生的学习兴趣，是否能引导学生通过戏剧实践深化对知识的理解。评估教师是否能有效地运用反馈机制，帮助学生调整学习策略，且在教学过程中是否注重培养学生的批判性思维和解决问题能力。

学生引导与支持。评价教师在排练和表演过程中对学生个体差异的敏感度，以及他们如何根据不同学生的需求提供个性化指导。教师是否能有效促进学生的团队合作，鼓励他们自主决策，发展他们的领导力。

跨学科整合。评估教师在课堂中如何将戏剧艺术与其他学科知识相结合，以提升学科知识的趣味性和实用性。评估教师是否能引导学生在戏剧实践中发现学科间的关联，培养他们的跨学科学习能力。

评价与反馈。考察教师是否能够公正、及时地对学生的学习过程和成果提供反馈，以及他们如何利用评价结果调整教学策略。评估教师是否能鼓励学生自我评价和同伴评价，以提升他们的自我认知和批判性思考能力。

社区参与与合作。评价教师在校园剧课程中如何与社区资源互动（如邀请专家开展讲座、组织社区活动等），以增强课程的实践性和社区价值。教师是否能通过这种方式培养学生的社会责任感和公民意识。

专业发展与反思。评估教师是否持续关注戏剧教育发展趋势，积极参加专业培训，以提升自身的教学水平。评估教师是否能定期反思自己的教学实践，寻求改进，以适应星教育理念的不断深化。

学生反馈与评价。收集学生对教师教学的评价，包括他们对教师的教学方法、课程设计、支持与指导的满意度。学生反馈是衡量教师教学质量的重要参考，能帮助教师了解自身的教学效果，为持续改进提供依据。

课程可持续发展与未来规划。评价教师在规划课程的未来发展方向时，是否具有长远视角，是否能够前瞻性地预见教育趋势，以及如何将这些预见融入课程设计，以确保校园剧课程的长期效益。

教育创新与实践。衡量教师在实际教学中实施创新教学法的勇气和效果。评估教师是否能将最新的教育理念和教学技术融入课程，以激发学生的学习热情，促进他们的全面发展。

通过这些教师教学质量评价指标，学校和教育部门可以全面了解教师在校园剧课程中的表现，为教师的专业发展提供指导，同时确保课程实施的高效性和星教育理念的深入贯彻。这既能提升教师的教学能力，也能促使他们更好地引领学生在星辉璀璨的教育旅程中追寻自我，发掘潜力，成为未来的璀璨之星。

（五）课程资源与环境评价指标

在星教育理念的引领下，校园剧课程的资源与环境评价旨在确保课程的实施拥有足够的物质和非物质资源支持，营造有利于学生全面发展的教育环境。以下是一些关键的课程资源与环境评价指标：

硬件设施。评价学校提供的演出场地、舞台设备、音响系统、灯光设施等是否能满足校园剧排练和表演的需要，以及这些设施是否能够激发学生的创新和实践精神。

软件资源。评估学校是否提供充足的剧本库、戏剧教学资料、艺术参考书籍以及在线资源，以支持学生和教师在剧本创作、角色研究和艺术设计中的学习需求。

教师团队。评价教师的专业背景、戏剧教育经验和创新能力，以及他们对星教育理念的理解和实践。一个多元化、专业化的教师团队能为课程带来丰富的教学策略和深度的学科整合。

合作伙伴关系。衡量学校与艺术机构、社区团体、大学等外部资源的互动程度，这些合作关系能够为学生提供实践机会，开阔视野，同时为课程的创新和实践提供支持。

资源整合与利用。评估教师在课程设计和实施过程中，如何有效地融合艺术、科技、社会资源，推动跨学科整合，以及他们是否能引导学生合理利用这些资源进行创新实践。

学生支持系统。评价学校是否拥有足够的人力资源（如心理咨询员、学习辅导员）以支持学生在情感、心理和学习上的需求，确保他们在校园剧课程中的健康发展。

家庭与社区参与。考量家长和社区成员在校园剧课程中的参与度，以及他们的反馈对课程改进的贡献。高参与度的社区意味着课程具有更强的社区共享性和教育影响力。

资源可持续性。评估学校对校园剧课程资源的管理策略（包括预算分配、设备维护、资源更新），以及是否可以确保这些资源能够长期服务于课程的发展。

艺术与文化氛围。评价学校是否营造了一个尊重艺术、鼓励创新、开放交流的文化氛围，这将直接影响学生在校园剧课程中的参与度和学习效果。

学习环境。观察和评价排练空间的舒适度、安全性，以及是否为学生提供了一个安全、富有支持性、鼓励探索和创造的学习环境。

通过这些课程资源与环境评价指标，教育管理者可以"全方位评估校园剧课程的实施条件，确保资源的有效利用和优化"[①]，从而为学生提供一个理想

---

① 伯斯奇德，丽甘. 人际关系心理学［M］. 李小平，李智勇，译. 上海：上海教育出版社，2018：42.

的学习舞台,为他们的全面发展和创新实践提供坚实的基础。在星教育理念的照耀下,优质的资源与环境将为每名学生创造一个充满可能性的成长空间,让他们在舞台上绽放如星辰般耀眼的光芒。

二、评价方法多元化

在星教育理念的框架下,校园剧课程的评价方法应当多元化,以全面、客观地反映学生在艺术表现、个人成长和社区贡献等多方面的成就。多元化评价旨在确保评价过程的公正性,鼓励学生在不同维度上展示自我,同时促进教师和学生对学习过程的深度反思。以下是一些实施多元化评价的策略和实践:

形成性评价与总结性评价的结合。形成性评价关注学生在课程过程中的进步,通过观察、讨论及时反馈学生的表现,帮助他们调整学习策略;总结性评价则在课程结束时全面评估学生的学习成果,如最终的表演和反思报告。结合两者,教师能更全面地评估学生的成长轨迹,同时给予学生即时的指导和反馈。

主观评价与客观评价的平衡。主观评价如教师和同伴的观察与反馈,能深入了解学生的个性和潜力;客观评价如标准化的技能测试和观众评分,能确保评价的公正性和一致性。通过两者结合,既能强调学生的个人特质,又能保证评价的标准化。

学生成为校园剧课程评价的主人

定量与定性的结合。定量评价（如评分和数据统计）为评价过程提供具体的标准和易于比较的结果；定性评价（如观察笔记、访谈记录）能深入展现学生的情感、态度和创新思维。结合定量与定性评价，既能保证评估的客观性，又能揭示学生的深度学习。

自我评价、同伴评价与专家评价的融合。自我评价鼓励学生反思自己的学习过程，培养自我认知和批判性思维；同伴评价能增强团队合作，培养互相学习的意识；专家评价可以为学生提供更专业的视角，帮助他们理解艺术作品的接受度和影响。通过纳入多角度的评价，学生能更全面地了解自己的表现和提升路径。

现场表演与视频记录的对照。现场表演能评估学生在真实观众前的表现，而视频记录则允许教师和学生事后分析，观察细微的表情、动作和声音变化，这有助于提高学生在舞台上的表现力和自我改进能力。

课程内评价与课程外关联评价的结合。课程内评价关注学生在校园剧课程中的具体表现；课程外关联评价则考察学生在其他学科或社区活动中的应用，如剧本创作的影响、表演在社区中的反响等。这种结合能衡量学生在不同场景中的学习迁移，促进跨学科整合。

静态评价与动态评价的结合。静态评价（如剧目表演）反映学生在特定时间点的成就；动态评价（如持续观察学生在排练过程中的成长）可以反映他们学习的连续性和进步情况。结合静态与动态评价，能更全面地掌握学生的学习进展。

通过这些多元化的评价方法，校园剧课程的评价体系不仅关注学生的艺术技能，更强调他们在情感、社会技能、跨学科整合和创新能力方面的发展。这样的评价实践有助于形成一个全面、公正的评价环境，激发学生的学习动力，促进他们成为星教育理念下的全面发展之星。同时，多维度的评价反馈也为教师提供了丰富的信息，使他们能够持续改进教学策略，推动校园剧课程的创新与实践，使其在教育改革的道路上不断前行。

（一）形成性评价与终结性评价结合

形成性评价与终结性评价相结合，是校园剧课程评价体系的重要特点，旨在确保对学生学习过程和最终成果的全面、公正评估。形成性评价关注学生在课程实施过程中的发展变化，帮助他们及时调整学习策略，而终结性评价则是在课程结束时对学生学习的全面总结。二者结合，为教师和学生提供了更为细致和立体的反馈，以助力学生个性化成长和课程的持续优化。

形成性评价通常包括定期的排练观察、教师与学生的个别会谈、同伴评价、自我反思，以及对剧本创作、角色扮演等具体活动的即时反馈。这些评价活动强调过程的连续性，关注学生情感态度、艺术技巧、团队合作等多方面的进步，鼓励学生在实践中不断尝试、学习和创新。例如，教师可以在排练中记录学生在角色理解上的进步，或者在剧本创作过程中发现他们跨学科知识应用的提升。通过形成性评价，学生不仅能及时了解自身的长处和待改进之处，还能在教师和同伴的建议中找到新的学习方向。

终结性评价则通常在课程结束后进行（如期末的舞台演出、作品集展示、反思报告等），侧重于对整个学习周期的总结。终结性评价不仅考察学生舞台表现的成熟度，还包括他们对整个学习过程的反思和总结。这种评价方式可以帮助学生从更宏观的角度审视自己的成长，理解自己在整个课程中的进步，以及如何将所学知识应用于实际表演中。例如，教师可以通过观看学生的演出，评估他们的表演技巧是否达到预期目标，同时，阅读他们的反思报告，了解他们对学习过程的深入理解。

形成性评价与终结性评价相结合，为教师提供了丰富的信息，帮助他们调整教学策略，以适应每名学生的需求。教师可以利用形成性评价的结果，及时在课程中引入新的教学方法或活动，以促进学生在不足之处的提升。同时，终结性评价的结果可以作为教师评估教学效果的依据，指导教师为下一个教学周期做好准备。此外，这种评价方法还能激励学生积极参与，因为他们清楚地知道自己在每个阶段的表现，以及如何在后续的学习中持续改进。

形成性评价与终结性评价相结合，为校园剧课程创造了动态的评估环境，强调了学生学习过程的连续性和发展性。它不仅关注学生的艺术技能，也关注他们在情感、社会技能、跨学科整合和创新能力上的成长。这样的评价体系有助于培养学生的自主学习能力，激发他们的创新精神，同时促进教师的专业发展，确保校园剧课程在星教育理念的引领下，持续为学生的全面发展提供有力支持。

（二）量化评价与质性评价结合

在星教育理念的校园剧课程评价体系中，量化评价与质性评价的结合是确保评价公正性与深度的关键。量化评价依赖于具体的数据和指标，用于衡量学生的技能掌握、知识理解等可量化的成果，而质性评价关注学生的主观体验、情感变化、创新思维等难以量化的方面。两者结合，可以更全面地评估学生在校园剧学习中的进步与成长。

量化评价通常包括学生在表演技巧方面的评分（如声音控制、肢体表达的准确性）以及他们在剧本创作中的创新分数。这种通过评分、等级或数据来衡量的评价方法提供了明确、客观的反馈，可帮助学生明确自己的优点与待提升之处。例如，教师可以通过计算学生在表演中的情感表达得分，了解他们在角色扮演中的情感表达效果。

质性评价则侧重于观察和记录学生的非量化表现，如他们在排练中的团队合作精神、情感投入、自我反思能力等。教师可以通过观察和访谈，收集学生的体验和感受，以及他们在课程中的个人成长故事。质性评价能揭示学生的深层次学习，如他们的创新思维如何在实际排练中体现，以及他们在角色扮演中的情感体验如何影响他们的个人发展。

量化评价与质性评价的结合，使得评价结果既有具体的数据支持，又有生动的案例分析，从而为教师提供了更全面的学生画像。例如，教师在量化评价时发现学生在表演技巧上得分较高，但在质性评价中发现他们的团队合作还需提高。这提示教师在未来的教学中，可以侧重于提升学生的团队协作能力，同时继续保持他们在表演技能上的优势。

为了有效地结合量化评价与质性评价，可以采取以下几种策略：

融合评价指标。在设计评价体系时，将技能评分、创新度、团队合作等量化指标与情感投入、角色理解等质性要素相融合，形成一个综合的评价框架。

平衡评价权重。在评价结果中，既考虑量化分数，也重视质性反馈，确保二者在评价总分中的平衡，避免单一评价标准的偏颇。

定期反馈与调整。定期对量化评价与质性评价的结果进行综合分析，为学生提供及时的反馈，同时调整教学策略以适应学生的学习需求。

多元评价主体。鼓励学生自我评价、同伴评价，以及结合教师和家长的观察，从多个角度收集反馈，以便更全面地了解学生在课程中的表现。

使用技术工具。利用在线教育平台进行量化评价数据的收集和分析，同时结合视频记录、观察笔记等质性评价手段，提高评价的效率。

通过这样的结合，量化评价与质性评价共同构建了一个综合、全面的评价体系，它既体现了星教育理念对学生知识技能的重视，也关注了他们在情感、态度与价值观方面的成长。这不仅有助于推动学生的个性化发展，也为教师提供了丰富的信息，以优化教学策略，确保校园剧课程在星教育理念的指引下，持续为学生的全面发展提供支持。

（三）自我评价、同伴评价、教师评价与家长评价结合

在星教育理念下的校园剧课程中，评价机制的多元化不仅体现在量化评价与质性评价的结合，还体现在评价主体的多元化。自我评价、同伴评价、教师评价以及家长评价的结合，共同构建了一个立体的评价体系，为学生提供了多元视角的反馈，促进其全面成长。这种多元评价方式充分体现了星教育理念下对学生的个性化关注，以及对教育生态中多方位互动的重视。

自我评价是学生对自己的学习过程和成果的反思，它鼓励学生发展自我认知和批判性思维。通过定期的自我评估，学生可以主动设定学习目标，评估自己的进步，并根据反馈调整学习策略。例如，学生可以反思自己对角色的理解是否深入，表演技巧是否有所提高，创作的剧本是否能够引发共鸣。

同伴评价则在合作与互动中培养学生的交流技巧和团队精神。让学生参与对同伴的评价，可以提升他们对他人的观察力，以及给予和接受建设性反馈的能力。通过角色扮演，学生可以观察同伴的表演，提出改进建议，这有助于他们既了解自己的表现，也能发现他人在表演中的优劣。

教师评价是基于教师的专业知识与经验，对学生的艺术表现、情感投入、团队协作等进行评估。教师评价融入了对戏剧艺术的理解，能够为学生的技能

提升和情感发展提供专业指导。同时，教师的反馈也是对学生努力的认可，能够激发学生的学习动力。

家长评价作为外部视角，提供了对学生在课程中表现的观察结果，以及他们在家庭环境中的延伸学习情况。家长的反馈可以帮助教师了解学生在家庭中的学习情况，以及家长对课程的期望与建议，有助于课程的持续改进。家长参与评价也有助于加强家校合作，共同促进学生的成长。

整合这四类评价，教师可以得到一个全面的学生画像，了解他们的强项、改进点以及潜在的发展方向。同时，学生通过接收多元反馈，能够更全面地认识自己，学会从不同角度看待问题，培养判断力和解决问题的能力。这种评价方式不仅关注学生的艺术技能，也关注他们的情感表达、团队协作和跨学科整合能力，体现了星教育理念下对学生全面发展和终身学习能力的培养。通过自我评价、同伴评价、教师评价与家长评价，校园剧课程的评价体系成为了学生自我提升的镜子、教师教学改进的指南以及家庭与学校沟通的桥梁，共同推动了教育创新与实践的深度融合。

三、质量保障措施

在星教育理念下的校园剧课程中，质量保障是确保课程实施效果、学生发展和教师专业成长的关键环节。为了实现这一目标，学校和教育部门应当采取一系列综合性的质量保障措施，以下是具体的实施策略：

制定课程标准。学校应依据星教育理念，制定详细的课程标准，明确课程目标、教学内容、教学方法和评价标准。这些标准应强调艺术与学科的整合、情感态度与价值观的培养以及学生自主性和创新能力的提升。

课程实施监控。通过定期的课堂观察、教师会议和学生访谈，及时了解课程的实施情况。关注学生的参与度、教学方法的有效性以及课程目标的达成度。教育管理人员和专家应定期进入课堂，提供专业指导和建议。

评价与反馈系统。建立一个全面的评价体系，既包括对学生的艺术技能、知识掌握、情感态度的评价，也包括对教师教学质量、课程资源利用的评价。利用多元评价方法，确保评价的公正性和全面性。

跨学科整合。鼓励教师在课程设计中，将戏剧艺术与多学科知识紧密融合。这不仅能提升学生对学科知识的理解，还能培养他们的跨学科学习能力。

课程资源优化。确保学校有足够的硬件设施（如舞台、音响、灯光设备），以满足校园剧的排练和表演需求。同时，提供丰富的软件资源（如剧本库、教学资料），支持教师和学生的创新实践。

专业培训和发展。为教师提供持续的专业发展机会（如戏剧教育研讨会、工作坊），帮助他们更新教学理念，提升戏剧教育技能。鼓励教师间交流与合作，共享教学经验和资源。

家庭与社区参与。积极邀请家长和社区成员参与校园剧活动（如观看演出、提供反馈），增强课程的社区共享性和影响力。这不仅提升了课程的实践性，也有利于培养学生的社会意识和公民责任感。

课程修订与更新。根据评价结果和教学反馈，定期对课程进行修订和更新，以适应教育发展趋势和学生需求的变化。课程修订应以学生发展为核心，兼顾艺术教育与学科整合。

课程可持续发展。建立课程的可持续发展机制，确保资源的有效利用和课程的长远规划。这包括资金的合理分配、设备的维护更新、资源的不断补充和更新。

评价结果的利用。将评价结果作为修订课程、改进教学和指导学生学习的重要依据。教师应及时对评价结果进行分析，为学生提供个性化指导，同时调整自己的教学策略。

通过这些质量保障措施的实施，学校不仅能确保校园剧课程的高效运作，还能促进学生在艺术、情感、知识、技能等多方面的发展，实现星教育理念的真正落地，为未来培养出具有多元才能和高尚品质的"星"。

（一）师资队伍建设与专业发展

在星教育理念的指导下，师资队伍建设与专业发展是确保校园剧课程成功实施的基石。优秀的戏剧教育教师不仅具备扎实的表演技能，还应深入了解星教育理念，懂得如何通过戏剧激发学生的创造力和批判性思考。为此，学校和教育部门应采取一系列措施，以提升教师的专业素养，保证校园剧课程的教学质量。

设立戏剧教育专业培训项目，为教师提供系统的学习机会，"内容涵盖戏剧理论、表演技巧、剧本创作、教学方法以及星教育理念的实践应用"[①]。这

---

① 孙强. 电影表演理论基础及表演训练［M］. 北京：中国国际广播出版社，2020：29.

些培训应当由专业的戏剧教育专家或有丰富实践经验的教师进行，确保教师能掌握最新的戏剧教育理念和教学策略。

　　为教师提供实践机会，鼓励他们参与校园剧的排练和演出，通过亲身体验深化对戏剧教育的理解。这不仅能提升教师的表演技能，还能让他们在实践中不断反思和改进教学方法，从而更好地引导学生。

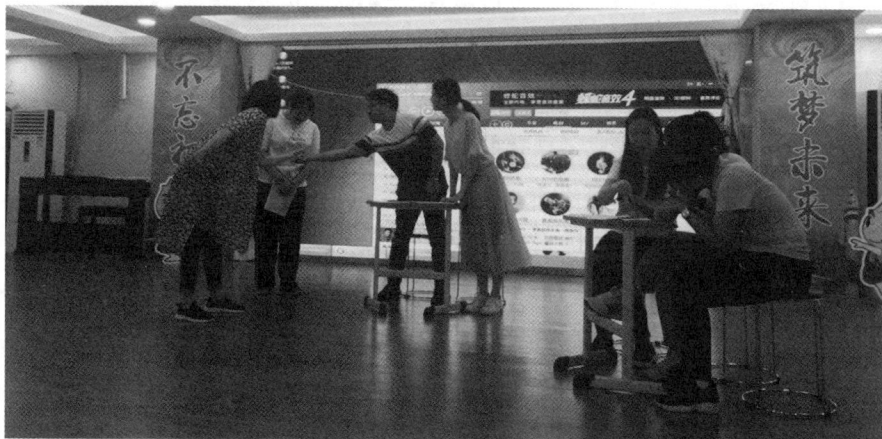

自编自导自演校园剧，教师身体力行

　　建立教师间的合作与分享机制，通过工作坊、研讨会等形式，让教师交流教学心得，分享成功的教学案例，共同探讨并解决教学中遇到的问题。这种合作氛围可以促进教师的专业成长，激发他们的创新思维。

　　引入专家指导和研究合作，邀请戏剧教育界的知名专家定期来校访问，对教师进行指导，或与学校开展科研合作，研究戏剧教育的新方法和新趋势。这不仅能为教师提供专业提升的平台，也能推动校园剧课程的持续创新。

同时，设立教师专业发展的激励机制，（如设立星级教师评定机制），鼓励教师不断提升自我，形成积极的竞争和学习氛围。通过评价教师在课程设计、教学效果、学生反馈等方面的综合表现，给予优秀教师表彰和奖励，激发他们的工作热情和专业追求。

为了确保教师队伍的持续发展，学校应建立教师的专业发展规划，帮助教师设定职业目标，提供个性化的发展路径。这可能包括进一步的学术深造、参与国内外戏剧教育交流项目，或者通过研究项目来提升教学研究能力。

家长在教师专业发展中也扮演着重要角色。学校应定期邀请家长参与教师的培训活动，让他们了解戏剧教育的价值，同时收集家长的反馈，以改进教学方法，提高家长对校园剧课程的认同和支持。

通过落实上述师资队伍建设与专业发展策略，学校能够培养出一支具备专业素养、热衷于戏剧教育的教师团队。这样的教师团队将有力地推动校园剧课程的实施，确保星教育理念在每名学生身上落地生根，让他们在戏剧的舞台上绽放出璀璨的星辉，成长为拥有深厚艺术素养和全面能力的未来之星。

（二）教学资源持续更新与优化

在星教育理念的指导下，教学资源的持续更新与优化是保证校园剧课程质量和学生发展的重要环节。教学资源不仅包括物质性的舞台设施、剧本库和教学资料，也涵盖了非物质性的教师团队、社区资源和合作网络。为了确保资源的有效利用，并适应教育的动态变化，学校和教育部门需要采取一系列策略与措施。

硬件设施的维护与升级是基础。学校应定期检查舞台设备、音响系统和灯光设施，确保它们能满足校园剧排练和表演的需求，同时，鼓励创新性地使用科技（如引入数字化排练平台、虚拟现实等技术），以提升教学的趣味性和技术含量。此外，提供安全、舒适的排练空间，也是营造有利于学生发挥创意和技能环境的有效措施。

软件资源的丰富与更新是关键。学校应鼓励教师和学生不断挖掘新的剧本，或者改编经典作品，以保持课程内容的新鲜度。同时，学校应支持教师参与戏剧教育研究，产出原创的教育教学资源（如教学法手册、剧本创作指南等）以丰富学校的教育资源库。通过在线平台，实现资源的分享和交流，促进资源的增值使用。

教师团队的专业发展与知识更新是教学资源优化的核心。学校应定期组织教师参加戏剧教育工作坊、研讨会，邀请专家进行专业指导，帮助教师掌握最新的戏剧教育理论。同时，鼓励教师在教学实践中探索创新，通过反思和学习，不断提升自身的教学能力。教师间的经验分享和合作也是资源优化的有效途径，通过团队合作，教师可以相互学习，共同提升。

社区资源的整合与利用是教学资源多元化的重要途径。学校应广泛与社区内的艺术机构、企事业单位合作，邀请艺术家、专业人士到校开展讲座，为学生提供接触真实艺术实践的机会。同时，可以组织学生参与社区戏剧活动（如戏剧节、公益演出等），让学生在实践中学习和成长。此外，邀请家长和社区成员参与校园剧的制作与表演，可以增强课程的社会影响力，同时能为学生提供更多的学习资源。

"教学资源的持续更新与优化是一个系统工程，需要学校管理层的重视和投入，以及教师、学生、家长和社区的共同参与。"①通过不断改进和优化教学资源，学校可以保证校园剧课程的品质，激发学生对戏剧艺术的热爱，挖掘他们多元化的潜能。

（三）课程管理制度建设与完善

在星教育理念的指引下，课程管理制度的建设与完善是确保校园剧课程平稳运行、持续发展和质量保障的关键。一个健全的管理制度能为教师和学生提供明确的指导，促进课程的有效实施，同时为课程的创新实践创造条件。以下几点是课程管理制度建设与完善的重点：

制定详细的课程大纲。明确校园剧课程的目标、内容、方法和评价标准，确保课程实施的规范性和一致性。大纲应体现星教育理念，强调艺术与学科的融合，以及学生情感、社会技能与创新能力的培养。

设定课程实施流程。规范从课程设计、剧本选定或创作、角色分配、排练到最终演出的每个环节，确保每个步骤都有明确的指导和监督。流程的标准化能够提升教学效率，同时保证每名学生都能在课程中获得充分的参与和体验。

建立教师培训机制。定期为教师提供专业发展机会，包括戏剧教育理论、实践技巧、星教育理念的深入理解等方面。这有助于教师更新教学策略，提升

---

① 李雪涛. 戏剧影视表演［M］. 长春：吉林科学技术出版社，2020：31.

教学质量，同时能激发教师的创新精神和持续学习的动力。

优化教师合作与交流。鼓励教师间的团队合作，分享教学经验，共同探讨和解决教学中的问题。定期参加教师研讨会和工作坊，有助于提升教师的教学能力，促进课程的创新与整合。

评价与反馈系统。建立多元化的评价体系，包括对学生的技能表现、情感投入，以及教师的教学效果进行评价。评价结果应及时反馈给学生和教师，以指导他们的学习和教学改进。

制定资源分配策略。合理规划预算，确保舞台设施、剧本资源、教学资料等硬件和软件资源的充分和有效利用。同时，建立资源更新与维护机制，确保资源的持续优化。

家庭与社区参与机制。设立家长咨询委员会，定期邀请家长参与课程评估和反馈，以增强社区对校园剧课程的认知和支持。同时，通过社区活动，扩大学校与社区的联系，实现资源共享与共创。

实施监督与评估。建立课程监督机制，定期对课程实施情况进行检查，及时发现问题，提出改进建议。同时，定期进行课程评估，包括对课程目标达成情况、学生进步情况和教师教学情况的评价。

通过这些管理制度的建设与完善，学校能够为校园剧课程提供一个稳固的框架，确保课程的有序进行，促进教师的专业成长，激发学生的创新精神，也为课程的可持续发展和未来改进提供了有力的保障。这样的管理体系将助力校园剧课程在星教育理念的照耀下，成为小学课程统整的典范。

（四）家校社合作协同保障机制

在星教育理念下的校园剧课程中，家庭、学校与社区的紧密合作是实现教育目标不可或缺的组成部分。家校社合作协同保障机制的建立，旨在通过家庭、学校和社会的共同努力，为学生提供一个全面支持的学习环境，促进学生的个性化发展和综合素质的提升。以下提出几点实施策略：

家庭教育资源的利用。鼓励家长参与校园剧课程的各个环节，如剧本创作、角色指导、道具制作等，让家长成为孩子学习过程中的重要伙伴。定期举办家长工作坊，提升家长对戏剧教育的理解水平，增强他们支持孩子学习的动力。

家长反馈与沟通渠道。建立有效的家校沟通机制，如定期举行家长会、建立在线平台或家长志愿者团队，让家长能够及时了解孩子在校园剧课程中的表现和进步，同时能通过他们提供的观察和建议，促进课程的改进。

社区资源的整合。与社区剧院、艺术团体、企事业单位等建立合作关系，为校园剧课程提供实践平台和资源支持。例如，邀请社区艺术家指导学生表演，或者在社区举办公益演出，让学生有机会在真实的观众面前展现自我。

社区服务学习。将校园剧课程与社区服务相结合，让学生在为社区服务的过程中运用戏剧艺术，提升社会意识和公民责任感。例如，通过校园剧演出，向社区传播正能量，或者参与社区庆典，用艺术丰富社区文化生活。

家校社共同规划。在课程规划阶段，邀请家长和社区代表参与，共同讨论课程目标和内容，确保课程既能满足星教育理念的要求，又能反映社区的需求和期待。这既能提高课程的针对性，也能增强家长和社会对校园剧课程的认同感。

定期的家校社会议。定期举行家校社会议，分享校园剧课程的成果，讨论存在的问题，以及未来的改进方向。这不仅能让家庭、学校与社区保持紧密联系，也能促进各方对课程的理解和投入。

通过构建这样的家校社合作协同保障机制，不仅能提升校园剧课程的实施效果，也能让学生在真实的社会环境中锻炼各种技能，"培养他们的社会责任感和团队合作精神"[①]。这样的合作模式，使星教育理念在家庭、学校和社会三个层面得以实践，共同为学生的全面发展和未来潜力的挖掘创造有利条件。

四、评价结果反馈与应用

评价结果反馈与应用是星教育理念下校园剧课程质量保障体系中的核心环节。它强调将评价结果转化为实际教学改进和学生发展的动力。通过及时、准确地将评价结果反馈给学生、教师和家长，可以促进各方对学习过程的理解，引导学生自我调整，支持教师调整教学策略，以及帮助家长了解孩子的进步与需求。

在反馈阶段，教师应将形成性评价和终结性评价的结果以易于理解的方式

---

① 斯坦尼斯拉夫斯基.演员自我修养［M］.林陵，安敏徒，译.北京：中国电影出版社，2006：9.

呈现，如评分、等级、具体描述或建议。学生应能清晰地看到自身在技能、知识、情感和态度上的表现，以及在哪些方面需要进一步提升。同时，教师的评语应积极、具有建设性，既强调学生的优点，也指出具体的改进方向。

应用评价结果的过程包括以下几个方面：

教师需根据评价结果调整教学策略。若发现学生在特定技能（例如声音控制或情感表达）上表现不足，教师可以针对性地设计教学活动，提供额外的指导和练习。同时，教师应关注学生在团队合作和创新思维等方面的反馈，将这些要素融入课程设计，以提高学生的综合能力。

学生应根据反馈制订个人学习计划。学生可以根据评价结果设立短期和长期的学习目标，例如提高表演技巧，拓宽剧本选择范围，或者提升角色分析能力。通过设定目标，学生能更有方向地投入到学习中，同时能培养自主学习的能力。

家长在应用评价结果时，可以与教师进行沟通，了解孩子的学习状况，思考如何在家里支持孩子学习。例如，家长可以帮助孩子在家里进行特定技能的练习，或者安排与戏剧相关的课外活动（如观看戏剧表演）以增加艺术体验。

学校和教育部门应使用评价结果来监控课程的整体进展，如课程目标的达成度，以及课程设计与实施的合理性。这些信息可以用于修订课程标准、更新教学方法，甚至调整整个教育体系，以更好地适应星教育理念。

评价结果的反馈与应用应当是一个持续的循环，教师、学生和家长应定期进行交流，讨论进步、挑战和下一步的行动计划。这样的反馈机制不仅能促进学生个体的发展，也能推动校园剧课程的持续改进和整体质量的提升。

通过有效的评价结果反馈与应用，星教育理念下的校园剧课程不仅能够确保每名学生都能在表演艺术上有所提高，更能促进他们的情感发展、团队合作和创新思维等全面素质的提升。这种机制确保了教育创新与实践的深度融合，使得校园剧成为小学课程统整的强大推动力，为培养具有多元潜能的未来之星提供了有力的支持。

（一）向学生、教师和家长反馈评价结果

在星教育理念下的校园剧课程中，反馈评价结果是确保教育创新与实践持续发展的重要环节。它为学生提供了个人成长的清晰指南，让教师能够调整教学策略，同时帮助家长了解孩子的进步并参与教育过程。为了实现有效的反

馈，学校应采用多种方法，确保信息被准确传递和理解。

向学生反馈评价结果应采用易于理解的方式，使用简单明了的语言，配合图表或等级来表示他们的进步。教师应着重强调学生的成就，同时提出具体、具有指导性的改进建议。鼓励学生自我反思，设立个人学习目标，并参与到反馈过程之中，培养他们的自我评估和调整能力。例如，教师可以制定角色扮演练习的等级评价标准，让学生清楚地看到自己在声音控制和情感表达上的提升，同时，鼓励他们在家庭中进行额外的练习。

教师之间的反馈交流也是必不可少的。教师间的研讨会议可以提供一个平台，分享评价结果，讨论学生的表现和教学策略。这种交流不仅能帮助教师了解自己课程的实施情况，还能借鉴同事的经验，优化教学方法。通过定期的专业发展活动，教师可以学习如何更有效地将评价结果转化为教学实践，提升整体教学水平。

家长的参与是评价结果反馈的关键。家长会或家校沟通平台是传达学生学习情况的好途径。学校应确保家长理解评价的含义，知道如何在家庭中支持孩子学习。例如，教师可提供一份简化的评价报告，指出学生的优势和需要改进的地方，同时提供实用的家长参与建议，如观看戏剧表演，共同讨论剧本内容等。

学校层面不仅要收集和分析评价结果，还要将其纳入课程的持续改进计划。评价结果应作为修订课程标准、优化教学方法和调整教育策略的依据。通过定期的课程审议会议，教育管理者可以与教师一起讨论评价结果，共同决定课程的发展方向。

综上，向学生、教师和家长反馈评价结果是星教育理念下校园剧课程质量保障的重要组成部分。有效、及时、多角度的反馈有助于学生明确个人发展路径，教师改进教学实践，家长理解并支持教育过程，最终促进整个教育生态的健康发展。通过这种系统的反馈机制，校园剧课程得以持续创新，为学生的全面发展和未来潜力的挖掘提供有力支持，真正践行星教育的理念。

（二）基于评价结果调整教学策略与方法

基于评价结果调整教学策略与方法是星教育理念下校园剧课程质量保障的关键环节。评价不仅是对学生学习成果的检验，更是对教学过程的反思与改进。当评价结果揭示了学生在技能、知识、情感和态度方面的优势与不足时，教师应灵活调整教学策略，以确保课程目标的实现和学生的全面发展。

教师应基于评价结果，对学生在表演艺术上的长处给予肯定，并鼓励他们在这些领域进一步发展。例如，如果一名学生在角色塑造上表现出色，教师可以在课程中赋予其更多复杂角色，以加深其表演深度。同时，教师应针对学生在技能上的短板，设计特定的练习和活动（比如声音训练、肢体表达等），以提升其在这些方面的技能。

教学方法的调整是基于评价结果的一个重要方面。如果评价发现学生在团队合作方面有所欠缺，教师可以增加角色扮演的互动环节，让学生在排练过程中培养合作意识和沟通技巧。同样，如果在剧本创作方面出现不足，教师可以引入编剧工作坊或剧本研讨活动，让学生在实践中学习剧本创作的基本原则和技巧。

针对学生在情感表达和价值观理解上的反馈，教师可以调整课程内容，选择更具有深度和情感内涵的剧本，以激发学生的情感共鸣。例如，可以通过排演反映社会问题的小剧场，让学生在角色扮演中体验不同的人生境遇，从而培养其同理心和社会责任感。

教师在调整教学策略时，还应考虑到学生的个体差异。每名学生都有独特的学习风格和兴趣，因此，教学策略应具有个性化，以满足不同学生的需要。例如，对于视觉学习者，教师可以增加视觉元素，如使用图表、视频等来解释复杂的戏剧概念；而对于动手实践者，教师可以通过戏剧游戏和活动来增强他们的参与度和学习效果。

在家长和社区的反馈中，教师同样可以获取宝贵的信息。家长的观察和建议有助于教师了解学生在课堂外的行为表现，以及家庭环境对学习的影响。社区资源的利用（如邀请艺术家指导或利用社区剧院进行排练）可以为教学提供新的视角和实践平台。

基于评价结果调整教学策略与方法，是一个动态的过程，它涉及对学生个体的评估、教学方法的创新、课程内容的调整，以及与家长和社区的紧密合作。通过这样的过程，教师能够确保校园剧课程在星教育理念的引领下，不断优化，以更好地激发学生对戏剧艺术的热爱，挖掘他们的潜能，促进他们的全面发展。

（三）依据评价结果优化课程内容与资源

评价是教育创新与实践的核心环节，它为课程内容与资源的调整提供了有力的数据支持。在星教育理念下的校园剧课程中，评价结果的深度分析和有效利用是确保课程动态优化和学生持续发展的重要手段。根据评价结果，学校和教师可以调整课程内容，丰富教学资源，以适应学生需求和教育目标的变化。

"课程内容的调整是基于学生在表演技能、知识理解、情感表达与价值观形成等多方面的评价结果。"[①]如果评价显示学生在某一方面有明显优势，那么可以进一步深化该领域的教学，提供更具有挑战性的任务或更丰富的学习活动。反之，如果发现学生在某个领域存在不足，课程内容应适当调整，增加对该领域技能的训练和知识的讲解，确保所有学生都能在关键领域得到充分发展。

评价结果也能揭示课程内容与实际教学效果之间的差距，帮助教师重新审视教学目标是否明确、教学内容是否与目标一致，以此驱动课程内容的优化。例如，如果学生在剧本创作方面的评价不佳，教师可能需要引入更多创作技巧和理论知识，或者调整剧本，确保学生在实践中能学习和提升这项技能。

在教学资源方面，评价结果同样发挥着指导作用。若发现学生在剧本库、教学资料或表演器材方面有需求，学校应增加或更新相关资源，以满足不同层次和兴趣的学生的需要。例如，增加多样化的剧本（如涵盖不同历史时期和文化背景的故事），或者引入多媒体教学手段（如虚拟现实和增强现实技术），让学生在更丰富、更具有沉浸感的环境中学习。

评价结果还可以指导教师在教学方法上的创新。如果评价显示学生在团队合作或批判性思考方面有进步，教师可以进一步推广这些教学方法，鼓励更多学科和活动采纳。同时，教师应持续关注最新的戏剧教育理论和实践（如引入新的角色扮演方法或者合作学习策略），以保持课程的前沿性和创新性。

家长和社区成员的反馈也是优化课程内容与资源的重要参考。他们对学生

---

① 铃木忠志. 文化就是身体［M］. 李集庆，译. 上海：上海文艺出版社，2019：52.

的观察以及对教育的期望，可以为学校提供更广阔的视角，帮助学校和教师理解社区对课程的反应，以及课程在实际应用中的效果。例如，家长和社区成员的反馈可能指出，社区活动与校园剧的结合可以加强学生的社会参与感，那么学校可以考虑增加与社区的互动，如组织学生参与社区戏剧节，将教育戏剧的实践推向更广阔的平台。

依据评价结果优化课程内容与资源，是星教育理念下持续提升校园剧课程质量的关键步骤。通过细致地分析评价数据，学校和教师能够有针对性地改进课程设计，丰富教学资源，以满足学生的个性化需求，实现教育的公平与高效。这不仅有助于提升学生的综合素养，也促进了教育创新与实践的深度融合。

第四节　校园剧与社区共建的实践探索

一、社区资源整合

在星教育理念背景下，校园剧课程的实施与社区的紧密联系至关重要，社区资源整合是促进课程创新与实践的关键环节。通过整合社区资源，校园剧不仅能够成为教育的有力工具，还滋养了社区文化，实现了教育的共享与增值。

有效的社区资源整合意味着与社区的艺术团体、戏剧工作室、博物馆、图书馆等建立合作，为学生提供多样化的学习资源和实践机会。例如，学校可以邀请社区艺术家指导学生，或者组织学生参观艺术展览，以开阔学生的艺术视野，提升他们在表演艺术上的专业技能。同时，合作机构的活动可以作为校园剧课程的延伸，让学生在真实的艺术环境中进行学习和表演。

社区教育资源的利用能够丰富校园剧的剧本库。传统戏剧、社区历史故事、当地的民俗艺术等都可以成为校园剧创作的源泉，让学生在角色扮演的过程中，理解和传承社区文化，增强他们的身份认同感和社区归属感。同时，通过改编或创作反映社区现实的剧本，校园剧课程也能引导学生关注社会问题，培养他们的社会责任感。

参与社区活动是校园剧课程的重要组成部分。学生可以在社区戏剧节、社区庆典等活动中表演，这不仅锻炼了学生的表演技能，也为他们提供了服务社区、影响社区的机会。这些活动还增强了社区居民对校园剧的认知和接纳度，有助于提升校园剧课程的影响力。

在整合社区资源的过程中，学校应积极与家长沟通，鼓励他们参与校园剧的制作、表演或筹办社区活动，这既能让家长了解并支持学校的创新实践，也能增强家长与孩子在艺术教育方面的共享经验。家长的参与还能为校园剧课程提供额外的视角和资源，使课程更加丰富多元。

社区资源整合是星教育理念下校园剧课程实践的重要一环，它通过提供丰富的学习资源、实践平台和创新机会，让校园剧成为连接学校与社区的桥梁。这样的教育实践不仅培养了学生的艺术才能，也提升了他们的社会参与意识，为培养具备星教育理念的未来之星创造了有利的环境。

二、社区文化融合

社区文化融合是校园剧与社区共建中不可或缺的一环，它强调将本地历史、传统、价值观以及艺术形式融入校园剧的创作与表演中，以增强学生的社区认同感和文化自信。通过这一过程，校园剧成为了一种文化传承的媒介，同时是社区交流、教育与创新的平台。

结合西关美食开展社会实践并排演校园剧

社区校园剧活动

校园剧剧本的创作往往从社区故事和历史中汲取灵感。学生在了解和挖掘社区的传统文化时，不仅学习了本土知识，更在角色扮演中体验了历史人物和事件，从而增强了对社区历史的认同和尊重。例如，学生可以排演关于本地英雄或重大历史事件的剧目。

校园剧的表演为社区提供了一个共享的空间，让社区成员能够共同参与到艺术创作和欣赏中。学校可以定期在社区广场、公园或图书馆等公共场所举办校园剧的公开演出，邀请社区居民观看。这样的活动不仅丰富了社区的文化生活，也为学生提供了一个展示自我、服务社区的机会，增强了他们的社区归属感。

社区文化的融入还体现在校园剧课程的教学方法上。教师可以引导学生通过实地考察、访问社区长者、研究地方文献等方式，获取文化素材。这样的过程不仅提升了学生的实践研究能力，也让他们在收集和整理信息的过程中，深入理解社区的多元文化。

在社区文化融合的过程中，教师的角色至关重要。他们需要作为桥梁连接学校与社区，整合资源，鼓励学生深入社区，与社区成员互动，同时在课堂上引导学生分析和反思所观察到的文化现象。这种融合教育的方式能够帮助学生建立对社区文化的尊重，培养他们的文化敏感性和批判性思考能力。

社区文化融合是校园剧与社区共建实践中的重要方面，它通过剧目的创作、表演以及教学方法的创新，让学生在艺术实践中学习和传承社区文化，增强社区认同感，同时丰富了社区的文化生活，促进了社区的凝聚力与活力。这种教育实践不仅有利于学生个体的成长，也对社区的长期发展有着深远的影响。

三、社区服务实践

校园剧与社区共建的实践探索在星教育理念的指引下，不仅限于艺术的传承与学习，更深入到社区服务的实践层面。通过社区服务，学生将校园剧的表演艺术与现实生活相结合，提升自身技能，也为社区的福祉作出贡献，体现了教育的人文关怀和社会责任。

在社区服务实践中，校园剧课程可以与社区的公益活动、社区节日庆典、环保项目等相结合，让学生在表演中传递正面信息，提升社区的文化氛围。例如，学生可以编排关于环保主题的校园剧，通过在社区广场的公开演出，唤起居民对环保问题的关注，也能锻炼学生的表演技巧和团队协作能力。

校园剧课程还可以与社区的教育项目合作（如为社区的敬老院、幼儿园或特殊教育学校进行表演），让学生在角色扮演中学习关心他人和理解不同群体的需求。这种服务实践不仅能培养学生的情感共鸣和社会责任感，也能让他们在真实情境中运用戏剧教育所学，实现教学目标的升华。

为了确保社区服务实践的有效实施，学校应与社区机构建立紧密的合作关系，共同规划和组织活动。教师需要提供必要的指导，确保学生在活动中的安全，同时要鼓励他们根据实际情况灵活调整表演内容，以适应不同社区的需求。

在社区服务实践过程中，教师需要关注学生的体验和反思，帮助他们从社区服务中提炼出个人成长的宝贵经验。通过引导学生分析他们在服务过程中的感受，以及表演对社区产生的影响，可以促进学生的自我认知和价值观的形成。

评价也是社区服务实践的重要环节。除了对学生的表演技巧进行评价，更应关注他们在社区服务中的表现，如对社区需求的理解、团队合作的贡献以及个人成长的反思。这样的评价体系鼓励学生以更全面的视角看待自己的学习，而不仅仅是艺术技能的提升。

社区服务实践是星教育理念下校园剧课程的创新实践，它将教育从课堂延伸到社区的实际生活，让学生在服务中体验、学习和成长。通过这样的实践，学生不仅锻炼了表演能力，更学会了关爱他人，从而培养出具有社会责任感的未来公民。这种教育模式的实施，不仅丰富了校园剧课程的内涵，也为星教育理念的实践提供了有力的支撑。

四、共建成果与效益评估

在校园剧与社区共建的实践过程中，评估共建成果和效益是确保持续改进和优化的关键环节。这不仅能让教育者了解实践的效果，也为未来的发展方向提供依据。评估应以星教育理念为指导，关注学生的全面发展、社区参与度以及教育创新的实现。

评估学生在共建过程中的表现是评估的核心内容。这包括他们在艺术技能上的提升（如表演、剧本创作和舞台设计等），以及在团队协作、批判性思维和情感表达等跨学科能力上的增强。通过对比参与共建前后的表现，可以量化学生在这些方面的进步，从而评估校园剧课程的教育效果。

社区的参与度和反馈是评价共建效益的重要指标。观察社区居民观看校园剧演出的频率、参与社区活动的人数以及社区对校园剧课程的认可度，都是评估社区参与度的有效途径。同时，收集并分析社区居民对校园剧课程的反馈，可以了解课程对社区文化生活的影响，以及社区成员对课程的支持程度。

教育创新的实现情况也是评估的关键部分。这包括课程设计的创新性，如是否融合了多元艺术形式、科技元素，以及是否成功地将社区资源和文化融入课程。此外，教师角色的转变（如从传统的讲授者转变为教学活动的引导者）以及课程评价体系的改革，也是教育创新的重要体现。

评估方法可以采用多元化的形式，如问卷调查、访谈、小组讨论以及观察学生在剧目创作和表演中的实际行为。同时，定量数据（如参与人数、演出次数）与定性数据（如个人访谈、观察记录）相结合，能提供更全面的评估视角。

共建成果的评估报告应定期发布，不仅用于内部教学团队的反思和调整，还应与家长、社区和教育部门共享，以便于他们了解共建项目的进展，提供反馈，并为其他学校或社区提供参考。通过这些交流，可以促进更多学校和社区参与到校园剧与社区共建的实践中，共同推动教育创新与实践的深度融合。

　　在评估过程中，发现的亮点和成功案例应被积极推广，以鼓励更多创新实践。而遇到的挑战和困难也应被认真分析，寻找改进策略。通过重复的评估—反馈—改进过程，校园剧与社区共建的实践将不断被优化，更好地发挥其在星教育理念下的教育功能，为学生的全面发展和社区的和谐共生贡献更大的力量。

第八章　星辉熠熠，梦想未来

第一节　星之未来：校园剧课程的发展趋势与展望

一、教育理念发展趋势

在星教育理念的引领下，校园剧课程的发展趋势与展望正沿着教育理念的创新和深化方向前行。随着全球教育趋势的演变，特别是在强调全人教育、个性化学习和情感智能发展的背景下，校园剧课程将更注重以下几个方面的教育理念发展：

第一，终身学习的倡导将推动校园剧课程与日常生活、未来职业的紧密连接。"通过将戏剧表演与实际问题解决、项目管理、创新思维相结合"①，校园剧课程将逐渐发展为一种培养未来能力的工具，让学生在角色扮演和剧本创作中学习如何在真实世界中应对挑战。

第二，国际化视野的融合将使校园剧课程汲取多元文化精髓，成为跨文化交流的桥梁。课程将越来越重视跨国、跨文化的剧本选择，鼓励学生在表演中体验不同的历史时期和文化背景，培养他们对全球议题的理解和国际公民的素养。

第三，科技与艺术的深度融合将为校园剧课程带来新的可能。虚拟现实、增强现实、人工智能等技术将被引入课堂，学生将有机会在高科技环境中创造和表演，同时学习如何利用技术提升表演艺术，这将极大地拓宽教育的边界，激发学生的创新精神。

第四，社区参与的深化将强化校园剧作为社区教育活动的角色。除了与社区艺术团体合作，校园剧课程还将更多地关注社区问题，通过戏剧形式促进社区对话，提高学生的社会意识和公民责任感。

---

① 契诃夫. 表演的技术［M］. 李浩，译. 成都：四川人民出版社，2017：43.

第五，个性化教育的推进将使校园剧课程更加关注学生的个人兴趣和潜能。教师将设计更多元化的角色和剧本，让学生在选择和表演中找到自我，同时通过评价系统个性化地指导学生的艺术发展和情感成长。

第六，绿色教育的兴起将促使校园剧课程关注环保议题，并通过戏剧传递可持续发展理念。校园剧将成为教育生态的一部分，鼓励学生在表演中思考环境问题，培养他们的环保意识。

未来，校园剧课程的教育理念发展趋势将更加强调创新、跨文化、技术融入、社区参与、个性化和绿色教育，以实现星教育理念的全面实践，为培养具有全球视野、创新思维和深度情感理解的未来之星提供有力支持。这一趋势不仅预示着校园剧课程自身的革新，也预示着整个小学教育体系的创新与进步，将为学生创造更加丰富、多元和包容的学习环境，激发他们星辰大海般无尽的潜能。

（一）以学生为中心的教育理念深化

在星教育理念的指引下，校园剧课程的发展日益倾向于以学生为中心的教育模式，这种模式强调学生的主体性，鼓励他们主动参与、自我探索和全面发展。未来的校园剧课程设计将更加注重学生的个性化需求，尊重他们的兴趣和天赋，为他们提供更多的自我表达和创新的空间。

课程设计将更加灵活，以适应不同学生的学习风格和节奏。教师将采取多元化教学策略（如项目式学习、探究式学习和合作学习），让学生在不同的情境中扮演角色，运用戏剧技巧来解决实际问题，这样既能提升他们的表演技能，也能发展他们的批判性思维和团队协作能力。

课程内容将更多地反映学生兴趣和社区现实。学生将有机会参与剧本的选择、创作和修改，甚至参与到剧目的策划和制作中，这不仅能够激发他们的创新精神，还能让他们在实践中了解和关心社区的动态，培养社会参与意识。通过这样的方式，校园剧课程将成为学生自我表达的舞台，同时是他们了解并影响周围世界的媒介。

评价体系将更加注重过程和个体差异。未来的校园剧课程将采用形成性评价，强调对学生在排练和表演过程中的观察和反馈，而不仅仅是对最终演出的评价。教师将与学生共同设定学习目标，鼓励他们进行自我评价和同伴评价，以促进学生的反思和自我调整。同时，评价将注重学生的进步和个体差异，以全面、公正地反映每名学生在艺术和情感发展上的表现。

教师将从传统的知识传授者转变为学生学习旅程的陪伴者，帮助学生发现自己的兴趣，引导他们探索戏剧艺术的广度和深度。教师将通过共情和倾听，激发学生的内在动力，鼓励他们勇于尝试，不怕失败，从而培养他们的自信心和独立思考能力。

技术的融入将进一步增强学生的体验和学习效果。通过虚拟现实、增强现实和互动技术，学生可以沉浸在更加逼真的表演环境中，同时学习如何利用技术来增强表演的真实感和创新性。这将有助于提升学生的技术素养，也为校园剧课程增添了未来感和吸引力。

以学生为中心的教育理念深化是校园剧课程未来发展的一个重要趋势。它将通过个性化课程设计、学生主导的创作过程、过程性评价、教师角色的转变以及技术的应用，让校园剧成为真正属于学生的艺术天地，帮助他们实现自主发展，发挥潜力，最终成为星光璀璨的未来之星。这样的教育实践不仅为学生提供了更广阔的学习空间，也对小学教育的未来产生了深远影响。

（二）全人教育理念在校园剧课程中的体现

全人教育理念在星教育理念的校园剧课程中得到了生动的体现。这种理念主张教育应关注学生的全面发展，包括知识技能、情感态度、社交能力和道德情操。校园剧课程的实施，正是对这一理念的有力践行。

校园剧作为课程形式，本身就是全人教育的重要载体。通过角色扮演和剧本创作，学生不仅学习表演技巧，也发展了批判性思维和创新思维。他们需要理解剧本、分析角色，这有助于提升他们的理解能力和逻辑分析能力。同时，剧本的改编和创作过程，培养了学生的想象力和创造力，锻炼了他们用文字表达思想的能力。

情感教育在校园剧课程中占据了重要位置。学生在扮演不同角色的过程中，体验各种人生境遇，体会角色的喜怒哀乐，这有助于他们理解和表达自身情感，增强同理心，形成健全的人格。通过戏剧，学生可以安全地探索和实验，处理可能在日常生活中遇到的情绪冲突，从而提升他们的情感智慧和社会适应能力。

校园剧课程强调团队合作和沟通技巧的培养。在排练和表演过程中，学生需要与同伴相互配合，共同解决问题，这有助于他们发展良好的人际关系，提升合作与领导能力。同时，通过与教师、剧院工作人员以及社区成员的互动，学生学习尊重他人，理解多元观点，形成良好的公民素养。

道德教育在校园剧中也得以贯彻。剧本通常包含道德冲突和抉择，学生在表演中经历这些情况，有助于他们形成正确的价值观，比如公正、诚实、勇气和责任。通过表演戏剧，学生能够从不同的角度看待道德问题，深化对道德原则的理解，提高他们的道德判断力。

舞台艺术与美学的融合则为全人教育提供了审美教育的环节。学生在舞台设计、服装制作、音乐选择等方面，接触并欣赏到艺术的多元性，提高了他们的艺术鉴赏力。此外，他们还可能参与实际的表演艺术创作，这不仅丰富了他们的艺术体验，也培养了他们对美的感知和创造能力。

校园剧与社区的共建进一步扩展了全人教育的内涵。通过与社区的互动，学生了解到社区的历史、文化和问题，培养了他们的社会责任感。同时，参与社区活动提升了他们的实践能力，也为他们提供了一个有意义的学习和成长环境。

校园剧课程在实施过程中，通过表演艺术的各个环节，全方位地培养学生的知识技能、情感态度、社交能力和道德情操，充分体现了全人教育理念。这种教育模式不仅提升了学生的综合素养，还促进了他们个体潜能的挖掘和释放，为他们的未来成长奠定了坚实的基础。

二、课程内容发展趋势

在星教育理念的引导下，校园剧课程的"内容发展趋势聚焦于创新性、跨学科融合、技术应用、社会相关性和个性化学习"[1]。这些趋势旨在构建一种更加开放、包容和富有挑战性的学习环境，促进学生的全面发展。

课程内容将更加注重创新性。教师将不断挖掘新的剧本主题和表现形式，引入戏剧的前沿理念（如即兴表演、戏剧治疗等），激发学生的好奇心和探索精神。通过创新的剧本选择和表演方式，校园剧将不再局限于传统的叙事模式，而是成为学生表达自我、挑战常规的艺术平台。

跨学科融合是课程内容的一个发展方向。校园剧将不再局限于表演艺术领域，而是与语文、历史、地理、科学等学科紧密结合，形成一种跨学科的教学

---

① 波列斯拉夫斯基. 演技六讲［M］. 郑君里，吉晓倩，译. 成都：四川人民出版社，2017：64.

模式。例如，学生可以通过扮演历史人物，理解和演绎历史事件，从而在表演中学习历史知识；通过剧本创作，运用科学原理，增强科学素养。这种融合不仅丰富了教学内容，还提升了学生的综合能力。

技术的应用在课程内容中将发挥重要作用。如虚拟现实、增强现实等科技手段，将被用于剧本创作、角色分析、舞台设计等环节，为学生提供沉浸式的学习体验，同时培养他们的数字化素养。此外，数字化工具的运用也将简化剧本编辑、排练记录和反馈交流的过程，提高教学效率。

社会相关性是课程内容的又一重要趋势。校园剧将更加关注社会议题（如环保、公平、多元文化等），引导学生在表演中思考现实生活中的问题，培养他们的批判性思维和社会责任感。通过社区服务、实地考察等方式，校园剧课程将使学生有机会将学习成果应用到解决实际问题中，成为社会进步的积极参与者。

课程内容将更加个性化。教师将鼓励学生根据兴趣和特长选择角色、编写剧本，甚至参与剧本选择和演出策划，让他们在创作过程中找到自我表达的途径。同时，通过评价体系的改革，教师将更加关注学生的个性化发展，为每名学生提供支持和量身定制学习路径。

未来校园剧课程的内容发展趋势将围绕创新性、跨学科融合、技术应用、社会相关性和个性化学习展开，旨在培养学生们面对未来挑战所需的批判性思维、协作能力、创新能力以及对社会的深刻理解。这样的课程内容设计，将在星教育理念的指引下，为学生提供一个更加丰富多元、富有挑战性的学习空间，帮助他们成为具有全球视野、创新精神和社会责任感的未来之星。

（一）与前沿科技结合的创新内容

随着科技的飞速发展，前沿科技与艺术的融合趋势日益明显，这也为校园剧课程带来了前所未有的机遇。在星教育理念的指引下，未来的校园剧课程将积极拥抱科技，通过创新内容的设计，使戏剧教育与现代科技紧密结合，进一步提升学生的学习体验和艺术表现力。以下展示科技在校园剧课程中的创新应用及其对教育的深远影响。

虚拟现实与增强现实技术将在校园剧课程中扮演重要角色。虚拟现实技术可以为学生创造出沉浸式的学习环境，让他们在逼真的虚拟舞台上排练和表演，体验不同的角色和情境，提升表演的真实感。增强现实技术则可以将数字信息与现实世界相结合，为舞台设计、角色互动带来新的可能，增强观众的参与感，让学生在表演中体验科技与艺术的神奇交汇。

人工智能（AI）将为剧本创作和角色分析提供有力工具。例如，人工智能可以帮助学生分析剧本中的情感深度，为角色塑造提供数据支持；同时，人工智能在剧本生成方面的应用也能激发学生的创造力，帮助他们快速构思和编写剧本。人工智能技术的应用将使得校园剧课程更加智能化，有助于培养学生的创新思维和数据分析能力。

互动技术将被广泛应用于校园剧的表演和教学过程中。通过触屏互动、体感技术等，学生可以与剧本内容进行实时互动，提高表演的互动性和趣味性。互动技术还能为教师提供实时反馈，帮助他们更精准地指导学生，实现个性化教学。

科技的应用还将促进校园剧课程的可持续发展。通过数字化工具（如云存储和在线平台），学生和教师可以方便地分享剧本、音乐、视频等资源，降低教学成本，便于资源的更新和传递。而且，通过网络直播，校园剧的演出可以突破地理限制，让更多人有机会欣赏和学习，实现教育资源的共享。

结合前沿科技的校园剧课程将更加关注环保议题。利用科技手段（如环保材料和能源节约技术）可以打造绿色舞台，同时通过剧目宣传环保理念，让艺术表演成为环保教育的一部分，培养学生的环保意识。

在与前沿科技结合的过程中，教师的角色将发生转变，他们将不再仅仅是知识的传授者，而是指导学生利用科技进行艺术创作的导师。教师需要不断学习新的科技知识，以便将之融入教学，同时培养学生的科技素养，让他们在享受科技带来的便利的同时，学会批判性思考科技对艺术和教育的影响。

通过与前沿科技的结合，校园剧课程将实现内容的创新与形式的突破，为学生提供更具有挑战性和深度的学习体验。这不仅有利于提升学生的艺术技能，还能让他们在科技的熏陶下，成长为具备创新精神和全球视野的未来之星，为星教育理念的落实和校园剧课程的未来发展开辟新天地。

（二）关注全球性议题的课程素材

随着全球化进程的加速，校园剧课程在星教育理念的引导下，逐渐将全球性议题纳入剧本选择和创作中，以培养学生的全球视野和批判性思考能力。这不仅丰富了课程内容，也让学生在扮演不同角色、理解多元文化的过程中，对全球性的挑战和机遇有了更深入的认识。

选择与全球议题相关的剧本是校园剧课程的一大创新。剧本可以涉及气候变化、环境保护、文化多样性、和平与冲突、人权与社会正义等全球关注的问题。例如，学生可以通过表演关于气候变化的剧目，理解其对人类社会的影响，从而引发对可持续生活方式的思考。此外，通过角色扮演，学生能够站在不同国家和文化背景的角色的角度，体验和理解全球化背景下的多元观点，增强他们的文化敏感性和全球公民意识。

在剧本创作中，教师鼓励学生融入全球议题，通过创作反映现实问题的作品，激发学生探索和解决全球挑战的意愿。例如，在《地球守护者》剧本中，学生扮演环保科学家、联合国代表和社区领导者，共同探讨环保政策的制定和执行，这可以提高他们的社会责任感。

校园剧课程还可以通过与国外学校的合作，让学生参与跨国的剧本交流和表演。这样，学生能够直接接触到其他国家学生的作品，了解不同国家对同一全球议题的见解，从而开阔视野，提升跨文化交流能力。

为了在表演中呈现全球议题，校园剧课程可能应用科技，通过虚拟现实、增强现实等技术，为学生模拟全球环境，使他们能够在表演中更直观地感受全球议题的现实影响。例如，学生可以通过虚拟现实技术进入模拟的气候变暖场景，体验其对生态系统和人类生活的冲击。

在课程评价中，教师将关注学生对全球议题的理解以及在表演中展现出来的批判性思考。教师会引导学生对自己的表演进行反思，讨论角色所持有的观点是否反映了全球议题的复杂性，以及表演是否能有效引发观众对议题的关注和思考。

关注全球议题的课程素材在校园剧课程中的应用，旨在让学生在艺术实践中理解世界面临的共同挑战，并通过角色扮演和剧本创作，提升他们的全球意识和解决问题的能力。这样的教育实践不仅能丰富学生的知识结构，还为他们成为具有国际视野、能够积极参与全球事务的未来公民奠定了坚实基础。在全球化日益加深的今天，校园剧课程的这种趋势不仅顺应了时代要求，也践行了星教育理念的宏大愿景，即培养出星光璀璨、能引领未来的世界公民。

三、教学方法发展趋势

在星教育理念的推动下，校园剧课程的教学方法正经历着一场深刻的变革，以更好地适应未来教育的需求。教学方法的发展趋势主要体现在以下几个方面：

实践导向，体验式学习。未来的教学将更多地采用实践和体验式教学，让学生在实际表演和排练中学习和成长。教师将鼓励学生通过角色扮演、剧本创作、舞台设计等多维度的活动，亲身体验戏剧艺术的魅力，从而深入理解和掌握相关知识与技能。

项目式学习。课程设计将以项目的形式展开，让学生参与整个戏剧的制作过程，包括剧本选择、角色分配、舞台设计到最终的表演。这样的学习方式不仅能提升学生的批判性思维和解决问题的能力，还能增强他们的团队协作和项目管理技能。

个性化教学。教师将更加关注每名学生的个人兴趣和潜能，为他们提供定制化的艺术指导和支持。通过个别辅导、小组讨论和自我评估，学生可以按照自己的节奏和兴趣进行学习，发展独特的艺术风格。

跨学科整合。校园剧课程将与多学科进行深度融合，让学生在表演中学习和理解不同领域的知识。

技术融合。技术将成为教学的重要辅助工具，如数字化剧本编辑、虚拟现实排练、在线互动平台等。这些技术将增强学生的参与度，提供更生动的学习体验，同时能提升他们的数字化素养。

反思性学习。教师将鼓励学生在排练和表演过程中进行自我反思，通过观察、记录和讨论来评估自己的进步和改进空间。这将有助于学生发展自我调整和批判性思考能力，培养他们的自主学习精神。

过程评价与结果评价并重。评价体系将不再仅仅关注最终的表演结果，而是重视学生的整个学习过程。教师将通过观察、反馈和学生自我评价，全面评估他们的技能提升、情感发展和团队协作能力。

社区参与。校园剧课程将与社区紧密结合，让学生在社区活动中实践和展示他们的表演，如社区戏剧节、公共场所演出等。这将帮助学生建立与社区的联系，培养他们的社会责任感和社区参与意识。

教师角色转变。教师将从传统的指导者转变为学生学习旅程的伙伴，他们的角色将更加侧重于引导、支持和反馈，激发学生的学习兴趣和创新精神。

艺术治疗与心理教育。未来，校园剧课程可能更多地探索艺术治疗的潜力，通过戏剧来帮助学生处理情感问题、处理人际关系，提升他们的心理健康水平。

这些教学方法的发展，将使校园剧课程成为一种创新的、全面的教育体验，不仅提升学生的艺术技能，更在情感教育、跨学科整合、技术应用和社区参与等方面发挥重要作用。这种教育模式的变革，不仅对学生的个人成长具有深远影响，也将推动小学教育体系的创新与进步，为培养星光璀璨的未来之星提供有力的支持。

（一）智能化教学手段的广泛应用

在星教育理念的驱动下，校园剧课程正拥抱智能技术，以提升教学质量和学生的学习体验。教育科技的革新（如人工智能、大数据和云计算），正在被整合到课程设计、排练过程和表演展示中，为学生开辟了崭新的艺术学习空间。

人工智能辅助的剧本创作工具为学生提供了无限创意的平台。通过智能算法，学生不仅可以获得角色塑造和剧情发展的建议，还能学习到如何运用文学技巧和故事构建方法，提升剧本质量。这种方式也让教师能够引导学生深度挖掘剧本的主题，培养他们的批判性思考和创新性表达的能力。

虚拟现实技术和增强现实技术为舞台艺术带来了革命性变化。学生可以在虚拟环境中排练，体验不同场景和角色，这不仅增强了表演的真实感，还提供了安全的空间来探索和实验。同时，教师可以利用这些技术进行实时反馈，为学生提供精准的指导，帮助他们优化表演。

数字化的排练管理系统也大大提升了教学效率。通过在线平台，教师可以方便地分配角色、管理排练日程、分享剧本和音乐，而学生则可以随时随地查看信息，进行自主学习。这种数字化工具使得排练过程更加透明，也方便教师实时了解每名学生的进步情况。

智能评估系统为学生的个性化发展提供了有力支持。通过分析学生的表演录像，系统可以提供客观的评估（包括语调、表情、动作等方面），帮助学生了解自己的强项和需要改进的地方。同时，教师可以依据评估内容进行有针对性的指导，促进每名学生的艺术成长。

智能剧场的运用是未来校园剧课程的另一大趋势。通过集成环境控制、灯光设计和音效处理智能系统，学生在表演时可以实时响应舞台环境的变化，这将提升他们的表演技巧，也将带来前所未有的演出效果。

结合社区资源的在线分享平台，使得校园剧课程超越了传统课堂的边界，联结全球的艺术教育资源。学生可以参与远程剧本交流，观看世界各地的优秀剧目，从而开阔视野，丰富创作灵感。

智能技术的广泛应用，使得校园剧课程在教学方式、学习体验、资源获取和评估反馈等环节均实现了升级，为学生提供了更加自主、创新和个性化的学习空间。在星教育理念的指导下，校园剧课程将得以持续优化，激发学生更深层次的艺术探索和情感表达，助力他们在未来成为拥有全球视野、勇于创新的艺术家和思想者。智能教学手段的深度融合，无疑将推动校园剧课程向着星光璀璨的未来稳步前行。

（二）个性化教学与差异化指导

在星教育理念的引领下，未来的校园剧课程将更加注重个性化教学与差异化指导，以满足每名学生独特的学习需求和兴趣。这种教育模式认识到每名学生都是独一无二的，拥有不同的天赋、技能和学习风格，因此，教学方法和评价体系需要做出相应的调整，以确保每名学生都能在校园剧课程中得到充分发展。

教师关注每名学生在角色扮演、剧本创作和表演中的独特表现，提供定制化的艺术指导。教师将通过观察、沟通和合作，发现每名学生的强项和潜能，鼓励他们探索并发展自己的艺术风格。

课程内容将更加灵活和多样，以适应学生的不同兴趣。学生将"有机会选择与自己兴趣相符的角色和剧本，或者参与到剧本的原创过程中，这将激发他们的创新精神和自我表达的欲望"[1]。教师将设计不同层次和难度的角色，让学生在挑战中得到成长，同时确保每名学生都能在舒适区内发挥所长。

在评价体系上，将不再只是依赖于最终的舞台演出，而是更加关注学生的进步和个体差异。教师将使用形成性评价，评估学生在排练、剧本创作和团队协作中的表现，以及他们如何应用所学知识和技能。通过与学生共同设定个性化学习目标，教师将引导学生进行自我评估，鼓励他们反思和调整，以实现持续的进步。

同时，教师将运用技术手段实现个性化教学。例如，使用在线学习平台，

---

① 方立. 表演艺术中角色情感的创造［M］. 北京：中国戏剧出版社，2020：54.

学生可以根据自己的进度和需求自主学习，而教师则可以追踪学生的学习情况，提供适时的反馈和支持。通过数据驱动的个性化教学，教师能够更精准地识别和满足每名学生的需求，实现教学的精准化。

校园剧课程将鼓励同伴学习和合作。学生将有机会在排练和表演中与同伴互为导师，通过分享经验、提供反馈，共同提升。这种合作模式有助于学生发展批判性思维，培养团队协作精神，同时能根据同伴的优点和特长，反思和调整自己的学习策略。

在个性化教学与差异化指导的实践中，校园剧课程将为学生提供一个既充满挑战又充满支持的成长环境。每名学生都将有机会在艺术的星空中找到自己的位置，点亮自己的天赋，挖掘自身的潜力，最终实现个人的全面发展。这种教育模式不仅有助于提升学生的艺术技能，更能将他们塑造成为具有独立思考能力、适应未来挑战的未来之星。在星教育理念的引领下，个性化教学与差异化指导将为校园剧课程的未来发展开拓新的可能，收获更加星光璀璨的未来。

四、课程评价发展趋势

未来的课程评价将更加强调过程性、多元化和个性化，以充分激发学生的潜能，促进他们的全面发展。

过程性评价将成为课程评价的核心。传统的终结性评价过于关注学生的最终演出效果，而忽视了他们在排练过程中的学习与成长。未来，教师将更多地通过观察和记录学生在角色准备、剧本分析、团队协作等环节的表现，给出及时的反馈和指导。这种评价方式有助于学生了解自己在艺术技能、情感表达、人际沟通等方面的发展，从而调整学习策略，实现自我改进。

评价体系将更加注重多元化。除了教师的评价，学生自我评价和同伴评价也将得到重视。学生将学会反思自己的表现，设定个人发展目标，并在与同伴的交流中发现他人长处，提升自己的团队意识。这种多元化评价旨在培养学生的自我认知能力和批判性思考，鼓励他们成为自主学习的主体。

同时，课程评价将强调个性化，尊重每名学生的独特性。每名学生在艺术表达和情感体验上都有自己的节奏和风格，评价体系将考虑这些差异，关注学生在特定领域的发展，如特定角色的演绎、原创剧本的创作等。这将有助于激发学生的创造力，促进他们的艺术个性化成长。

技术的应用将进一步丰富课程评价的方式。数字化工具，如在线评估平台、视频分析软件等，将帮助教师更精准地捕捉学生在表演中的细节，提供数据支持下的分析和建议。同时，学生可以通过平台进行自我评估，如通过观看视频回放，直观地观察自己的进步，提升自我认知能力。

社区评价的引入将赋予课程评价更广泛的视角。通过社区成员和家长的反馈，学生得以了解自己在真实观众中的表现，这有助于他们理解舞台艺术与社会的联系，培养社会责任感。同时，社区评价也能为课程提供宝贵的改进意见，促进校园剧课程与社区的深度融合。

课程评价将更加强调情感和道德维度的考量。在校园剧的实践中，情感教育和道德价值观的培养同样重要。评价将关注学生在角色扮演中道德冲突的处理、情感表达的真诚度，以及他们如何通过戏剧传递正面价值观。这将有助于学生建立健康的情感表达机制，培养良好的道德情操。

课程评价的发展趋势将更加注重过程性、多元化、个性化，以及情感与道德维度的评价。在星教育理念的引领下，这样的评价体系将推动校园剧课程的创新实践，确保每名学生都能在艺术的舞台上绽放光彩，展现他们星光璀璨的未来。

（一）基于大数据的精准评价

在信息化时代，大数据技术的应用为教育领域带来了深远影响，特别是在课程评价方面。校园剧课程作为星教育理念下的创新实践，也逐渐引入大数据技术，以实现更加精准、客观、全面的评价。基于大数据的精准评价不仅能够量化学生的艺术表现，还能深入挖掘学生的个性化需求，从而为教师提供有力的教学指导和支持，进一步提升教学效果。

大数据技术可以收集和分析学生在排练和表演过程中的大量数据，如排练时间、角色扮演的频率、剧本分析的深度、团队协作的互动情况等。经过整理和分析这些数据，能为教师提供关于学生个体差异的详尽信息，帮助教师了解每名学生在不同方面的优势和改进空间，从而进行有针对性的指导。

大数据技术可以提供实时反馈，让教师在排练过程中就能发现学生的问题并及时调整教学策略。例如，通过分析表演视频，大数据可以显示学生表演中的技术问题，如发音、表情、动作的不准确，教师可立即给出纠正建议，让学生在实践中即时改进。

大数据还可以帮助教师识别出具有潜力的种子选手，为他们提供特殊指导和个性化发展路径。通过分析学生在剧本创作、角色演绎、团队协作等方面的表现，教师可以发现具有特殊艺术天赋或领导力的学生，为他们提供更丰富的资源和支持，以激发他们的艺术潜能。

在评价结果的呈现上，基于大数据的评价体系能够生成直观的图表和报告，使学生和家长能够清晰地理解评价结果，同时能为学校和教育部门提供决策依据。这有助于促进家长、教师和学生之间的沟通，确保评价结果得到各方的理解和接受。

更重要的是，大数据评价方法强调过程性与形成性评价，它关注学生在学习过程中的进步，而非仅仅关注最终的舞台演出。这有助于培养学生的自主学习能力，鼓励他们关注自我成长，而非单纯追求演出的成功。

通过将大数据技术融入校园剧课程的评价体系，星教育理念下的教育实践得以进一步优化，使得每名学生都能在艺术表演的舞台上得到个性化的关注与指导。这种精准评价方式不仅提升了课程的实施效果，也有助于发掘和培养未来的艺术之星，为教育创新与实践的深度融合作出了重要贡献。

（二）动态、连续的发展性评价

在星教育理念的框架下，发展性评价成为了校园剧课程不可或缺的一部分。这种评价方式不再仅仅关注学生的最终表演成果，而是强调对学生在整个学习过程中的持续观察、反馈和指导，帮助他们实现个性化发展和持续进步。动态、连续的发展性评价体系主要体现在以下几个方面：

第一，发展性评价强调过程而非结果。教师不再以一两次的舞台表演来衡量学生的学习成效，而是关注他们从选角、剧本分析、排练到表演的整个过程。通过观察学生在排练中的态度、进步和问题，教师可以提供实时的反馈和建议，帮助学生及时调整，改进表演技能。

第二，动态、连续的发展性评价强调反思与自我评估。教师鼓励学生在每次排练后进行自我反思，记录他们的学习体验和成长，这有助于他们理解自己的优势和需要改进的地方。通过教育日记、自我评估表等形式，学生可以主动参与到评价过程中，提升自我认知和自我调整能力。

第三，动态、连续的发展性评价强调多维度评价。教师不仅仅关注学生的演技，还关注学生团队合作、剧本创作、角色理解等多方面的表现，全面评价学生的艺术素养和综合能力。教师和同学之间的互评，以及与家长的沟通，都被视为评价体系的重要组成部分，旨在构建多元化的评价视角。

第四，动态、连续的发展性评价提倡使用技术手段辅助评价。例如，通过录像回放，学生可以看到自己的表演细节，从而直观地了解改进点。教师也可以使用教育软件分析学生在不同阶段的表现，提供更具针对性的指导。

第五，动态、连续的发展性评价重视个体差异。每名学生在艺术表达上都有独特之处，发展性评价鼓励教师根据学生的个人特点和兴趣，设定个性化的学习目标，让每名学生在自己擅长的领域发光发热。

未来，动态、连续的发展性评价将在校园剧课程中发挥更加重要的作用。它将帮助教师精准识别学生的需求，为他们提供定制化的艺术教育，使每名学生都能在表演艺术的道路上逐步提升，实现自我价值。同时，发展性评价也有助于培养学生的批判性思维、自主学习能力和创新精神，为他们的终身学习打下坚实基础。

发展性评价在星教育理念的校园剧课程中，不仅关注学生的艺术技能提升，更强调其过程中的自主发展和全面成长。这种评价体系的实施，将促进课程的可持续发展，为学生提供一个更为公正、全面、个性化的评价环境，从而激发他们的艺术潜能，孕育更多的未来之星。

第二节　剧课传创：校园剧课程的传承与创新

一、传统文化在校园剧课程中的传承

校园剧巧妙地将本土文化元素融入剧本创作、角色扮演和舞台艺术中，校园剧不仅丰富了教学内容，还让学生"在实践中体验和理解传统文化的精髓，从而培养文化认同与自豪感"①。

挖掘本土题材，创作具有文化底蕴的剧本。校园剧的剧本可以取材于中国历史故事、民间传说、古典文学作品（如《西游记》《红楼梦》《水浒传》等），让学生在演绎角色的过程中深入了解故事背后的文化意蕴，如忠诚、友谊、智慧等价值观。同时，教师可以引导学生结合现代视角，对传统故事进行

---

① 胡导. 戏剧表演学［M］. 北京：中国戏剧出版社，2017：39.

改编和创新，使之更贴近当代生活，激发学生对传统文化的重新认识和思考。

角色扮演与传统礼仪的结合。在校园剧中，学生扮演的角色往往反映了特定历史时期的人物特点与社会风貌。教师可以通过角色指导，让学生学习和体验传统礼仪（如尊师重道、孝顺父母等）、服饰、习俗等，这既是与文化的直接接触，也是对学生道德素养的提升。此外，通过角色间的互动，学生能体会传统文化中的价值观念，如和谐、谦让、尊老爱幼等。

舞台艺术与传统美学的融合。校园剧的舞台设计、音乐配乐、服装道具等都可融入中国传统文化元素。例如，利用中国画的元素进行布景设计，使用古琴、笛子等传统乐器作为伴奏，角色的服装可以参考汉服、唐装等传统服饰。这些元素的运用不仅让舞台更具视觉冲击力，还能让学生在艺术欣赏中潜移默化地接受传统文化的熏陶。

社区共建与传统文化的共享。校园剧课程可以与社区紧密合作，如在传统节日举办校园剧表演，让学生将所学的传统文化知识与社区居民分享。通过与社区的互动，不仅让社区的传统文化活动焕发生机，也让学生在实践中学以致用，增强他们对本土文化的认同感。

校园剧课程的评价体系中，应强调对传统文化元素融入的评估。教师应关注学生在剧本创作中如何挖掘和运用传统文化，角色扮演时对传统文化元素的理解与表现，以及在舞台艺术中如何体现中国美学。这样的评价方式将鼓励学生更深入地探索和体验传统文化，同时能检验课程中传统文化传承的效果。

校园剧课程通过剧本选择、角色扮演、舞台艺术和社区共建等多种方式，为传统文化的传承提供了一个生动的实践平台。在星教育理念的引领下，校园剧课程的这一实践将有助于增强学生的文化自信，培养他们的文化传承意识，从而在未来更好地成为传统文化的守护者和传播者。

二、校园剧课程创新模式探索

校园剧课程的创新模式探索，是在星教育理念的指导下，不断寻求突破、融合多元元素，以提升学生艺术素养和综合能力。这些创新模式不仅丰富了课程内容，还激发了学生的创造力，帮助他们发掘个体潜能，成长为星光璀璨的未来之星。

跨界融合成为校园剧课程创新的突破口。通过将戏剧元素与科学、历史、地理等学科知识相结合，校园剧成为跨学科整合的有效手段。例如，学生可以通过扮演科学家的角色理解复杂的科学原理，或者在演绎历史事件时深入历史背景，这使得学习过程更加生动有趣，也提升了学生的综合素养。

　　数字化技术的应用为校园剧课程提供了新的创新维度。借助虚拟现实、增强现实、动画等技术，学生可在沉浸式环境中进行角色扮演，体验不同情境，这不仅增强了艺术表现的真实感，还为他们提供了一个安全的空间去尝试和创新。同时，智能剧本编辑工具、在线排练系统等技术的应用，使教学管理更加高效，也为学生的个性化学习提供了可能。

　　社区参与和共创是创新模式中的重要组成部分。校园剧课程鼓励学生走出教室，与社区居民互动，通过社区戏剧节、公共场所表演等形式，将戏剧艺术带入日常生活，让学生在真实环境中实践和锻炼。这种模式不仅强化了社区凝聚力，还培养了学生的社会责任感和公众表达能力。

　　教育戏剧方法的创新也是校园剧课程发展的一个方向。借鉴国际先进教育戏剧理念（如情境建立、叙事性、诗化和反思活动等），教师可引导学生"通过戏剧活动深入理解学习主题，发展批判性思维和创新性表达"①。同时，教师的角色从传统的指导者转变为学生学习的伙伴和引导者，他们鼓励学生自主探索、反思和改进，从而促进学生的主动学习。

　　课程评价体系的创新也是不可或缺的。在星教育理念下，评价不再仅仅关注最终的舞台表演，而是注重整个学习过程的评估。教师通过观察、记录和反馈，关注学生的艺术技能提升、情感发展和团队协作能力，鼓励他们自我反思。同时，同伴评价和社区反馈的引入，使评价体系更加多元化，有助于学生从不同角度认识自我，实现全面发展。

　　在师资培养方面，创新模式强调教师的专业发展。通过定期的培训和交流，教师能够更新教育理念，掌握新的教学方法，提升他们在教育戏剧中的实践能力。教师的专业成长将直接促进校园剧课程质量的提升，为学生提供更高质量的艺术教育。

　　在星教育理念的引领下，校园剧课程的创新模式不断涌现，无论是内容的跨界整合，还是教学方法、评价体系的创新，都旨在培养学生的全面能力，激发他们的创新精神。这种模式的探索，不仅丰富了教育实践，也为小学教育的

---

　　①斯坦尼斯拉夫斯基.演员创造角色［M］.杨衍春，张勃诺，赵重纲，译.桂林：广西师范大学出版社，2016：26.

课程统整提供了新的思考和可能，为培育未来之星铺就了璀璨的道路。

三、教师在传承与创新中的角色

教师在校园剧课程的传承与创新中扮演着至关重要的角色。他们不仅是知识的传播者，更是艺术的引导者和创新的推动者。教师的角色在星教育理念的指导下经历着从传统的"讲授者"向现代的"学习伙伴"转变，这一转变要求教师具备更高的教育智慧和艺术素养。

教师是传统文化的守护者和传播者。在校园剧课程中，教师需深入挖掘本土文化，将经典故事、历史事件、传统美学融入剧本与表演，引导学生通过角色扮演体验传统文化的韵味。教师需要具备扎实的文艺功底和深厚的文化素养，将这些精髓传授给学生，并鼓励他们以创新的方式诠释和传承。同时，教师还要善于运用社区资源，组织社区活动，让更多人共享传统文化的瑰宝，形成家校社三位一体的教育合力。

教师是课程创新的设计师和实践者。他们需要将戏剧与其他学科知识巧妙融合，创建跨学科的互动学习环境（如历史剧目中融入历史知识，科学剧目中引入科学原理），以此提升学生的综合素养。教师要不断更新教育理念，掌握数字化技术，如利用虚拟现实和增强现实技术丰富舞台体验，通过智能工具提升教学效率。在教学设计上，他们要推崇项目式学习，让学生在剧本创作、角色分配到最终表演的全过程中成长。

教师是学生自主发展的引导者。在校园剧的排练中，教师要鼓励学生主动探索、反思和改进，培养他们的批判性思维和创新精神。教师需要灵活运用教学策略，如情境建立、叙事性、诗化和反思活动，激发学生的艺术潜能。还要以开放的心态接纳学生的新观点，不断调整教学策略，以适应每名学生的独特需求。

教师是评价体系的改革者。在星教育理念下，教师不再仅仅关注学生的表演结果，而是重视过程性评价，通过记录学生在排练中的进步、团队合作的表现，以及他们如何将所学知识应用于实践中。教师要鼓励同伴评价和社区反馈，使评价体系更加多元，帮助学生从不同角度认识自我，促进全面发展。

教师是自身专业发展的终身学习者。他们需持续更新知识结构，提升教育戏剧的专业技能，通过培训和交流，学习国内外先进的教育理念和方法。教师的成长直接影响到校园剧课程的质量，他们要成为创新的榜样，推动课程的不断升级和优化。

教师在校园剧课程的传承与创新中，既是传统文化的守护者，又是课程创新的设计师；既是学生自主发展的引导者，又是评价体系的改革者；既是自身专业发展的终身学习者，又是社区教育的桥梁。在星教育理念的指导下，教师的角色不断被丰富和深化，他们用智慧和热情，为学生打开一扇扇通向艺术殿堂的门，引领他们走向星光璀璨的未来。

四、校园剧课程的可持续发展策略

在星教育理念的指引下，校园剧课程的可持续发展不仅在于其教学内容的丰富和创新，更在于如何使其成为学校文化的一部分，激发学生终身学习的兴趣，同时为教师的专业发展提供持久的动力。以下策略有助于确保校园剧课程的长久生命力：

课程体系的整合与深化。进一步将校园剧课程与学校整体课程体系结合，使其成为小学阶段必修或选修课程的一部分，确保其在教学计划中的稳定地位。同时，随着学生年级的升高，可以逐渐深化课程内容，提升表演难度和艺术层次，以满足不同年龄阶段学生的需求。

师资队伍建设与能力提升。定期举办教师培训工作坊，引入戏剧教育专家，教授教育戏剧的最新理论和实践方法，提升教师的专业素养。同时，鼓励教师参加国内外学术交流，了解前沿趋势，以保持课程的创新性。

校本课程研发与资源分享。鼓励学校建立校园剧课程研发团队，定期更新剧本，开发新的表演主题，使课程内容始终保持新鲜感。同时，通过网络平台分享课程资源（如剧本、教学视频等），促进教育资源的共享和优化。

社区合作与互动。深化与社区的联系，邀请社区成员参与校园剧的表演、剧本创作和评价，形成与社区的共生关系。这不仅能增强学生对社区文化的认同感，也能为社区提供丰富的文化活动，形成良好的教育生态环境。

评价体系的完善与反馈。优化课程评价机制，将情感、道德、团队合作等综合素养纳入评价体系，以全面反映学生的进步。同时，通过收集教师、学生和家长的反馈，不断调整和优化课程设计，确保课程实施的有效性。

技术创新的应用。进一步探索教育技术在校园剧课程中的应用（如虚拟现实技术、人工智能等），以提升教学效果，培养学生的科技素养。同时，利用数字化工具进行排练管理、剧本创作，提升教学效率。

校园剧节与表演展示。定期举办校园戏剧节，为学生提供展示才华的舞台，同时邀请家长、校友和社区成员参加，增强校园剧课程的影响力。通过表演展示，让学生体验成功的喜悦，增强自我价值感，进一步激发学习兴趣。

资金与资源保障。积极寻求政府、企业和社会的资助，为校园剧课程提供稳定的资金支持。同时，建立物资管理系统，合理分配和使用教学资源，确保课程的长期实施。

与大学及专业戏剧机构合作。建立与戏剧学院、专业剧团的合作关系，为学生提供专业指导和实习机会，帮助他们更好地理解和欣赏戏剧艺术，也为教师提供与专业实践接轨的途径。

研究与推广。鼓励教师进行研究，将校园剧课程的实践经验转化为理论成果，促进课程的科研内涵提升。同时，积极推广校园剧的成功经验，引领其他学校效仿，推动教育戏剧在全国范围内的普及。

通过以上策略的实施，校园剧课程不仅能成为小学教育中一颗璀璨的明星，更会在星教育理念的照耀下，持续照亮学生的艺术之路，为他们的全面发展提供持久的动力，为教育创新与实践的深度融合创造更广阔的空间。

（一）政策支持与资源保障

政策支持与资源保障是校园剧课程可持续发展与创新的关键环节。政策制定者和学校管理者需携手努力，成为校园剧课程坚实的后盾。

政策层面需给予校园剧课程高度的重视和肯定。政府教育部门应将戏剧教育纳入国家教育改革政策，明确其在小学课程中的地位，鼓励学校将其作为课程整合的一部分。同时，政策应提供资金支持，用于教师培训、课程研发、剧场设施更新和表演活动的举办，以确保校园剧课程的顺利实施。

学校应将校园剧课程纳入发展规划，配置专门的教育戏剧教师队伍，为他们提供专业发展和交流的平台。通过教师的专业发展，可以确保校园剧课程的教学质量，同时激发教师的创新动力。此外，学校要为校园剧课程提供充足的排练和演出场地，以及必要的技术支持，如舞台设备、灯光音响等。

资源保障方面，可通过多元化的渠道筹集资金。学校可以申请政府教育基金、社会捐赠或企业赞助，以应对课程实施过程中的经济需求。同时，鼓励家长参与，通过家长会、志愿者活动等形式，形成家校共育的资源网络，共同为校园剧课程提供支持。

除了物质资源，还需重视非物质资源的整合。学校可以与当地剧院、艺术团体、高校戏剧专业等建立合作关系，邀请专业演员、导演和教育戏剧专家进行教学指导，为学生和教师提供与专业艺术实践接触的机会。这将提升校园剧课程的艺术水准，为学生打开通向艺术世界的窗口。同时，政策支持应鼓励实验和创新。学校应给予教师一定的教学自主权，支持他们在校园剧课程中尝试新的教学方法和内容，如跨学科融合、数字化技术应用等。在实践中发现问题，总结经验，形成具有学校特色的教育戏剧模式。

建立健全的评估机制，将校园剧课程纳入学校教育评估体系，确保其在教学质量监控和改进中得到应有的关注。这既是对课程效果的客观评价，也是对政策支持和资源投入的反馈。通过持续的评估与调整，校园剧课程将更加符合星教育理念，更好地服务于学生的个性化发展和终身学习。

政策支持与资源保障的有力结合，将为校园剧课程的传承与创新提供坚实的保障，使其在小学教育中发挥更大的作用，培育更多星光璀璨的未来之星。在星教育理念的引领下，校园剧课程将不仅仅是教学的手段，更是连接学生与艺术、社区与学校、传统与创新的桥梁，为青少年的全面发展创造无限可能。

（二）课程研发与更新机制

课程研发与更新机制是校园剧课程持续创新和适应教育环境变化的关键。在星教育理念的指导下，课程研发需遵循动态、协作和反思的原则，以确保内容的前沿性、实用性和学生的参与度。以下是课程研发与更新机制的几个核心要素：

设立专门的课程研发团队，由教育戏剧专家、一线教师和社区代表组成。团队成员不仅要有深厚的戏剧知识和教学经验，还要具备敏锐的洞察力，能捕捉到学生需求、社会趋势和学科整合的最新动态。团队定期开会，讨论课程的修订方向，开展教学实验，以及分享国内外教育戏剧的最新成果。

实施螺旋式课程研发模式。这种模式强调知识的螺旋上升和学生的渐进式学习，课程内容和结构随着学生年级的提高而逐步深化。例如，低年级学生可以通过简单的童话剧来学习基础的表演技巧，而高年级学生则可参与更复杂的剧本创作，探讨社会议题，挑战更高层次的表演技巧。

课程内容的更新要结合时代特点，融入社会热点和学科交叉元素。例如，将科技、环保、多元文化等主题融入剧本，让学生在表演中思考现实问题，培养他们的全球视野和批判性思维。此外，可以定期邀请艺术家、社会活动家或相关领域的专家走进课堂，为学生提供实践经验和专业见解。

在课程更新中，教师的专业发展是至关重要的驱动力。通过定期的教师工作坊、研讨会和在线学习，教师能接触到最新的教育戏剧理论，提升教学技能，也能从中得到灵感，为课程注入新的活力。教师间的合作与分享（如教学观摩、案例研究），也有助于他们相互学习，共同成长。

评估与反馈在课程更新中扮演着监督和指导的角色。学校应建立有效的课程评估机制，包括学生学习成果的评估、教师教学效果的反馈以及社区的评价。反馈信息将被用于改进课程设计，调整教学方法，确保课程与学生需求的契合度。

鼓励学生在课程研发中发挥作用。学生的主动参与不仅能提升他们对课程的兴趣，也能使课程内容更具时代感和针对性。

课程研发与更新应注重社区参与和资源的整合。与地方剧院、艺术团体合作，可以为学生提供更丰富的实践机会，也可以吸引社区成员关注并参与到校园剧课程中，实现教育的共享和增值。"有效的课程研发与更新机制应包含专门团队的组建、螺旋式课程设计、与时代结合的内容更新、教师专业发展、持续的评估与反馈，以及学生和社区的深度参与。"①这一机制将确保校园剧课程在星教育理念的引领下，不断适应变化，持续创新。

（三）家校社协同育人机制的完善

家校社协同育人机制在校园剧课程的传承与创新中发挥着至关重要的作用。它强调家庭、学校和社区的紧密合作，共同为学生的全面发展创造有利条件，从而将他们培养成为星光璀璨的未来之星。完善这一机制的关键在于建立有效的沟通渠道、共享教育资源、以及共同制定和实施教育目标。

建立家庭与学校之间的沟通桥梁是协同育人的基础。定期的家长会、开放日，以及教师家访等活动，为家长提供了解学生在学校戏剧表演学习情况的途径。教师可以分享学生在舞台上的表现，讨论学生的进步及面临的挑战，引导家长理解戏剧教育的价值，并在家中提供支持和鼓励。

学校与社区之间的互动与合作是协同育人的重要环节。学校可以与社区剧

---

① 周慧. 戏曲舞台现代叙述方式的导演探索与建构［D］. 上海：上海戏剧学院，2017：38.

场、艺术机构、文化组织合作，为学生提供丰富的实践机会，如社区剧场的演出、艺术工作坊的参与等。同时，社区活动（如戏剧节、艺术展览），也可以作为校园剧课程的延伸，让学生在真实场景中展示和提升他们的表演技能，同时增进对社区文化的理解和尊重。

教育资源的共享是协同育人机制的又一核心。学校可以与社区共享戏剧教育资源（如剧本、教师资源、设备等），同时鼓励学生和家长从社区中寻找灵感，将社区故事融入校园剧的创作中，这既丰富了课程内容，也培养了学生的社会责任感。同时，通过网络平台和数字化工具，学校可以将优秀的校园剧表演给社区和其他学校，实现教育资源的共享和增值。

在教育目标的设定和实施上，家庭、学校和社区应共同参与。学校可以引导家庭和社区理解星教育理念，明确校园剧课程的目标，如提升学生的艺术素养、团队合作能力、批判性思维等。教师、家长和社区代表可以共同参与学生评价，通过多元视角观察学生的表现，为他们提供个性化的指导和建议。

激励机制的建立也是完善家校社协同育人机制的关键。通过设立家庭参与奖、社区贡献奖，鼓励家庭和社区在学生戏剧教育中发挥积极作用。这种认可和鼓励能激发各方的积极性，形成积极的反馈循环，推动协同育人机制的持续优化。

在星教育理念的引领下，"家校社协同育人机制的完善，旨在构建一个全方位的支持网络，让家庭、学校和社区的力量汇聚，形成一个有利于学生全面发展的教育生态系统"[1]。通过这种机制，校园剧课程不仅能传承和创新艺术教育，还能培养学生的综合能力，激发他们的创新精神。

---

[1] 曾旻. 情绪的重建 [M]. 北京：天地出版社，2018：41.